대증요법으로
망가지는
대한민국
교육

RESET 정론 ESSAY 2

대중요법으로 망가지는 대한민국 교육

EDUCATION IN KOREA

김환식 지음

『당신은 어떤 사회에서 살고 싶으십니까』에서 주장한 사회 대개조와 함께
교육 대개조의 필요성을 설득력 있게 제시한 **RESET의 2번째 ESSAY**

 우리나라를 힘들게 하는 31개의 교육 이슈에 대해
근본 원인과 대안을 제시한 책

바른북스

PROLOGUE

'RESET 정론 ESSAY'는 단순한 정책 비평이 아니라, 바른 정책의 기준을 고민하는 평론서이다. 『당신은 어떤 사회에서 살고 싶으십니까』가 인간다운 삶을 가능케 하는 사회구조를 설계하고자 했다면, 이 책은 교육정책을 그 구조 속에서 구체적으로 들여다보고 비판하며 대안을 제시하는 작업이다.

한국 사회에서 교육은 누구나 말하지만, 실제 정책을 둘러싼 논의는 얕고 협소하다. 정책의 효과나 절차, 만족도에만 집중하다 보니 정작 정책이 지향해야 할 '사람', 즉 학습자는 보이지 않는다. 교육부의 수많은 정책 속에서 '학교는 있지만 배움은 없고', '교사는 있으나, 자율은 없고', '돌봄은 있으나, 쉼은 없고', '형평을 말하지만, 획일만 강요'하는 현실이 반복된다.

이 책은 추상적인 정책 이론이 아니라, 언론에 보도된 구체적인 교육 이슈 31가지를 통해 논의를 전개한다. '늘봄학교', '대학 구조조정' 같은 익숙한 용어 뒤에 어떤 정책적 선택과 왜곡이 있는지를 설명하고, 그 정책들이 어떻게 우리 일상과 노동조건, 지역의 미래와 연결되는지를 밝히고자 했다.

정책은 관료나 정치인의 전유물이 아니다. 정책은 시민의 삶 그 자체이며, 시민은 정책의 수혜자가 아니라 주권자이다. 정책이란 특정 인물의 뜻을 실현하는 기술이 아니라, 공공의 삶을 재구성하는 기획이어야 한다. 이 책은 그러한 기획의 출발점으로 '학습자'를 다시 호명한다.

우리는 지금, 유아에게 놀 권리보다 조기 학습을 강요하고, 초등학생에게는 돌봄을 핑계로 또 다른 수업을 제공하며, 중고생은 입시 앞에 자아를 잃고, 대학생은 정체성 없이 진로를 방황하게 만드는 정책의 시대를 살고 있다. 그 결과는 수치로는 '성과'일지 모르나, 사람의 삶으로 보면 '불행한 교육국가'의 길이다.

이 책은 유아교육, 초·중등교육, 대학교육 전반을 학습권과 학습복지의 관점에서 재구성하려 한다. 학습권이란 단순한 공부의 기회가 아니라, 자신의 삶을 이해하고 비판하며 재설계할 수 있는 능력을 보장받는 권리이다. 학습복지란 바로 이러한 학습권이 실현되도록 사회가 책임지는 구조이며, 이는 곧 평생학습사회의 설계로 이어진다.

하지만 현재의 교육정책은 근본적 구조 개편보다는 단기적 대응 중심의 접근이 반복되는 경향을 보이고 있다. 새로운 문제가 발생할 때마다 입법이나 지침 마련을 우선시하는 '입법중심주의', 또는 제도적 절차의 정비로 문제를 해결하려는 경향이 강하게 나타난다. 이러한 방식은 표면적으로는 신속한 대응처럼 보이지만, 정책의 실질적 효과보다는 정책 발표와 시행 자체에 무게가 실리는 경우가 많다.

또한 많은 과제가 학교 현장에 직접적인 부담으로 전가되는 구조로 설계되고 있다. 정책의 운영과 조정은 중앙에서 이루어지지만, 그 실행과 책임은 지역교육청과 학교가 맡는 방식이 일반화되면서, 현장 실무자의 수용 가능성이나 지속 가능성에 대한 충분한 검토 없이 정책이 추진되는 사례도 적지 않다.

한편, 정책 수용성을 높이기 위한 방식으로 예산 지원이나 시범 사업 운영을 통해 초기 반응을 관리하는 경향도 존재한다. 예산은 중요한 정책 수단이지만, 때로는 정책의 본질적 문제보다 재정 투입 여부가 정책 평가의 기준이 되는 현상도 관찰된다. 이러한 흐름은 정책의 철학과 방향성보다는 단기적 효과성과 가시성 확보에 초점이 맞춰지는 구조와 연결되어 있다.

더욱이 일부 정책은 국민의 삶을 실질적으로 개선하기 위한 기획이 아니라, 정책 담당자나 기관이 '하고 싶은 일'을 중심에 두고 국가의 자원과 행정력을 동원하는 양상을 보이기도 한다. 이 과정에서 정책의 정당성은 사회적 요구에 의한 결과라기보다는, 홍보와 프레이밍을 통한 여론 형성 과정에서 후행적으로 구축되는 경우가 있으며, 이는 정책의 공공성보다는 추진 주체의 기획 선호도가 우선시되는 구조적 위험을 드러낸다.

이러한 정책 형성 과정에는 연구계와 학계의 역할도 포함된다. 정부 과제 중심의 연구와 단기 보고서 중심의 실증적 분석은 정책 판단의 기초가 되지만, 때로는 정책 결정의 방향성과 내용에 대한 성찰적 비판보다는 실행 가능성과 수용성 평가에 집중하는 한계도 존재한다. 이에 따라 정책의 구조적 맥락이나 교육철학적 논의가 충분히 반영되지 못하는 문제가 반복되고 있다.

필자는 한때 살았던 호주 퀸즐랜드주의 교육정책에서 시민사회와 함께 설계된 공공성과 실천적 대안을 목격한 경험이 있다. UNESCO의 책,『Learning: the Treasure Within』이 말하던 학습사회의 비전을 현실 속에서 마주했던 그 경험은 이후『호주의 학교교육』,『호주의 직업교육훈련』,『새로 쓰는 교육과 교육학』집필의 동기가 되었고, 'RESET 정론 ESSAY' 시리즈의 '정론'의 한 출발점을 차지했다. 참고가 될 것으로 기대하면서.

이 책은 그 연장선에서, 앞으로 성인교육, 직업교육, 평생학습, 노인교육 등 생애 전반의 학습을 아우르는 논의를 이어갈 예정이다. 학습이 출생지, 나이, 학력, 고용 형태에 따라 차별받아선 안 된다는 점을 강조하며, '누구나, 언제나, 무엇이든, 어디서든' 배울 수 있는 평생학습사회가 이 시리즈의 궁극적 목표다.

태어나서부터 늙을 때까지, 누구나 배우고 성장할 수 있는 사회. 그것이 이 책이 지향하는 교육 정의(Education Justice)의 시작점이자, 우리가 함께 기획해야 할 새로운 교육국가의 청사진이다.

목차

PROLOGUE

유보통합:
출발점 평등을 위한 통합?, 우격다짐 통합?　　　　　　　　　　14

늘봄학교의 높은 만족도:
학부모 만족?, 학교와 지역사회는?　　　　　　　　　　22

AI 디지털교과서:
해답?, 기술 환상?　　　　　　　　　　27

IB 교육과정:
교육혁신의 상징?, 선전도구?　　　　　　　　　　35

고교학점제:
미래 교육으로의 전환?, 혼란의 주역?　　　　　　　　　　45

수학 과목 포함에 대한 논란:
수능 과목?, 대학의 자율적 노력?　　　　　　　　　　64

2023년 7월 ○○초 이후:
교권 회복?, 변화 없는 학교?　　　　　　　　　　71

사교육비 대책:
효과 발휘?, 무기력?   82

교원 행정업무 경감:
업무량 감소?, 직무 정체성 명확화?   92

방과 후 학교 강사:
유연한 인력 활용?, 무책임한 인력 활용?   99

학교폭력 대책:
처벌과 배제?, 예방과 회복?   106

다문화·이주 배경 학생:
학습권 보장?, 책임 방기?   115

학교 핸드폰 수거 논란:
학칙 존중?, 인권침해?   123

학교 복합시설:
학교의 골칫거리?, 지역사회의 새로운 미래?   128

지방교육재정 축소 조정 논란:
적정 분배?, 기능 재편?   135

교육발전특구:
지역교육혁신의 해법?, 유사 사업의 반복?   143

대학 입시 개혁:
교육혁신의 만능열쇠?, 중요한 도구 중 하나?   150

자율전공제:
변화하는 시대의 교육 해법?, 전공 교육의 붕괴?   158

마이크로 디그리:
새로운 자격?, 불완전한 파편?   173
> **보론 1.** NQF와 학제의 비교 · 181

외국인 유학생 20만 명 시대:
유학생?, 외국인 노동자?   197

의대와 법전원, 그리고 대한민국 고등교육:
왜곡?, 당연?   204

의과대학 정원 확대:
필요?, 불필요?   209

법학전문대학원:
실무교육 강화?, 전면적 구조 재설계?   216
> **보론 2.** 지대를 추구하는 자격 구조를 깨트릴 정책 · 222

RISE 등 재정지원사업:
대학교육의 본질적 개편?, 상징 사업?   226
> **보론 3.** 교육부와 타 부처의 대학재정지원 기준과 원칙 · 235
> **보론 4.** 지방자치 기반의 대학 정책의 바람직한 설계 방향 · 246

부실대학 퇴출과 대학 구조조정:
자율?, 강제?   253

등록금의 사실상 동결 20년:
누가 승자?, 누가 패자?   261

교육부총리와 인구부:
복합 문제 시대의 새로운 거버넌스?, 자리 만들기?   268

교육감 선거제도:
지속·강화?, 폐지·개편?   274

지방교육자치:
일반자치와 분리·독립?, 통합·연계?   289

> **보론 5.** 경찰위원회를 참고로 한 지방교육행정시스템 개편 방안 · 296

국가교육위원회 설립:
시대적 소명?, 잘못된 시작?   305

> **보론 6.** 한국교육과정평가원의 재구조화 · 312

국가교육발전계획:
비전 없는 로드맵?, 구체적 실천 전략?   317

EPILOGUE

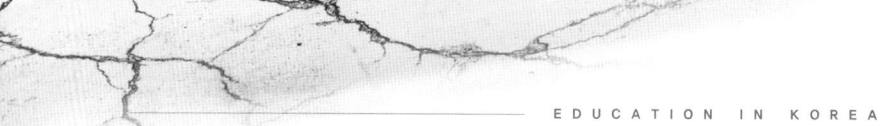

EDUCATION IN KOREA

유보통합:
출발점 평등을 위한 통합?, 우격다짐 통합?

유보통합은 유치원과 어린이집으로 이원화되어 있는 우리나라의 영유아교육·보육 체계를 하나로 통합하여 출발점에서 평등을 실현하겠다는 정책적 시도로 보인다. 교육과 보육의 분절 구조가 아동 발달과 학부모 지원에 있어 불균형을 초래해 왔다는 문제의식에서 출발하였고, 이에 따라 정부는 2023년 7월 28일 「유·보 관리체계 일원화 방안(안)」을 발표하고 교육부를 중심으로 두 체계를 통합하고 있다.

정부의 유보통합 추진 논리는 다음과 같다.[1] 첫째, 우리 아이를 믿고 맡길 수 있는 체제가 마련되어 맞벌이 가구의 자녀 양육 부담

---

1 교육부 영유아교육·보육통합추진단(2023), 유보통합 리플릿, 「유보통합 이렇게 달라집니다」, 2023. 11. 21.

이 완화된다. 둘째, 아이를 낳고 기르는 것이 부담이 되지 않는 사회를 만든다. 셋째, 국가가 태어난 모든 아이들의 건강한 성장과 발달을 책임지고, 미래 대한민국의 탄탄한 기반을 만든다. 넷째, 아이들도 0세부터 5세까지 모든 영유아가 발달 특성에 맞는 맞춤형 교육을 받을 수 있고, 보다 쾌적하고 안전한 교육·보육 환경을 만든다. 물론 학부모들에게도 기관 이용에 필요한 학비 부담이 경감되고, 학부모의 선택권과 참여를 확대한다.

이에 따라 정부는 일단 중앙 단위에서 업무를 일원화하고, 지방 단위에서는 「지방교육자치법」,「지방교육재정교부금법」등을 개정하여 시도교육청에서 담당하도록 하며, 재정도 가칭 '교육-돌봄 책임 특별회계'를 신설하여 순차적으로 이관할 계획이었다. 최종적인 관리체계 일원화 방안은 2024년 말 확정하고, 본격 추진은 2025년부터 추진할 계획이었다.[2] 물론 아직 제대로 추진되지 못하고 있다.

드러난 문제점

유보통합 정책 추진은 본질적 문제의식과는 거리가 먼, '부처 간 권한 조정'이라는 정치적 문제로 환원되고 있다고 비판받고 있다. 무엇보다도 유보통합의 핵심이 되어야 할 '출발점에서의 평등'이

---

2 교육부 영유아교육·보육통합추진단(2023),「유·보 관리체계 일원화 방안(안)」, 2024. 07. 28. 교육부 보도자료.

라는 철학은 선언적 구호에 그친 채, 실제 설계와 실행은 오히려 혼란을 증폭시키는 방향으로 진행되고 있다.

가장 큰 문제는 유보통합의 목표와 수단이 분리되어 있다는 점이다. 3~5세의 경우 이미 누리과정을 통해 교육과정은 통합된 상태이며, 실제로 교육과정 측면에서 유치원과 어린이집의 차이는 거의 없다. 문제는 교사의 자격체계가 이원화되어 있고, 정부의 지원이 다르다는 점이다. 교육과정이 통합되었으면 교사 양성 체계도 통합해야 하나, 정부는 방치해 왔고, 그 결과 자격과 급여, 근무 여건 등에서 격차가 발생하며 구조적 불균형을 초래했다. 이 문제 해결이 시급했지, 기관 통합이 먼저였는지는 논란이 있다.

또한 유보통합의 주요 대상인 0~2세 영아의 보육에 대한 고려는 극히 미흡하다. 0~2세는 교육보다는 돌봄의 성격이 훨씬 더 중요하지만, 교육부 중심의 통합은 돌봄 기능이 약화될 수 있다. 특히 돌봄은 지역사회 중심의 접근이 효과적인데, 교육부와 교육청은 기초자치단체와의 연계 경험이 부족하고, 실제로 시군구의 기초지자체와 교육지원청은 행정구역이 일치하지 않아 지역 기반의 돌봄 서비스 구축에 구조적 제약이 존재한다. 예를 들어 서울이나 경기도의 경우, 하나의 교육지원청이 여러 기초자치단체를 관할[3]하기

3　예를 들면, 서울시 동부교육지원청은 서울시 동대문구와 중랑구를 관할한다. 경기도의 안양과천교육지원청, 군포의왕교육지원청도 이름에서 알 수 있듯이 복수의 기초지자체와 관련된다.

에 지역 단위 돌봄 정책과의 연결이 어려워질 가능성이 있다.

게다가 유보통합을 추진하는 과정에서 법과 제도의 정합성 확보 노력도 부족했다. 2005년 「유아교육진흥법」에서 「유아교육법」으로 명칭이 변경되었고, 유치원이 학교의 한 유형으로 규정되었기에, 이번 유보통합 중에 만 5세 유치원을 유아학교로 만들어 정식 학제로 포함하는 논의가 진행되기를 기대했으나, 유보통합 과정에서 이러한 논의는 없었다. 유치원은 학제(6-3-3-4 제)에서 제외되어 있다. 미국은 K-12 제도를 통해 Kindergarten이 학제에 포함되는데, 한국은 「유아교육법」은 학교로 인정하면서도, 학제에는 포함하지 않는 모순이 여전하다.

정부는 이러한 제도적, 교육적, 지역사회 여건을 고려하지 않고 단지 부처 통합이라는 형식적 조치부터 밀어붙였다. 종합적인 비전과 전략, 교사 자격 일원화 방안, 지역 돌봄 협력체계, 학제 구조 개편 등 근본적 과제에 대한 구상 없이. 결과적으로 가장 전형적인 'Muddling Through' 방식의 정책 추진으로 귀결되고 있다. 비전과 전략 없이 추진 과정에서 생기는 문제를 해결하는 방식으로 일하고 있다. 일관된 철학과 설계 없이 당장의 문제를 임시방편으로 덮으려는 접근이며, 유보통합이 지향해야 할 '출발점에서의 평등'이라는 목적을 훼손할 가능성이 크다.

유보통합 정책에 대한 구조적 대안

1) 유보통합을 원래대로 되돌리고, 3~5세는 시스템 연계만 추진

가장 직접적이고 명확한 대안은 유보통합 자체를 철회하고, 본래처럼 유치원과 어린이집으로 분리하되, 3~5세에 대해서는 교육과 보육시스템을 연계하는 방향으로 조정하는 방안이다. 어린이집은 과거처럼 보건복지부가 관장한다. 이런 주장을 하는 이유는 이미 교육과정은 누리과정을 통해 통합되어 있으며, 핵심 문제는 교사 자격의 이원화와 재정지원의 불균형에 있기에(학부모 부담의 차이를 의미), 교사 양성 체계를 일원화하고, 동일한 교육과정을 수행하는 기관에 대해 재정지원에서 차별을 없애는 조치를 병행하면, 제도 통합에 따른 혼란은 줄이고, 유보통합의 궁극적 목표인 '출발점의 평등'을 달성하는 데 더 효과적인 경로가 될 수 있기 때문이다.

2) 0~2세를 유보통합 대상에서 제외하는 절충 방안

유보통합을 되돌리는 것은 정치적으로나 행정적으로 어려울 수 있다. 차선책으로, 나이별로 분리/통합 전략을 고려할 수 있다. 즉, 3~5세는 유보통합 대상에 포함하되, 0~2세는 제외하여 과거 보건복지부 체계를 유지하는 것이다. 이는 돌봄 중심의 0~2세 보육이 교육부 주도 시스템에서 약화할 수 있다는 우려를 반영한 것이며, 실제로 돌봄의 성격이 강한 연령대는 교육보다는 지역사회 중심의 보건·복지 서비스가 더 적합할 수 있다는 현실을 고려한 타협안이다. 다만 3~5세 어린이집도 돌봄 기능을 수행하기 때문에, 돌봄의 나이 구분만으로 명확히 기능을 이분화하기 어렵다는 한계는 여전히 존재한다.

3) 0~5세 통합을 유지하되, 국제 기준에 따른 기능 구분과 전략 수립

유보통합을 0~5세까지 유지하려면, 교육부는 UNESCO 「ISCED(International Standard Classification of Education) 2011」의 유아교육 분류 기준에 대해 분명한 입장을 제시해야 한다. 특히 ISCED 2011의 Level 01단계(0~2세)인 「early childhood educational development」와 Level 02단계(3~5세)인 「pre-primary education」에 대한 교육적 방안을 제시해야 한다. 그래야 돌봄과 차별화된 영·유아 교육의 비전과 철학을 바탕으로 유보통합을 추진할 수 있다. 이 기준을 명확히 설정하지 않으면 통합은 이름뿐인 구조 혼합에 머무를 위험이 크다. 이 방안은 0~2세 돌봄은 지역사회가 담당한다는 전제가 깔려 있다.

4) 유아학교 제도화와 만 5세 의무교육 추진

만 5세의 대다수 아동은 이미 누리과정을 통해 국가교육과정을 이수하기에 유아학교를 제도화하고, 의무교육도 검토해야 한다. 유치원은 법(法)상 학교이지만 학제에는 포함되지 않는다. 해법은 '유아학교'라는 새로운 유형의 학교를 도입하고, 이를 통해 만 5세 아동을 대상으로 한 무상 의무교육을 실시하며, 정규 학제에 포함하는 방안을 고려해야 한다.

> 5) 교육부는 초등 고학년까지 포함한 통합적 돌봄 비전을 수립

현재 교육부는 초등학교 1~2학년을 대상으로 '늘봄학교'라는 명칭의 돌봄 서비스를 확장하고 있으며, 그 이후 학년도 '방과 후 학교'와 결합하여 실질적인 돌봄 기능을 수행하고 있다. 이러한 흐름을 고려하면, 교육부는 영·유아기에서 초등 고학년까지의 돌봄 기능 전반에 대한 통합적 비전과 전략을 수립해야 한다. 돌봄을 특정 시기나 기관에 국한하지 않고, 유보통합도 생애주기별 돌봄 정책의 하나로 포함해야 한다.

> 6) 돌봄은 지역사회(기초지자체) 중심 기능으로 유지하고, 위탁 방안도 검토

돌봄은 지역사회 기반의 복지 서비스이며, 기초자치단체가 그 기능을 수행하기에 적합하다. 하지만 교육부와 교육청은 기초지자체와의 협력 경험이 부족하고, 교육지원청이 행정구역과 일치하지 않는 경우가 많아 실질적 연계가 어렵다. 부처 통합을 유지한다면 「행정권한의 위임 및 위탁에 관한 규정」을 활용하여, 돌봄 기능을 교육청이 아닌 기초지자체의 일반행정관서에 위탁하는 방식이 현실적인 대안이 될 수 있다. 이는 지역 중심 돌봄 체계의 효과성을 확보할 방안이다.

7) 돌봄 기능을 교육부가 계속할 경우, 정부조직 개편 필요

교육부가 아동과 청소년 돌봄 기능을 앞으로도 한다면, 현행 부처 체계의 근본적 개편이 수반되어야 한다. 예를 들어, 「아동·청소년·학교 교육부」와 같은 형태로 여성가족부(청소년 정책, 가족 정책 등)와 보건복지부(아동 정책)의 일부 기능을 흡수하고, 개편된 부처가 유·초·중등 및 아동·청소년 정책을 총괄하는 부처가 되는 것이다. 물론 직업교육, 고등교육, 평생교육 등은 별도 부처가 담당하는 체계 개편을 병행해야 한다.

7가지 대안은 유보통합의 방향성과 구조적 문제를 종합적으로 고려한 시나리오이다. 유보통합이 성공하려면 통합의 물리적 구조 설계 이전에 교육·돌봄의 본질적 기능 재구성과 이를 뒷받침할 자격체계, 행정 구조, 학제 개편 등의 구조적 과제들이 선행되어야 한다. 현재의 접근 방식은 어느 것도 제대로 다루지 못한 채, 부처 통합만 우선하는 사업으로 전락할 위험이 크다.

유보통합은 행정 개편이 아니라, 국가가 아이의 출발점에서의 평등을 보장하기 위한 종합적 사회정책이어야 한다. 단기적 통합이 아닌 장기적 사회정책 설계를 기반으로 한 체계 개편이 요구된다. 사회부총리 부처인 교육부에서 중요한 사회정책인 유보통합을 Muddling Through식으로 처리하는 것은 큰 잘못이다.

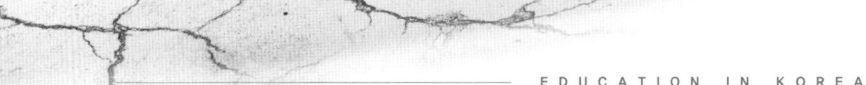

EDUCATION IN KOREA

늘봄학교의 높은 만족도:
학부모 만족?,
학교와 지역사회는?

늘봄학교는 지난 정부가 추진한 대표 교육 공약으로, 정규 수업 이후 학생들에게 돌봄과 '방과 후 프로그램'을 통합적으로 제공하는 서비스이다. 2023년 시범 운영을 거쳐, 2024년 늘봄학교 추진 방안을 수립(2024. 02. 05.)하여 초등학교 1학년을 대상으로 시작해 2025년에는 2학년까지, 그리고 2026년 초등 전 학년으로 확대를 계획하고 있다. 학교와 지역사회의 다양한 교육 자원을 연계하여 학생의 성장·발달을 지원하는 종합 교육 운영체제를 지향하고 있다.[4] 교육부가 2023년 1월 발표한「교육·돌봄 국가책임 강화를 위한 늘봄학교 추진 방안(안)」에서 제시한 늘봄학교 모델은 초등학교 1학년에서 6학년까지, 아침 7~9시는 아침 돌봄을, 오후에도 방과

---

[4] 교육부(2025. 01. 21.) 참고 자료,「2025년 늘봄학교 시행 방안」.

후 프로그램과 함께 오후 돌봄을, 그리고 저녁 17~20시는 저녁 돌봄을 제공하게 되어 있다.

▎ 높은 만족도와 그 이면의 불안정한 구조

정부출연연구기관인 한국교육개발원(KEDI)의 조사에 따르면, 학부모의 83.3%, 학생의 87.2%가 늘봄학교에 대해 '만족'이라고 응답했다. 학교생활 적응과 국가교육에 대한 신뢰도 역시 높아졌다는 응답이 70~80% 수준에 달한다.[5] '만족'의 근거는 돌봄도 해주고, 공부도 시켜주는 일석이조(一石二鳥)의 인식에서 비롯된 것일 수 있다. 쉽게 표현하면 학원을 보내지 않아도 되기 때문이다. 학부모들은 자녀가 학교에 더 오래 머무르고, 그 시간에도 뭔가 배운다고 여기기에 안심할 수 있다. 안전하면서도 돌봄도 받고 공부도 할 수 있기 때문일 수 있다.

그러나 이러한 인식은 어린이의 쉴 권리와 놀 권리를 제한하는 결과로 이어진다. 아이들이 하루 종일 배움의 테두리에 갇히는 구조는, 학습 강박과 비교 의식, '더 배워야 더 잘 산다'라는 의식이 기반이다. 그 시간에 운동장이나 놀이터에서 맘껏 뛰어놀게 하고, 다른 친구와 어울리는 것이 더 나을 수 있다. 늘봄학교의 높은 만족

---

5 한국교육개발원 보도자료(2025. 05. 22.), 「늘봄학교 성과와 향후 과제」.

도는 가두리 양식장처럼 아이들을 학교에 가두고 학습으로 대체한 결과이며, 이는 아이들을 행복하지 않은 방향으로 몰고 가는 사회적 강박의 반영이다.

▌지역 돌봄 생태계의 붕괴와 학교 기능의 왜곡

늘봄학교는 지역사회와 학교의 자원을 연계한다고 하지만, 실제로는 지역 중심의 돌봄 생태계를 무너뜨리는 방식으로 작동하고 있다. 원래 돌봄은 행정복지센터, 복지관, 지역아동센터, 지역 예술인과 체육 강사 등 다양한 중간 조직과 시민사회가 담당해 왔던 영역이다. 때론 노인 돌봄과 연계되었다.

그러나 국가가 돌봄 기능을 학교 안으로 흡수하면서, 돌봄의 지역 생태계는 축소되었고, 학교는 교육이라는 본래 목적을 넘어 만능 서비스 기관처럼 기능하게 되었다. 이는 교사에게는 과도한 행정적 부담을, 학생에게는 교육과 돌봄의 경계를 무너뜨린 학습 부담으로 이어진다. 더욱이 지역아동센터도, 지역 예술인과 체육 강사 등의 일자리도 붕괴한다. 노인 돌봄과의 상생도 어려워진다.

게다가 정부는 늘봄학교를 위해 어떤 직무가 필요하며, 그 직무에 필요한 역량이 무엇인지, 그리고 이 역량을 갖춘 사람을 어떻게 양성하고, 어떤 방식으로 채용할 것인지를 체계적으로 고민하지 않았다.

단지 '쉬는 사람이 많으니 인력 충원은 어렵지 않을 것'이라는 안이한 발상으로, 비정규직, 임시직, 시간제 강사 등을 빠르게 투입했다. 이는 복지정책이 아니라 조기에 성과 내기, 윗사람에게 보여주기 행정에 불과할 따름이다. 급할수록 돌아가야 함에도 말이다.

▮ 민간자격 불신과 참여 없는 정책 설계

최근 발생한 '리박 스쿨' 사태는 이러한 구조적 허점을 단적으로 보여준다. 민간기관이 자격증 발급을 미끼로 정치적 활동(댓글 부대)을 유도하고, 공적 검증 없이 초등학교 프로그램까지 납품하고 있다는 의구심이 존재한다. 이는 늘봄학교라는 공공서비스가 얼마나 허술하게 운영되는지를 보여준다.

정부는 대책으로 '국가자격화'를 언급하나, 이는 국가의 자격 관리나 민간자격의 국가 공인 여부의 문제가 아니다. 애초에 일자리의 직무를 규정하고, 직무 역량(Job Competency)을 정의하며, 민간 또는 공공이 자격체제(Qualification System)를 설계할 수 있는 토대부터 마련해야 했다. 그러나 이러한 고민 없이 정책이 추진되면서, 민간자격에 대한 불신이 커졌고, 그 결과 자격의 유연성·창의성·다양성이라는 민간자격의 장점은 사라지고, '민간이니까 불안하다'라는 인식만 남게 되었다.

Ⅰ '늘봄'이라는 이름에 봄은 있는가?

늘봄학교는 겉으로 보기에는 교육복지의 새로운 장을 연 것처럼 보인다. 그러나 그 이면에는 속도 중심의 행정, 학습 중심의 돌봄, 불안정한 고용구조, 비(非)정규직으로 채워진 노동, 그리고 정책 대상자에 대한 진지한 성찰의 결여가 자리하고 있다. 우리는 지금이라도 물어야 한다. "돌봄은 왜 배움이 되어야만 하는가?", "지역사회는 왜 배제되고, 학교가 모든 일을 해야 하는가?", "부모(보호자)의 책임이 우선적으로 강조되지 않는가?"

AI 디지털교과서:
해답?,
기술 환상?

　AI 디지털교과서는 기술혁신을 교육개혁의 동력으로 삼으려는 시도이자, 개별화 학습의 이상을 구현하고자 하는 최신 담론의 정점에 서 있다. 그러나 교육의 본질을 흐릴 수 있다는 우려 또한 커지고 있다. 교육은 기술 이전에 사람의 일이며, 학습은 관계 속에서 이루어지는 과정이다. 이 글은 AI 디지털교과서에 대한 비판과 함께, 그 기대에 가려진 문제를 드러내고자 한다.

▎AI 디지털교과서 도입에 대한 교육부 정책과 추진 배경

　교육부는 AI 디지털교과서를 새로운 형태의 교과서로 규정하고, 이를 통해 학생 참여 중심의 맞춤교육, 학습자 주도성 강화, AI 기반 상호작용 학습, 다양한 멀티미디어 자료 활용이 가능하다고 강조했다. 2025년 수학, 영어, 정보, 국어(특수교육) 교과에 도입하고, 2028년까지 국어, 사회, 역사, 기술·가정, 과학으로 확대할 계획을 밝혔다. 「교과용 도서에 관한 규정」도 개정했다.[6] 교육부는 AI 디지털교과서를 기존의 종이 교과서와 동일한 법적 지위를 갖는 교과서로 간주하여, 국정 및 검정 교과서의 한 유형으로 운영하겠다고 했다. 또한 디지털 학습 분석 기능을 탑재하여, 학생별 수준에 맞는 자료 제공, 학습 진도 자동 조정, AI 튜터 기능 등을 구현하고자 했다.

▍국회와 행정부의 갈등: 「초·중등교육법」 개정 및 거부권 행사

그러나 교육부의 정책에 대해, 국회에서는 비판적 시각이 확산하였다. 이는 AI 디지털교과서를 둘러싸고 학생의 문해력 하락, 스마트기기 중독, 개인정보 침해 가능성, 막대한 예산 투입 등 여러 우려가 제기되고 있고, 2024년 7월, 초·중·고 자녀를 둔 전국 학부모 1천 명을 대상으로 벌인 「AI 디지털교과서 도입에 대한 학부모 인식 조사」 결과, 교과서 도입을 신중 검토해야 한다는 데에 공감한다는 응답이 59.6%로 나타났으며, 학부모 82.1%가 교과서 도입을 위한 사회적 공론화 절차가 필요하다고 응답한 것에 바탕을 두고 있다.[7]

---

6   교육부 보도자료(2023. 06. 08.), "AI 디지털교과서로 1:1 맞춤 교육시대 연다".
7   고민정 의원 등 25인이 2024년 9월 27일 제안한 「초·중등교육법 일부개정법률안」 제안 이유(국회 의안정보시스템).

이에 따라 2024년 국회는 「초·중등교육법」 개정안을 발의·통과시켰고, AI 디지털교과서를 교과서 범주에서 제외하고, 학교의 장이 학교운영위원회의 심의를 거쳐 활용할 수 있는 교육 자료로 규정하는 내용을 반영하였다. 이는 AI 디지털교과서의 법적 지위를 박탈한 것으로, 교육부의 정책 추진에 큰 제동을 걸었다. 하지만 정부는 국무회의에서 이 개정안에 대해 거부권(재의 요구)을 행사하였다. 이는 초·중등교육 분야에서 드물게 발생한 입법-행정부 간의 직접 충돌이었으며, 교육정책의 정당성과 절차적 민주성 문제를 다시금 부각시켰다.

▎언론 및 교육계 중심의 주요 비판[8]

① AI 디지털교과서 개발은 대단한 신기술이 아니다. 다른 나라가 못 만드는 것이 아니라 문제가 있기에 안 만드는 것이다. 종이책 읽기의 혜택을 빼앗는다.
② 새로운 교과서를 통해 수업이 어떻게 바뀌는지에 대한 상세한 설명이 없다. 잘하는 아이들은 또래와 상호작용을 할 수 있지만, 못하는 아이들은 추가 자료를 공부해야 한다. 이렇게 다른 두 집단을 한 교실에서 교사가 관리하는 것은 어렵다.
③ 디지털교과서 사용을 통한 학습 효과를 확인하는 계획이 없

---

8 예를 들면, 박주용 서울대 심리학과 교수의 한겨레 신문 칼럼. 「AI 디지털교과서 개발이 우려스러운 이유」(2023. 06. 22.)가 그것이다.

다. 예비 연구가 선행되어야 한다.

④ AI 디지털교과서는 학생들에게 너무 쉽게 도움을 주게 되는데, 이게 오히려 단점이 된다. 적절한 수준의 어려움이, 생각을 통해 해결하는 것이 학습에 도움이 된다.

⑤ AI 디지털교과서가 자랑하는 일대일 맞춤교육은 성공의 보증수표가 아니다. 학습 동기가 높은 학생에겐 효과적일 수 있지만, 그렇지 못한 학생은 그러하지 못할 수 있다.

▎AI 디지털교과서에 대한 본질적인 비판

AI 디지털교과서에 대한 비판들은 주로 인프라 격차, 교사 권한 약화, 데이터 보호 문제를 지적한다. 필자의 비판은 근본적이다. 필자의 논의는 교육의 본질, 교과 내용의 구조, 학생 발달의 원리, 미래 역량의 형성 방식에 대한 근본적 성찰에 바탕을 두고 있다. 우리나라의 교육계, 학계, 정치권에서의 AI 디지털교과서에 대한 논쟁은 본질을 비껴간 측면이 존재한다.

① AI 관련 역량은 단순한 AI 도구 활용을 통해 길러지는 것이 아니다. AI 디지털교과서를 활용한다고 해서 학생의 AI 관련 역량이 향상된다는 주장은 과학적 근거가 부족하다. AI를 '개발'하거나 '활용'하는 능력은 오히려 문제 해결력, 정보 해석력, 창의적 사고력, 그리고 해당 분야의 심화 지식에 기반하며, AI

시스템을 일방적으로 사용하는 것으로는 이러한 능력이 충분히 길러지지 않는다. 기본적인 언어 역량, 수리 역량, 도구 활용력이 갖춰지지 않은 상태에서 AI 교과서를 사용하는 것은 기술 의존만 심화시킬 수 있다.

② AI는 그것을 판단하고 활용할 수 있는 기본 역량이 있는 연령대에서 효과가 발생한다. 인지적·지적 발달이 미완성된 저학년 학생들에게 AI 시스템을 주입하는 것은 교육적 해악이 크다. UNESCO가 2021년「Recommendation on the Ethics of Artificial Intelligence」를 발표하고, 이 권고의 후속 작업으로 2023년 "준비도 평가(Readiness Assessment)"와 "윤리 영향 평가(Ethical Impact assessment)"를 강조하는 것도 적정 규제와 더불어 개발에 있어 신중함이 필요하기 때문이다. 또 일부 국가에서 초등학생의 스마트폰 사용을 억제하고,[9] 디지털 기기 접촉 나이를 높이려는 이유도 아동기 발달에 있어 인간과 인간 간의 상호작용, 신체 활동, 기본적인 언어 습득이 우선되기 때문이다.

③ 미래를 살아갈 역량은 디지털교과서가 아니라 일상의 수업 활동을 통해 길러진다. 미래 역량, 즉 비판적 사고력, 협업 능력, 의사소통 역량, 창의력 등은 디지털 시스템이 제공하는 개별 학습이 아니라, 교사와 친구들 간의 토론, 글쓰기, 말하

---

[9] 대표적으로 프랑스가 추진하는 '디지털 쉼표' 정책이다. 프랑스는 2025년 9월 입학 시기에 시범 사업으로 추진하는 '디지털 쉼표' 조치를 전국적으로 시행할 생각을 하고 있다. 영국도 2024년 초에 교내 휴대전화 사용을 금지하거나 제한하고 있다(한국경제신문, 2024. 10. 28.).

기, 발표 등 학습공동체 안에서 상호작용을 통해 형성된다. IB(International Baccalaureate) 교육과정 역시 기술 중심이 아니라 탐구와 토론 중심의 수업 철학을 강조한다. 중요한 것은 하루하루의 수업을 혁신하는 것이지, 기술 접목이 중요한 것이 아니다.

④ 수업의 핵심인 모둠학습과 상호작용이 AI 도구에 의해 약화할 수 있다. 수업의 생명은 학생 간 상호작용과 집단적 사고를 촉진하는 활동이다. 그러나 AI 교과서는 개별 맞춤형 학습을 전제로 설계되기에, 학생들 간 협업의 시간과 기회를 줄이고, 교사가 공동체적 수업을 설계하는 데 제약을 가하게 된다.

⑤ AI의 생성 기능은 교과 내용의 구조적 한계로 제 역할이 어렵다. AI 교과서의 핵심적 차별점은 생성형 알고리즘을 통해 학생 반응에 맞춰 추가적인 학습자료를 제공하고 상호작용을 하는 데 있다. 그러나 이는 교과 내용에 명확한 수준 구분과 체계가 있을 때 효과를 발휘한다. 예를 들어 수학과 같이 위계적인 과목에서는 적용이 가능하지만, 사회, 과학, 도덕, 역사 등 비(非) 위계적 교과에서는 AI가 개별화 자료를 생성할 기준 자체가 불분명하다. 결과적으로 현재의 AI 디지털교과서는 '생성형 AI'가 아니라, '단순 반응형 콘텐츠 공급 기술'에 가까울 수 있다. 반면, 개별화된 학습 현장에서, 충분한 학습 능력이 존재할 때는 나름 유의미할 수는 있다.

⑥ AI 디지털교과서는 선행학습을 조장할 수 있다. AI가 학생의 성취 수준에 따라 높은 수준의 콘텐츠를 계속해서 제공하게

되면, 조기 진도 경쟁과 선행학습을 제도화할 위험이 크다. 이는 학교 교육의 평등성과 공동체성을 훼손할 수 있다. AI가 학습 진도를 조절한다는 명분 아래, 학생 간 학습 격차를 구조화하는 역할을 하는 것이다. 이는 결과적으로 공교육의 본질적 취지를 훼손하는 방향이다. 물론 선행학습을 인정한다면 판단은 달라질 수 있다.

⑦ AI 디지털교과서와 평가 체계 간의 불일치가 발생할 수 있다. AI 디지털교과서가 '개별화·맞춤형' 학습을 지향함에도, 현행 학교 평가 체계는 여전히 정답 중심의 획일적 지필 평가에 기반하고 있다. 이러한 수업과 평가 간의 비대칭성은 교육의 일관성을 해치며, 교사는 평가를 위해 결국 전통적 교과서를 중심으로 수업을 재구성할 수밖에 없게 만든다. 이는 AI 디지털교과서가 아무리 뛰어난 기능을 갖추더라도, 수업과 평가의 통합 설계 없이 적용된다면 교육 현장에서는 외면당할 수밖에 없음을 보여준다.

▎AI 디지털교과서에 대한 정책 대안

AI 디지털교과서를 무조건적인 기술혁신으로 수용하기보다, 먼저 교육의 내용과 방식 전반을 되돌아보는 것이 선행되어야 한다. 지금처럼 교과서 내용을 주차별(週次別)로 전달하는 방식의 수업에서는, 어떤 기술을 도입하더라도 학습의 본질적 변화는 기대하기 어렵다.

따라서 토론, 발표, 글쓰기 중심으로 수업을 재설계하고, 교사는 이러한 수업을 설계·운영할 수 있도록 충분한 자율성과 전문성을 먼저 보장받아야 한다. AI 디지털교과서는 이러한 기반 위에서 보조자료의 형태로 한정적으로 도입되어야 하며, 그것도 고등학교 학생들을 중심으로 시범 적용이 바람직하다. 또한 기존의 디지털 교수학습자료 정책과 연계하여, 학습 부진 학생이나 다문화·이주 배경 학생에게 보충학습 기회를 제공하는 수단으로도 좋다.

무엇보다 중요한 점은 AI 기반의 수업과 평가 체계를 연계하여 일관된 '교수-학습-평가 체제' 설계가 가능하도록 정책을 통합하는 것이다. 학습은 AI로 하고, 평가는 기존 지필시험으로 진행하는 이원화된 구조는 교육의 일관성과 신뢰를 떨어뜨릴 수밖에 없다. AI 디지털교과서 도입이 아니라, 교육의 본질을 어떻게 회복하고 혁신할 것인가라는 문제로 접근해야 한다.

지금 필요한 것은 '기술 도입의 속도'가 아니라, '교육의 본질에 대한 근본적인 성찰과 수업의 질적 전환'이다. AI는 교육을 대체할 수 없으며, 오히려 인간 중심의 교육을 강화하는 것이 선행되어야 한다. 그리고 AI는 인간 중심 교육을 지원하는 도구이어야 한다. 이는 우리나라 교육과정 체계 전반의 개혁을 요구하는 일이기도 하다. 교육 공동체의 합의를 바탕으로, 공론화 과정을 거쳐서 학교 교육시스템의 개편과 연계하여 차근차근 조심스럽게 추진해야 한다.

IB 교육과정:
교육혁신의 상징?, 선전도구?

　오늘날 일부 시도교육청은 IB 교육과정을 한국 교육의 대안이자 혁신의 상징처럼 추켜세우고 있다. 그러나 IB 교육과정은 본래 국경을 넘나드는 교육 이민자들을 위한 국제자격제도일 뿐, 특정 국가의 공교육을 대체하기 위한 수단이 아니다. 외래 교육과정을 도입하는 것보다 더 중요한 것은 우리나라 교육과정 자체를 성찰하고 개편하는 일이다. 국가 수준 교육과정이 존재하는 상황에서 IB 교육과정을 공립학교에 적용하는 것은 교육행정의 무책임과 정당성 결여를 드러내는 일이다. 지금 필요한 것은 수입된 신화가 아니라, 우리의 현실에서 출발하는 교육개혁의 정공법이다.

IB 교육과정의 개요

국제 바칼로레아(IB)는 1968년 스위스 제네바에서 설립된 비영리 교육재단이 개발한 국제 교육 프로그램이다. IB 교육과정은 전 세계적으로 인정받는 교육과정으로, 학생들이 복잡한 세상을 이해하고 미래를 위해 책임 있게 행동할 수 있도록 필요한 자질과 역량을 길러주는 교육을 제공한다. IB 교육과정은 현재 4가지 주요 프로그램으로 구성되어 있다.[10]

① 초등교육 프로그램(PYP: Primary Years Programme)은 전통적인 교과의 경계를 초월한 학습을 추구한다. 학생들은 6가지 초학문적 주제('우리는 누구인가?', '우리가 속한 공간과 시간', '우리 자신을 표현하는 방법', '세상이 돌아가는 방식', '우리 자신을 조직하는 방식', '지구 공유하기')를 탐구한다.

② 중등교육 프로그램(MYP: Middle Years Programme)에서는 학생들이 PYP에서부터 개발되고 심화된 6가지 초학문적 주제를 6가지 세계적 맥락으로 확대하고 더욱 깊게 탐구한다. 학생들은 이 6가지 맥락인 '자아와 관계', '개인적·문화적 표현', '시·공간의 방향성', '과학과 기술의 혁신', '공정성과 발전', 그리고 '세계화와 지속 가능한 미래'를 집중적으로 탐구한다.

③ 디플로마 프로그램(DP: Diploma Programme)의 교과과정은 6개

---

10 국제 바칼로레아 기구(2020), 「IB 교육이란 무엇인가(What is an IB Education)」, 한글 번역본.

의 선택과목과 3개의 핵심 요소로 구성되어 있다. 핵심 요소 중 지식 이론(TOK: Theory of Knowledge)은 학생들이 '우리가 아는 것을 어떻게 알게 되는지'와 같은 근본적인 질문을 통해 자신의 관점과 추측 및 가설들을 탐구하도록 권장한다.

④ 직업 연계 프로그램(CP: Career-related Programme)에서 학생들은 DP 과정에서의 학습 내용을 CP의 직업 관련 수업과 4가지 핵심 요소를 결부시켜 학습한다. CP의 핵심 요소 중 하나인 '자기개발능력 및 전문 기술' 과정은 학생들이 향후 직장에서 직면할 수 있는 여러 가지 개인적, 직업적 상황을 미리 탐색해 보는 데 초점을 둔다.

국내 IB 교육과정 도입 현황

IB 교육과정은 전 세계 150여 개국에서 운영되고 있으며,[11] 한국에서는 2019년 대구와 제주를 시작으로 도입이 본격화되었다. 이후 서울, 경기, 인천, 충남, 전남, 전북 등 총 11개 교육청에서 IB 프로그램 도입을 추진하고 있다.[12] IB 교육과정이 우리나라 교육과정에 미치는 파급효과가 큼에도 불구하고 교육부와 국가교육위원회는 이에 대해 공식적 견해를 밝히고 있지 않다.

---

11 https://www.ibo.org/about-the-ib/, 2025. 06. 08., 검색.
12 교육 플러스, 2024. 05. 29., 기사.

IB 교육과정에 대한 긍정적 시각

IB 교육과정의 목표는 '국제적 소양을 갖춘 인재를 양성'하는 데 있다. 세상을 향해 열린 마음을 가질 수 있도록 세상을 이해하는 힘을 기른다. 자기 자신을 비롯한 다른 사람의 관점, 문화 및 정체성에 대한 성찰을 기본으로 한다. 다(多)언어주의, 공동체를 위한 봉사활동도 강조된다. 그리고 IB 교육과정은 인지적 발달을 비롯하여 학생들의 사회적, 정서적, 신체적 건강을 중시한다. 이를 위해 IB 교육과정은 학생들이 폭넓고 균형 잡힌 학문 및 학습 경험을 접할 수 있도록 한다. 개념적 학습(Conceptual Learning)을 중시하고, 실제 학습(Authentic Learning)의 기회도 중시한다. 교수·학습 방법도 탐구적 질문하기, 행동으로 옮기기, 성찰하기(Inquiry, Action and Reflection)를 순환적으로 수행하는 것에 초점을 둔다. 이를 통해 '학습하는 법을 배우는 것(Learning how to learn)'을 중시한다. 결과적으로 IB 교육과정은 학생들이 1. 비판적 사고력, 창의적 사고력, 윤리적 사고력 등과 같은 사고 기능, 2. 정보를 비교하고 대조하며 검증하고 우선순위를 매기는 능력 등을 포함하는 조사 기능, 3. 글쓰기, 말하기, 주의 깊게 듣기(Effective Listening) 및 논쟁을 구성하는 능력 등을 포함하는 의사소통 기능, 4. 긍정적인 관계를 형성하고 유지하며, 타인의 의견을 경청하고 갈등을 해결하는 등 대인관계 기능, 그리고 5. 각자 주어진 과제와 시간을 관리하는 법과 자신의 감정 상태와 의지와 같은 정의적 역량을 포함하는 자기관리 기능을 발달시킬 수 있다고 본다.[13]

---

13 국제 바칼로레아 기구(2020), 「IB 교육이란 무엇인가(What is an IB Education)」, 한글 번역본.

IB 교육과정에 대한 비판적 시각

IB 교육과정에 대한 비판적 보고서가 있다. 세종시교육청이 2012년 12월에 배지영 공주대 교수팀에 의뢰하여 발표한 「국제형 교육과정 분석 연구」이다. 보고서의 내용은 아래와 같다.[14]

- IB 학교 인증과 IB 시험 보는 데에 큰 비용이 든다.
- 고교교육과정의 경우 학습 수준이 높아 자칫 영재교육으로 전락할 수 있다.
- 해외 유학을 준비하는 일부 학생들을 위한 '귀족 교육'이 될 소지가 있다.
- 대다수 학생이 공교육에서 교육받는 우리 실정에서 자칫 교육 불균형, 형평성의 문제나 학력 격차의 문제로 커질 소지가 있다.
- 국가 수준 교육과정이 있고, 2022 개정 교육과정이 만들어지는데, 해외 기관에 예산을 투자하는 것은 잘못이다.

IB 교육과정 도입에 대한 본질적 비판

IB 교육과정이 '교육혁신'이라는 이름으로 한국 공교육시스템에

---

14   오마이뉴스, "IB, 8개 교육청 확산? 세종교육청 보고서 '도입 부적합'"(2024. 05. 21.) 이외에도 교육 희망 2024년 11월 25일 기사인 「대구시교육청이 말하지 않는 IB 교육 이야기」도 있다.

빠르게 확산 중이다. 표면적으로는 글로벌 교육의 수용처럼 보일 수 있지만, 그 이면에는 공교육철학의 부재, 행정의 혼란, 교육 불평등 심화, 제도적 일탈이라는 구조적 위험이 내포되어 있다.

1) IB 교육과정의 탄생 목적과 국내 도입 목적 간의 괴리

IB 교육과정은 본래 국제 이동이 잦은 외교관, 다국적 기업 종사자 자녀를 위한 고등학교 학력 자격으로 설계된 제도이다. 이는 국가별 교육제도의 차이를 극복하고 학력 인정의 통일성을 확보하기 위한 필요에서 출발했다. 그러나 우리나라는 공교육개혁의 대안, 혁신 교육의 구세주처럼 인식하며 도입하고 있어, IB 교육과정의 목적과 한국의 정책적 활용 목적이 일치하지 않는다. '적용 맥락에 대한 정합성'이 무시된 채 수입되고 있다.

2) 국가교육과정 체계와의 구조적 충돌

대한민국은 헌법과 「교육기본법」, 「초·중등교육법」 등에 따라 국가 수준 교육과정을 정당하게 수립·운영하는 체계를 갖고 있다. 이는 공사립을 막론하고 모든 초·중등학교에 적용되는 기준이다. 그러나 IB 교육과정은 자체적으로 완결된 교육과정이기에, IB 교육과정 채택은 우리나라 교육과정과 병행하는 것을 의미한다. 학교에서 우리나라의 교육과정과 IB 교육과정을 이중으로 병행하기에는 학생·교사의 학습 부담이 과도하며, 교육적 일관성도 무너진다. 즉, 대한민국의 고등학교 졸업장은 국가교육과정을 이수한 결과물로써 인정되어야 하기에, IB 교육과정은 보완적 성격 이상을 넘어서서는 안 된다.

3) 교육감의 책무를 벗어난 정책 행위

시도 교육감은 국가교육과정을 지역에서 효과적으로 구현하여 학생들의 교육받을 권리를 보장할 책임이 있다. 그럼에도 일부 교육감은 IB 교육과정을 국가교육과정의 대안처럼 공립학교에 도입하고 재정적으로 지원하고 있다. 이는 교육감의 책무를 벗어난 일탈이다. 교육감은 교육과정에 문제가 있다면 교육부 및 국가교육위원회와 협력하여 교육과정 개선을 추진해야 한다.

4) 국가교육위원회와 교육부의 책임 회피

IB 교육과정이 시도교육청의 공공 재정으로 운영되고 있음에도, 이를 통제하거나 지도하지 않는 국가교육위원회와 교육부의 태도는 명백한 직무 유기다. IB 교육과정은 유학을 위한 사적(私的) 선택이라면 이해될 수 있으나, 교육청에서 세금을 투입해 번역, 교사 연수, 학교 운영까지 개입하는 것은 공교육철학에 반하는 행위이다. 국가교육위원회는 시도교육청의 교육과정 편성에서 국가교육과정의 원칙이 준수되고 있는지를 명확히 점검하고 제도적 지침을 제시해야 한다. 이를 하지 않는 것은 명백한 잘못이다. 만약 국가교육위원회와 교육부가 일부 교육청의 IB 교육과정 도입에 대해 잘못이라고 지적하지 않는 정치적 이유가 따로 존재한다면 그것은 더 큰 문제이다.

5) 공립학교에서의 무분별한 도입은 형평성 위배

교육과정에 약간의 자율성이 허용된 사립학교나 자사고에서, 외국대학 진학을 목적으로 IB 교육과정을 도입하는 것은 정책적으로 이해할 여지가 있다. 외국도 주로 국제학교에서 IB 교육과정을 채택하고 있기 때문이다. 그러나 공립학교에 IB 교육과정을 도입하고 이를 교육청이 정책적으로 지원하는 것은 교육의 형평성과 공공성에 대한 중대한 훼손이다. 기존 공립학교의 학생 선발, 교사 배치, 운영 자율성 등은 우리나라 교육과정을 전제로 설계되었기에, IB 교육과정을 접목하기에는 어려움이 있다.

6) 교육개혁의 방향성 왜곡과 교육철학의 부재

IB 교육과정을 공교육에 도입하려는 시도는 현재 우리의 국가교육과정이 가진 문제의 본질을 외면하고, 외래 모델을 수입하는 방식으로 우회하려는 시도에 가깝다. 교육감이 IB 교육과정의 철학을 높이 평가한다면, 그 철학을 우리 교육과정에 반영할 수 있도록 우리 교육과정의 개편을 국가에 요청하고 실현해 나가는 노력을 해야 한다. 그럼에도 IB 교육과정 번역, 인증, 운영을 자체적으로 추진한다는 것은 국가교육과정 체계를 우회하면서 정치적 성과를 추구한다고 볼 수밖에 없다.

7) 공교육 구조와 교사의 역량, 평가 체계와의 불일치

IB 교육과정은 교사의 수업 자율성과 전문성, 탐구 중심 수업, 서술형 평가를 전제로 한다. 그러나 한국의 공교육시스템은 정교한 국가 기준, 표준화된 평가 방식, 수업 시수 기준, 내신 등급제 등에 기반하고 있다. IB 교육과정의 철학을 무리하게 접목할 경우, 교사들은 이중 기준에 시달리게 되고, 학생들은 국가교육과정과 IB 교육과정을 모두 이수해야 하는 '이중 부담'에 노출된다.

8) 교육 불평등과 사교육 확대의 새로운 불씨

IB 교육과정은 언어적 장벽, 교재 접근성, 교사 전문성 등에서 사교육 의존이 높을 수밖에 없는 구조이다. 영어 기반의 평가, 고비용의 인증·연수, IB 교육과정 학습자료의 부족은 곧 사교육시장의 신종 고가 상품으로 전락할 가능성을 내포하고 있다. 결국 교육의 기회균등을 훼손하고 계층 간 학습 격차를 심화시킬 수 있다.

▎IB 교육과정 도입보다는 국가 수준 교육과정의 개편이 우선

IB 교육과정의 무분별한 공교육 도입은 지금이라도 중지되어야 한다. 그 이유는 IB 교육과정이 지닌 장점들이 곧바로 한국 교육의 대안이 될 수 없기 때문이다. IB 교육과정이 추구하는 탐구 중심 학습, 서술형 평가, 융합적 사고, 교사의 자율성 등은 우리나라 국가교육과정 자체의 개편을 통해 구현되어야 할 요소이지, 외래 교육과정을 수입해서 얻어야 하는 해답은 아니다. 따라서 IB 교육과정에서 높게 평가되는 요소들은 우리의 교육철학과 교육제도에 맞도록 재해석되어 국가교육과정에 반영되어야 하며, 이는 교육부와 국가교육위원회의 주도 아래 이루어져야 한다. 그와 동시에, IB 교육과정과 유사한 교육을 실현할 수 있는 교사의 역량을 교원 양성과 교사 연수를 통해 체계적으로 강화하는 노력이 선행되어야 한다. 이게 교육개혁의 정공법이다.

만일 일부 교육 주체의 요청에 따라 제한적으로 도입이 필요하다면, 국가 수준 교육과정의 원칙을 훼손하지 않는 선에서, 사립학교의 교육과정 편성·운영의 자율성을 확대하고, 그 자율적 선택에 따라 IB 교육과정을 채택할 수 있는 방식을 고려해야 한다. 이 경우에도 사립학교는 국가의 재정지원을 기대하기 어렵다는 점을 분명히 인식해야 하며, IB 교육과정을 이수하더라도 우리나라 고등학교 졸업 학력으로 자동 인정되는 것은 아니므로, 졸업 학력 인정에 대해서는 별도의 기준을 적용받아야 함도 이해해야 한다.

교육과정만 바꾸어도 대한민국 교육은 진일보할 것이다.

고교학점제:
미래 교육으로의 전환?, 혼란의 주역?

　고교학점제는 학생들이 자신의 진로와 적성에 따라 다양한 과목을 선택하여 이수하고, 누적 학점이 일정 기준에 도달하면 졸업을 인정받는 교육제도이다. 윤석열 정부 이전부터 시작된 교육부의 대표 정책이다. 이는 획일적 교육에서 벗어나 학생 개개인의 성장과 역량 강화를 목표로 한다. 초등학교와 중학교 9년의 기간은 공통 교육과정이지만, 고등학교는 선택 교육과정이다. 따라서 고교학점제는 기본적으로 선택 교육과정과 연계되어 작동된다. 핵심은 학생의 '과목 선택'에 있다. 아무런 방향성 없이 과목을 선택할 것인가? 아니면 일정한 방향성 토대로 선택할 것인가? 고교학점제 성공은 이 선택의 실질화에 달려 있다.

❚ 고교학점제의 필요성과 당위성

고교학점제는 단위제에서 학점제로, 형식이 바뀐 정도로 인식하면 안 된다. 힘들고 어려워도 성공시켜야 할 과제이다.

1) 학생 맞춤형 교육 실현

기존의 획일적인 교육과정으로는 학생 개개인의 다양한 흥미와 적성을 충족시키기 어려웠다. 고교학점제는 학생들이 스스로 과목을 선택하며 자기주도적 학습 능력을 기르고, 흥미와 적성에 맞는 심화 학습을 통해 깊이 있는 탐구를 가능하게 한다.

2) 미래 사회 대비 역량 강화

4차 산업혁명 시대는 창의적 문제 해결 능력, 융합적 사고력, 자기주도적 학습 능력 등을 요구한다. 고교학점제는 학생들이 다양한 분야의 지식을 융합하고, 스스로 문제를 정의하고 해결하는 과정을 경험함으로써 미래 사회에 필요한 핵심 역량을 함양한다.

3) 대입제도 변화와 연계

대입제도가 학생부 종합 전형 등 학생의 다양한 활동과 역량을 평가하는 방향으로 변화함에 따라, 고교학점제는 이러한 변화에 부응하는 교육시스템을 제공한다. 학생들이 자신의 진로와 연계된 과목을 이수하고 관련 역량을 개발하는 과정을 통해 대입 경쟁력을 확보할 수 있다.

4) 성공적인 학습 경험 제공

자신의 선택과 책임하에 학습하는 경험은 학생들에게 성취감과 주도성을 부여한다. 이는 단순히 지식을 습득하는 것을 넘어, 삶의 주체로서 성장하는 데 중요한 자양분이 된다.

▎정부의 고교학점제 계획과 현황

구체적으로 정부 계획을 살펴보자. 정부는 2025년부터 고교학점제를 전면 시행할 계획을 발표하고 단계적으로 도입을 추진해 왔다. 총 이수 학점은 192학점이다.[15]

1) 추진 경과

2018년부터 연구학교와 선도학교를 통해 고교학점제 모형을 개발하고 경험을 축적해 왔다. 2000년에는 마이스터고에, 2022년에

15　교육부, 「2025년 고교학점제 전면 적용을 위한 단계적 이행 계획(안)(2022-2024)」, 2021. 08. 23., 보도자료.

는 특성화고에 우선 적용했으며, 2022~2024년까지는 일반고에 부분 적용하여 준비 기간을 가졌다.

2) 주요 내용

고교학점제는 교과 이수 기준을 단위제에서 학점 기준으로 전환하고, 학생들의 과목 선택권을 확대하며, 미이수 학생에 대한 보충 지도를 강화한다. 공동 교육과정(학교 간 연계 수업, 온라인 수업 등) 운영을 활성화하고, 교원 수급 및 배치, 공간 재구조화 등의 인프라 개선을 추진하고 있다.

3) 학사 운영의 변화

학년제에서 벗어나 학점 이수 기반의 학사 운영이 이루어지며, 필수 이수 학점과 선택 이수 학점을 정하여 학생들이 자유롭게 과목을 선택하고 이수할 수 있도록 한다. 평가 방식 또한 모든 선택과목은 성취 평가제를 확대하여 성장의 기회를 제공한다.

▍ 드러난 문제점과 대책

고교학점제 도입 과정에서 여러 문제점이 드러나고 있으며, 이에 대한 대책 마련이 시급하다는 주장이 존재한다.[16] 이들의 주장을 정리하면 아래와 같다.

1) 교원 확보 및 역량 강화

다양한 선택과목 운영을 위해서는 특정 과목 교사의 부족 현상이 심화할 수 있다. 또한, 학생 개개인의 진로 설계 및 학습 지도를 위한 교사의 역량 강화가 필수적이다. 교원 양성 체제 개편, 교사 연수 프로그램 강화, 교사 정원 확보 및 배치 기준 재검토 등이 필요하다.

2) 학교 공간 재구조화

학생들이 선택과목을 이동하며 수강할 수 있도록 유연한 학습 공간 조성이 필요하다. 부족한 교실 확충, 특별실 활용 극대화, 온오프라인 연계 학습 공간 마련 등이 대책으로 논의된다.

3) 평가 방식의 혼란과 대입 연계

성취 평가제 확대가 내신 변별력 하락으로 이어질 수 있다는 우

---

16 고교학점제에 대한 비판적 기사는 넘쳐난다. 몇 가지 예를 들면, 「고교학점제 전면 시행 1달…폐지 여론 높은 이유는」(충남일보, 2025. 06. 08.), 「고교학점제 한다면서 교원 정원 감축 "속 터지네"」(한국교육신문, 2025. 03. 05.), 「취지 못 살리고 혼란 낳은 고교학점제」(생글생글, 2025. 06. 02.), 「모순덩어리 고교학점제-교과 선택제」(교육언론[창], 2023. 08. 02.) 등이다.

려와 함께 대입제도와의 연계성 문제도 제기된다. 성취 평가제의 취지를 살리면서도 공정성과 변별력을 확보할 수 있는 평가 방식 개발, 고교학점제 도입 취지에 맞는 대입제도 개선 등이 요구된다.

4) 지역 간 교육 격차 심화

농어촌 지역이나 소규모 학교의 경우 개설 가능한 과목의 수가 제한되어 학생들의 선택권이 도시 지역 학교에 비해 현저히 줄어들 수 있다. 공동 교육과정, 온라인 학습플랫폼 등을 적극적으로 활용하고, 교육 인프라가 부족한 지역에 대한 특별 지원 방안이 필요하다. 실제 일부 시도는 온라인 고등학교를 운영한다.

5) 학생 및 학부모의 정보 부족

고교학점제에 대한 정보 부족으로 학생들이 자신의 진로와 적성을 고려한 과목 선택에 어려움을 겪거나, 학부모들이 제도 변화에 대한 불안감을 느낀다. 효과적인 정보 제공 채널 마련, 진로·진학 상담 강화, 학부모 대상 설명회 및 연수 프로그램 등이 필요하다.

▎고교학점제에 대한 근본적 검토

고교학점제의 성공적인 안착을 위해서는 단순히 제도를 도입하는 것을 넘어, 우리나라 교육과정 체계가 갖는 한계와 진로지원체제의 미흡 등 근본적인 문제를 검토해야 한다. 현재 지적되는 많은 문제의 본질은 우리의 교육과정에서 비롯된다.

1) 교육과정의 위계성 부재와 경로 설계의 어려움

고교학점제의 핵심은 학생 개개인의 진로와 적성에 따른 맞춤형 학습 경로 설계(Pathway Design)에 있다. 그러나 우리 교육과정은 학교급별(초-중-고) 중심으로 구성되어 교과의 위계성과 연속성을 확보하지 못한다. 이는 학생 맞춤형 교육을 지향하는 학점제의 목표 달성을 어렵게 한다.

현재 교육과정은 '공통과목', '일반선택', '융합선택', '진로선택'으로 과목을 분류하나, 각 분류의 의미와 이수 학점 기준이 모호하다. 예를 들어, 공통과목의 의미는 무엇이며, 몇 학점까지 이수해야 하는지; 일반선택은 몇 학점 이상을 이수해야 하는지; 일반선택, 융합선택, 진로선택의 의미는 무엇인지 등에 대한 설명이 모호하다. 더욱 심각한 것은, 초등학교 1학년부터 고등학교 3학년까지 국어, 수학 등 각 교과가 어떻게 심화, 확장, 분화되는지에 대한 명확한 설명과 이를 가능하게 하는 레벨(Level) 체계, 그리고 이를 바탕으로 한 과목 설계가 부재하다는 점이다. 사회 교과가 정치, 경제, 사회, 문화 등으로 분화하고, 지리가 인문지리, 자연지리, 세계지리, 한국지리 등으로 세분화하는 과정과 기준에 대한 철학적, 교육학적 기반이 부족한 것이다. 이러한 위계와 분화의 원칙 없이는, 학생 개개인의 학습 수준과 진로 계획에 따른 의미 있는 학습 경로(Pathway)를 설계하기가 불가능하다.

또한, 교육과정 설계도 학교급별이 아닌 교과별로 이루어져야 한다. 즉, 초등학교 1학년부터 고등학교 3학년까지, 그리고 나아가 대학 수준의 심화 과정(예: AP 과정)까지 아우르는 교과별로 연속적이고 위계적인 내용 요소와 성취 기준이 명확히 제시되어야 한다. 이러한 체계가 구축되면 학생들은 자신의 학습 속도와 심화 정도에 따라 유연하게 과목을 선택하고 이수할 수 있는 수준별 학습이 가능해진다. 또한, 교과별 위계가 명확하게 설계될 경우, 향후 AI 기술을 교육에 접목할 때 학생 개개인의 학습 데이터를 기반으로 최적화된 학습 경로를 제공하거나 맞춤형 피드백을 제공하는 등 훨씬 효과적인 적용이 가능해진다. 또한, 대학으로의 진학, 직업 세계로의 이동에서도 연계가 비교적 쉽게 이뤄질 수 있다.

성취 평가제가 본래의 취지대로 작동되기 위해서도 성취 기준(Achievement Standards)이 명확히 제시될 수 있어야 한다. 물론 이를 구현하기 위해서는 교사의 역량도 대폭 강화되어야 하며, 교원 양성 및 재교육과정 전체가 재설계되어야 할 것이다.

현재의 선택 교육과정에서는 내용 요소를 확장하는 '확장형(Enlarged Curriculum)'과 내용 요소를 심화하는 '심화형(Enriched

Curriculum)' 과목 구분이 불분명하다. 이 역시 선택과목 체계가 논리적이지 않기 때문이다. 호주 퀸즐랜드주의 QCE(Queensland Certificate of Education)[17] 시스템이 제시하는 명확한 학점 인정 기준과 다양한 학습 유형(General subjects, Applied subjects, VET 등)의 연계는 학생 중심의 유연한 학습 경로 설계를 지원하는 좋은 사례이다. 우리나라도 이처럼 교과별 위계와 분화 원칙을 정립하고, 이를 바탕으로 학생 개인의 학업 수준과 진로 계획에 따른 '의미 있는 학습 경로(Pathway)'를 설계하고 제시할 수 있는 시스템을 구축해야 한다.

이는 우리나라 교육체계가 교과를 바탕으로 하고 있다는 점을 존중한다는 전제가 있다. 그러나 교과 자체의 유의미성에 대한 본질적 고민도 필요할 수 있다. IB 과정을 보면 교과와 무관한 면이 있다. 이는 교원의 양성부터 고민해야 할 거대 문제이다. 사립학교의 교육과정 자율성과 교사제도의 유연성이 커진다면, 사립학교는 교과의 틀을 벗어버릴 가능성도 있을 것이다.

2) '국가-교육청-학교-학생 수준 교육과정' 체계 미흡

고교학점제가 성공적으로 운용되려면, 국가-교육청-학교-학생 수준에서 교육과정 편성 및 운영의 권한과 책임이 명확히 분담되어야 한다. 현재는 이러한 역할 분담에 대한 명확한 틀이 부재한다.

---

17 고등학교 졸업장으로 이해하면 쉽다.

이상적인 체계는 국가는 교육과정의 기본 원칙과 기준을 제시하고, 교육청은 이를 바탕으로 지역의 특성과 요구를 반영한 교육과정을 추가 개발(교육부 승인)[18]해야 한다. 학교는 교육청의 승인을 받아 학교의 특성과 학생의 필요에 맞는 교육과정을 편성하고 운영할 수 있어야 한다. 이 과정에서 국가교육위원회는 교육청에 교육과정 편성 및 운영의 권한을 위임해야 한다. 국가교육위원회의 지침은 구체적이며 명확해야 한다.

더 나아가, 학생에게는 '자기주도적 학습'의 가능성을 최대한 인정하여 일정 학점 범위 내에서 학생들이 스스로 학습 목표를 설정하고, 소논문 작성, 음악 CD 녹음, 작품 제작, 체육 특기자의 대회 참여 등과 같은 다양한 형태의 학습 활동을 수행하고 학점으로 인정받을 수 있어야 한다. 이러한 자기주도학습 활동에 대한 학점 기준 역시 제시되어야 한다. 이는 학생들의 주체적인 학습 역량을 강화하고, 학교가 제공하는 정규 교육과정의 한계를 보완하는 역할을 할 수 있다. 이러한 다단계적 교육과정 설계 및 권한 위임 체계가 갖춰져야만 고교학점제의 유연성과 학생 중심의 교육이 실현될 수 있다.

이러한 원칙이 부재하다 보니, 학생이 희망하는 과목은 모두 개설해야 한다고 오해하고, 결과적으로 많은 자원을 투입하여 온라인 고

---

18   교육과정이 지역별로 수준, 과목 체계, 내용에 차이가 발생할 수 있으나 국가 수준 교육과정의 취지에 부합하는지, 잘 관리는 되는지 등을 국가는 확인해야 한다.

등학교까지 설립하였다. 이때 온라인 고등학교, 방송통신고, 그리고 검정고시의 연계 및 활용 가능성을 모색할 수 있었으나 그러하지 못했다. 학생의 선택은 무한한 것이 아니라 국가가 정교하게 정한 틀 내에서의 선택이어야 했다. 선택에 대한 잘못된 이해가 농어촌과 도서벽지의 선택권 제한을 초래한다는 비판을 듣게 되는 원인이 되었다.

3) 대학 입시와의 실질적인 연계 부족

학점제의 성공적인 정착을 위해서는 고등학교 교육과정과 대학 입시 간의 유기적인 연계가 필요하다. 현행 대입제도는 고교학점제의 취지를 반영하기 어렵다. 명확한 과목 위계와 경로 설계가 부재한 상황에서는 대학이 특정 전공 분야에 필요한 과목 이수 여부를 입학 조건으로 명시하기 어렵다. 또한, 대학 수준의 심화 과목을 고등학교에서 미리 이수하고 학점으로 인정받는 AP(Advanced Placement) 과정에 대한 명확한 원칙과 인정 기준도 마련되어야 한다. 국가교육위원회가 발표한 고등학교 교육과정 고시로는 이러한 학점 기반의 심화 학습 및 대입 연계가 불가능하다.

4) Literacy 및 Numeracy 과목 이수의 유연성 부재

고교학점제 목적 중 하나는 학생 개개인의 진로와 흥미를 존중하는 것이다. 이를 위해서는 국어(Literacy 관련)와 수학(Numeracy 관련) 등의 기초 역량 관련 과목에 대해서도 유연한 이수 방식을 도입해야 한다. 예를 들면, 학생이 학업성취도 평가에서 '보통 이상'의 성취를 보이거나, 전국 단위 학력평가에서 일정 점수 이상을 받거나, 아니면 Functional Mathematics 교과 이수 등 특정 기준을 충족할 경우, 학습자의 희망에 따라 해당 과목의 이수 의무에서 벗어나 자신의 진로에 부합하는 다른 과목을 선택할 수 있어야 한다. 그러나 우리는 수능에서 국어와 수학을 봐야 해서 이러한 시도가 어렵다. 수능시험이 첫해처럼 역량 기반이라면 모를까. 호주 QCE는 'Literacy and Numeracy Requirements'를 충족하는 다양한 경로를 제시하고 있다.

5) 진로지원체제의 미흡

고교학점제는 학생 스스로 진로를 탐색하고 과목을 선택하도록 요구하지만, 현재 학교 내 진로 상담 인력 및 전문성이 부족하며, 진로 정보 제공이 제한적인 실정이다. 학생들은 자신의 흥미와 강점을 파악하고 미래 직업 세계에 대한 충분한 이해를 바탕으로 과목을 선택해야 하는데, 이를 지원할 체계가 미흡하다. 또한, 단순한 학과 및 직업 소개를 넘어, 다양한 삶의 경로와 가치관을 탐색할 수 있는 폭넓은 진로 교육이 이루어져야 한다. 호주 퀸즐랜드주의 QCE 자료에서도 학생들이 Year 10에 SET Plan[19]을 통해 진로 계획을 수립하고, 학교가 QCAA(Queensland Curriculum and Assessment

---

19   11학년과 12학년의 학업 설계서이다.

Authority)[20]에 학생을 등록하여 학습 계좌(Learning Account)를 생성하여 학습 이력과 성과를 기록, 관리하는 시스템을 확인할 수 있다. 이는 학생의 진로-학업 경로를 체계적으로 지원하는 기반이 된다.

6) 수업 방식의 변화 부재

고교학점제가 도입되어도 여전히 강의식 수업이 지속된다면 학생들의 자기주도학습 능력 향상이나 탐구 역량 강화에는 한계가 있다. 학생 참여 중심 수업, 토론 수업, 프로젝트 학습 등 다양한 교수·학습 방법이 활성화될 수 있도록 교사 연수 및 수업 자료 개발 지원이 필요하다. 또한, 디지털 교육 환경을 적극적으로 활용하여 시공간 제약 없는 학습 기회를 제공하고, 개별 학생의 수준과 속도에 맞는 맞춤형 학습을 지원해야 한다.

앞으로는?

1) 교과 기반의 위계적 교육과정 전면 재설계

현재의 학교급별 교육과정 체계를 근본적으로 개편하여, 초등학교 1학년부터 고등학교 3학년, 나아가 대학 연계 과정까지 각 교

---

20 우리의 교육과정평가원과 유사한 기관이다. 시도교육청은 교육연구원이 이런 기능을 해줘야 한다.

과(예: 국어, 수학, 과학, 사회)가 어떻게 심화·확장되는지에 대한 명확한 위계와 레벨을 설정해야 한다. 각 레벨에 따라 내용 요소, 성취 목표와 성취 기준을 구체적으로 제시하고, 교과 내 과목이 어떤 철학과 원칙에 따라 분화될지(예: 확장형, 심화형, 핵심(Core), 준비(Preparatory), 응용(Applied) 등) 명확한 기준을 수립해야 한다. 이는 학생 개인의 학습 수준과 진로에 맞는 최적의 '경로 설계(Pathway Design)'를 가능하게 하며, 장기적으로 AI 기반의 맞춤형 학습 시스템 도입 및 활용의 기반이 될 것이다. 또한 과정-전달-평가의 정합성(Alignment)을 위한 틀도 마련해야 한다. 평가의 경우, School Based Assessment와 External Assessment를 종합적으로 고려해야 한다.

2) 교육과정 편성 및 운영 권한의 명확한 위임과 책임 부여

국가-교육청-학교-학생 수준에서 교육과정 편성 및 운영의 권한과 책임을 명확히 정립해야 한다. 국가는 교육과정의 큰 틀과 최소 기준을 제시하고, 국가교육위원회는 교육청에 교육과정 편성 및 운영에 대한 권한을 일부 위임해야 한다. 교육청은 국가교육위원회의 기준과 절차에 따라 지역 특성과 연계된 교육과정을 개발하고(Registered Curriculum), 학교는 교육청의 승인을 받아 학교의 특성과 학생 수요에 부합하는 과목을 개설할 수 있도록 해야 한다. 이러한 위임과 함께 각 단계별 역할에 대한 명확한 책임 소재도 규정되어야 한다.

3) 자기주도학습의 학점 인정 체계 구체화

학생 주도성을 강화하기 위해 자기주도학습 활동에 대한 구체적인 학점 인정 기준과 프로세스를 마련해야 한다. 일종의 'Guidelines for Individual Learning'이다. 소논문 작성, 음악 CD 녹음, 작품 제작, 예체능 특기자의 대회 참여[21] 등 학생들이 교실 밖에서 수행하는 심화 학습 활동을 포함한 다양한 형태의 학습을 학점으로 인정하고, 이에 대한 최대 인정 학점 범위를 명확히 제시해야 한다. 이는 학생들이 잠재력을 발휘하고, 학교 교육의 한계를 넘어서 성장할 수 있는 길을 열어줄 것이다.

4) 대학 입시와 긴밀하고 유기적인 연계

고교학점제의 취지를 살리기 위해서는 대입제도가 고등학교 교육과정의 변화를 반영하도록 재검토되어야 한다. 대학은 고교에서 이수한 과목의 내용과 수준(예: 미적분 II, 고급 기하)을 전공 적합성 평가의 핵심 기준으로 활용할 수 있어야 한다. 또한, AP(Advanced Placement) 과정에 대한 명확한 원칙과 대학별 인정 기준을 수립하여 고교-대학 연계 학습을 활성화해야 한다. 이는 고교학점제를 통한 학생들의 학습 노력이 실질적인 대입 경쟁력으로 이어지도록 보장하는 중요한 요소이다.

21　운동선수들의 대회 출전도 학점의 한 과정으로 수용할 수 있다. 발상의 전환이다.

5) Literacy 및 Numeracy 과목 이수 유연성 확보

학생들의 선택권과 학습 부담 경감을 위해, 국어와 수학 등 기초 역량 관련 과목에 대한 의무 이수 규정을 유연하게 적용해야 한다. 일정 수준의 역량을 갖춘 것으로 평가되는 학생은 희망에 따라 해당 과목의 추가 이수를 면제하고, 진로에 부합하는 다른 과목을 선택할 수 있도록 허용해야 한다. 이는 기초 역량의 중요성을 인정하면서도 학생의 자율성과 선택의 폭을 넓히는 균형 잡힌 접근이다.

6) 교원 역량 강화 및 수업 방식 혁신

다양한 과목 개설과 학생 맞춤형 지도를 위해서는 교원 확보 및 역량 강화가 필수적이다. 교사 연수 프로그램을 강화하여 진로·진학 상담, 다양한 교수·학습 방법(학생 참여 중심 수업, 토론, 프로젝트 학습 등) 적용, 그리고 고교학점제에 맞는 평가 역량을 신장해야 한다. 또한, 온오프라인 연계 학습 환경을 구축하고 디지털 교육 자원을 적극 활용하여 학생 개개인의 수준과 속도에 맞는 맞춤형 수업이 이루어지도록 지원해야 한다.

7) 진로지원체제의 전면적 개편 및 강화

학생들이 자신의 진로와 적성을 효과적으로 탐색하고 합리적인 과목 선택을 할 수 있도록 진로지원체제를 개편해야 한다. 진로 교사의 전문성을 강화하고, 진로 관련 정보 제공 시스템을 고도화하며, 외부 전문가 및 산업체, 연구기관 등과의 연계를 통해 실질적인 진로 체험 기회를 확대해야 한다. 학생 개인의 학습 이력과 진로 계획을 체계적으로 기록, 관리하는 '학습 계좌' 시스템 도입을 검토하고, 학생의 2~3학년 학업계획서 수립에 실질적인 도움을 줄 수 있도록 해야 한다.

8) 지속적인 연구, 평가 및 사회적 합의 형성

고교학점제 시행 과정에서 발생하는 문제점을 지속적으로 모니터링하고, 이에 대한 심층적인 연구와 평가를 통해 제도를 보완하고 발전시켜야 한다. 고교학점제의 성공을 위한 사회 전반의 공감대와 합의를 형성하는 노력이 지속되어야 한다.

9) 교육과정 고시 틀의 전면적 개혁

현재의 교육과정 고시 체계는 학교급별, 학년별, 그리고 정해진 교과목을 중심으로 경직되게 구성되어 있어 고교학점제의 철학과 유연한 학습 경로 설계를 수용하기에 한계가 있다. 따라서 관행적으로 이어져 온 교육과정 고시의 형식과 내용을 전면적으로 개혁해야 한다. 교과 기반의 위계적 교육과정, 다양한 과목 유형(확장형, 심화형 등), 자기주도학습의 인정, 그리고 학점제의 핵심 요소들을 효과적으로 담아낼 수 있는 새로운 고시 포맷과 체제를 마련해야 한다. 학생 개개인의 학습 이력과 성취를 통합적으로 관리하고, 대입과의 연계를 가능하게 하는 정보 시스템 구축의 법적, 제도적 기반도 제공해야 한다.

10) 교사 양성 및 연수 체제의 전면 재설계

고교학점제의 성공은 결국 현장에서 이를 실현하는 교사의 역량에 달려 있다. 교사의 양성 및 연수 과정을 전면적으로 재설계해야 한다. 특정 지식 전달이 아닌, '역량 중심' 및 '교사 직무 중심'으로 이루어져야 한다. 구체적으로, 교사들은 교육과정 설계 역량을 함양하여 국가와 교육청의 큰 틀 안에서 학교와 학생의 특성을 반영한 교육과정을 유연하게 편성할 수 있어야 한다. 교수·학습 체계 구축 및 설계 역량을 강화하여 학생 참여 중심의 다양한 수업 방식을 기획하고 실행할 수 있어야 한다. 또한, 평가 역량의 확충은 필수적이다. 성취 평가제에서 학생의 성장과 발달을 정확히 진단하고, 객관적이고 공정한 평가를 수행하며, 이를 바탕으로 학생에게 의미 있는 피드백을 제공하고 학생부에 효과적으로 기록하는 방법에 대한 전문성도 길러야 한다. 이 외에도 학생들의 진로를 깊이 이해하고 지도하는 상담 기능, 변화하는 교육 환경에 발맞춰 스스로 학습하고 연구하는 교육과정 연구력, 그리고 교육활동에 집중할 수 있도록 지원하는 교사의 행정 역량 강화 등 교사의 역량 개발이 이루어져야 한다.

▍정리하면

고교학점제는 단순히 과목 선택권을 확대하는 제도를 넘어, 우리 교육과정 체계의 전면적인 개편을 요구하는 핵심적인 교육혁신 과제이다. 이는 교과 기반의 위계적 교육과정 전면 재설계, 국가-교육청-학교-학생 간 교육과정 운영 권한의 명확화, 자기주도학습의 실질적 인정, 그리고 대학 입시 및 교원 양성 체제의 근본적인 혁신을 통해 비로소 완성될 수 있는 거대한 여정이다.

제도 자체의 엉성한 설계로 인해 발생하는 작동상의 문제를 극복하기 위해서는, 교육과정 지침 체계를 전면적으로 개편하고, 그 틀 안에서 고등학교 교육과정의 혁신을 도모해야 한다. 교육과정의 변화는 학교 교육 전반, 즉 교수·학습 방식과 평가, 학생부 기록, 학생·학부모 상담 방식의 변화를 수반한다. 따라서 고교학점제는 정부의 기본계획 몇 장으로 해결될 것이 아니라, 교원 양성 및 연수 시스템과 교실 수업을 전면적으로 바꾸는 노력을 병행해야 하는 총체적 과제이다. 이 여정의 성공은 미래 사회가 요구하는 창의적이고 주도적인 인재를 양성하고, 우리 교육의 질적 도약을 이루어 내는 데 결정적으로 기여할 것이다. 이러한 모든 노력이 결합하여야, 고교학점제가 고등학교 교육 혼란의 주범이 아니라, 미래 교육으로 전환하는 마중물이 될 것이다.

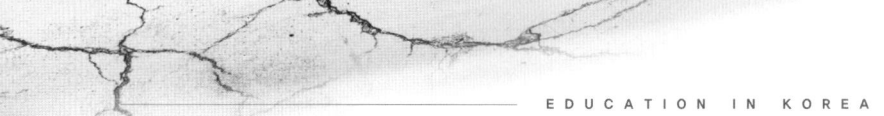

EDUCATION IN KOREA

수학 과목 포함에 대한 논란:
수능 과목?, 대학의 자율적 노력?

최근 교육과정 개편과 수능 과목 편제 개편에서 '기하'와 '미적분' 과목이 수능 필수에서 제외되면서 수학계의 거센 반발이 있었다. 학계는 "이공계 기초학문을 무너뜨리는 조치"라며, 이 두 과목이 수능 과목에 포함되어야 한다고 주장했다.[22] 그러나 이 논란의 본질은 두 과목의 수능 포함 여부에 있는 것이 아니다. 이는 수학 교과의 위계와 구조, 고교 수학과 대학교육의 연계 방식, 그리고 평가 체계의 목적과 철학에 대한 전면적인 재검토를 요구하는 사안이었다.

---

22 한국일보, 「수학계, 수능 개편안에 반발 "이과 계열 대학교육 기반 붕괴"」, 2023. 10. 16. 기사.

▍수학 교과의 위계성과 교육과정 설계의 철학

　수학은 대표적인 위계 교과이다. 이전 단계에서의 개념 이해가 다음 단계 학습을 가능하게 하며, 교과 내부에서도 수와 연산, 대수, 기하, 함수, 확률과 통계 등 Strand[23]별로 분명한 구조를 가진다. 따라서 수학 교과의 교육과정은 내용 요소와 성취 기준을 Strand별로 명확히 분류하고, 이를 난이도(Level)별로 계층화해야 한다.

　하지만 한국의 고등학교 수학은 2025 교육과정 기준으로 고1에서 '수학 I'과 '수학 II'를 공통과목으로 지정하고 있으며, 이후 선택과목 체계가 분화되는 방식이다. 이는 다양한 진로와 수준을 반영하지 못한 채, 선택과목 구조와 위계성이 충돌하고 있는 체계이다. 고등학교 수학은 고학년으로 갈수록 다기화되고 난이도별로 계열화되어야 하는데, 현재는 그러하지 못하다.

▍고등학교 단계에서 수학 교과의 구분

　수학 교과는 단지 대학 진학을 위한 도구가 아니다. 학문 영역별로 요구되는 수학 역량에 차이가 있다. 수리 문해력(Numeracy)은 현

---

[23] 호주 교육과정에서 자주 보이는 용어이다. 우리나라에선 통용되는 번역어가 없다. '영역(領域)'으로 번역하는 것이 무난해 보인다. 예를 들면, '수학은 수와 대수, 측정 등 5개 영역(Strand)으로 구분된다'라는 식의 표현이다.

대사회에서 일상생활, 직업생활, 시민참여에 필수적 역량이다. 이를 기르기 위한 실용 수학, 즉 Functional Mathematics는 비(非)학문계열 학생들을 위한 필수적 수학이다. 호주의 고등학교 교육과정에서는 이를 4개의 계열로 나누고 있다.[24]

- **Essential Mathematics**: 일상생활과 직업 중심의 수학
- **General Mathematics**: 사회과학적 적용을 위한 실용 수학
- **Mathematical Methods**: 공학, 통계 등을 위한 중간 수준 수학
- **Specialist Mathematics**: 고등수학 및 대학 연계형 수학

교과명	주요 목적	주요 내용 요소	대상 학습자
Essential Mathematics	일상생활 및 직업 상황에서의 실용적 수학 역량 강화	수와 연산, 백분율, 비율, 금전관리, 시간, 측정 등	직업 진로 학생 (비이공계 중심)
General Mathematics	사회·경제적 상황에서의 수리적 의사결정 능력 강화	재무 수학, 선형 방정식, 통계, 네트워크, 행렬 등	사회과학, 경제학 등 중간 수준 수학 수요자
Mathematical Methods	공학·과학·통계 등 고등학문 기초 수학 제공	함수, 미분, 적분, 확률, 지수·로그함수 등	공대, 자연대, 의학 계열 희망자
Specialist Mathematics	이공계 고등학문 및 수학 전공자 대상 고난이도 수학 제공	복소수, 벡터, 미분의 고급 응용, 행렬과 수열 등	수학, 물리학 등 고난이도 전공 희망자

한국도 수학을 공통과목과 선택과목(일반선택, 진로선택, 융합선택)으로 분류할 것이 아니라, 학생의 진로선택과 연계할 수 있도록 수학

24　http://australiancurriculum.edu.au/senior-secondary-curriculum/mathematics/(2025. 06. 08., 검색)

교과를 다양화하는 노력이 필요하다. 이러한 틀 내에서 Functional Mathematics 과목이 존재해야 한다.

▎수능시험과 대입제도의 본질적 혼란

수능시험은 고등학교 교육의 결과를 평가하는 시험이며, 동시에 대학 입학 자격시험의 역할도 수행한다. 우리는 이 중에서 대학 입학 자격시험 또는 대학에서 수학할 능력을 평가하는 시험이라는 성격이 강하다. 수능시험을 도입할 때의 철학이 그러했다.[25] 그렇기에 수능은 어디까지나 '대학교육을 받을 수 있는 기본 역량'을 확인하는 시험이지(물론 실제는 교과별 평가이지만), 단과대학별 커리큘럼에 대응한 선수과목을 요구하는 도구는 아니다.

대학에서 '고급 기하'나 '미적분 Ⅱ' 과목이 필요하다면, 대학의 자율권 안에서 해결하면 된다. 예컨대 A 대학교의 B 학과는 입학시 '고급 기하와 미적분 Ⅱ'를 고등학교에서 이수한 학생을 우대하겠다고 밝히면 된다. 그러면 A 대학의 B 학과에 입학하려고 하는 학생은 이들 과목을 선수과목으로 수강하게 된다. 이걸 내세우지 않는다면 학기 시작 전 보충수업을 의무화하면 된다. Foundation

---

25 물론 지금도 그러한 지에 대해서는 수능제도의 창시자인 박도순 전 교육과정평가원장의 답변이 가장 정확할 것이다. 그는 첫해만 그러했고, 그다음부터는 수능제도가 변질되었다고 한다(네이트 뉴스, 2025. 05. 30.).

Program이다. 이 Program을 통과해야만 본 수업 참여도 가능해야 한다. 통과가 안 되면 입학 취소도 가능하다. 수능 과목 편성에 반영하라는 학계의 주장은, 정작 문제의 본질은 대학 입시 정책에 있음에도 이를 학생이 부담을 지고, 고등학교 교육과정에 책임을 돌리는 것은 잘못이다.

▎교육과정 체계의 재정비 필요성

수학과 같은 위계성이 강한 교과에서는 공통과목과 선택과목을 위계별·기능별로 수평 분화시키는 방식이 더 적절하다. 공통과목은 Numeracy를 바탕으로 한 생활 수학 중심으로, 선택과목은 난이도와 학문성에 따라 계열화되어야 한다. 호주의 수학 과정이 보여주듯이, 국가 수준 교육과정은 진로·진학·직업이라는 다양한 수요에 맞는 수학적 역량의 다양성을 인정하고 이를 제도적으로 뒷받침하는 체계를 만들어야 한다. 현재처럼 모든 학생에게 동일한 수학을 요구하고, 특정 과목의 수능 반영 여부로 해결하려는 방식은 시대착오적이다.

▎수학 교과 논란이 던진 질문

- 수학 교과는 어떤 교육철학과 목표에 따라 구성되어야 하나?

- 진로 다양화에 맞춘 수학 과정의 계열화는 어떻게 가능한가?
- 수능은 어디까지가 '자격시험'이고, '역량 평가 시험'인가?
- 대학 입시의 자율성은 왜 고등학교 교육과정 설계에 영향을 미쳐야 하는가?
- Functional Numeracy는 어떻게 교육과정 전반에 확산되어야 하는가? 등

수능시험에 대한 과잉 의존에서 벗어나야 한다

수능시험이 우리나라 초·중등교육과 대학교육에 미치는 영향은 막대하다. 괜찮은 대학에 입학하려는 사회적 욕망이 광범위하게 존재하고, 이는 교육의 구조적 왜곡을 낳는 주요 원인이 된다. 그러나 근본 원인은 대학 졸업장이 직업 안정성과 소득수준을 보장하는 노동시장 구조에 있다. 이처럼 노동시장과 대학 입시가 밀접히 연동된 현실 속에서, 수능시험을 마치 모든 교육 문제의 원인인 것처럼 규정하고, 이를 고치면 문제가 해결될 것이라는 주장은 현실을 단순화한 것이다. 'Wag the dog' 현상, 즉 꼬리가 개의 몸통을 흔든다고 해서 꼬리를 손본다고 개 전체가 바뀌는 것은 아니다. 몸통을 바꾸려면 몸통을 직접 손봐야 한다.

이런 잘못된 인식은 교육계는 물론 사회 전반에도 깊이 퍼져 있다. 하지만 수능을 바꾸는 것이 교육개혁의 핵심이라는 통념은 교

육 문제의 진정한 해법을 흐리게 만든다. 우리가 해야 할 일은 교육 그 자체를 교육답게 재정립하는 것이다. 그리고 그 과정에서 노동시장 구조 개편은 피할 수 없는 과제다.

고등학교 교육의 목표, 수능시험의 성격, 대학의 입시 자율은 서로 다르지만 상호 연관되어 있다. 그렇기에 이들 문제를 수능 하나로 모두 해결하려는 접근은 불가능하다. 대학은 스스로 주어진 입시 자율권을 바탕으로, 필요하다면 고등수학 과목(예: 기하, 미적분)을 선수과목으로 지정하고, 입시 요건이나 사전교육으로 연계할 수 있다. 수능에 포함하라고 요구할 것이 아니라, 대학의 입학처를 통해 당해 대학의 입시 설계를 정교하게 다듬어야 한다.

EDUCATION IN KOREA

2023년 7월 ○○초 이후:
교권 회복?, 변화 없는 학교?

2023년 7월, 서울 ○○초등학교에서 한 교사가 학부모 민원에 시달리다 스스로 생을 마감하는 사건이 발생했다. 이 사건은 단순한 교권 침해 사례가 아니었다. "교사가 죽어야만 바뀌는가?"라는 분노, "학교는 더 이상 안전하지 않다"라는 절망, "내 아이를 위한 정당한 요구였을 뿐"이라는 강변, "국가가 교육을 제대로 책임지고 있는가?"에 대한 의구심이 뒤섞이며 전국적인 교사 시위와 교육제도 개편 논의를 촉발했다.

교육은 공공의 장이며, 학교는 사적 욕망을 넘어서야 하는 공간이다. 그러나 그동안 교사들은 학부모의 '고객화된 권리' 앞에서 제 역할을 하지 못했고, 학교는 행정과 민원에 치여 '교육'이라는 본질을 지켜내지 못했다. ○○초 사건은 단지 한 교사의 죽음이 아니라, 교육 현장이 몰락하고 있다는 경고였다.

▎이후, 어떤 제도 변화가 뒤따랐는가?

○○초등학교 사건 이후 정부는 신속하게 여러 제도적 조치를 추진하였다. 주요 변화는 다음과 같다.

- 교권 보호 4법(2023년 하반기 국회 통과):「교원지위법」개정: 학부모 민원으로부터 교사를 보호할 수 있는 교육활동 침해행위 명확화 및 징계·고발 규정 강화
- 「초·중등교육법」개정: 학생생활지도 중 발생한 문제로 교사가 피해를 볼 경우 정당한 교육활동으로 간주
- 「교육기본법」및「아동복지법」개정: 학부모 민원 남용에 따른 아동학대 오남용 신고 방지, 교원 조사 시 피해 교사 보호 절차 강화
- 학부모 민원 대응 체계 개편: 교원 개인이 아닌 학교 관리자(교감, 교장) 중심으로 민원 대응, 악성 민원 대응을 위한 교사 보호 매뉴얼 마련
- 교사 정당 방위권 인정 및 회복 프로그램 확대: 수업 방해·위협에 대한 물리적 제지 정당화
- 정서적 트라우마 회복을 위한 심리 상담 및 치유 프로그램 도입: '교권보호지원센터' 및 '교원안심공제' 제도화

제도 개편은 실질적인 변화를 만들었나?

○○초등학교 사건 이후, 정부와 국회는 교권 회복을 위한 여러 제도 개편을 빠르게 추진하였다. 언론 역시 '교사의 정당방위 인정'이나 '교권 침해 시 관리자 중심 대응'과 같은 구체적인 개편 내용을 연일 보도하며 변화의 가능성에 기대를 걸었다.

그러나 교사들은 "법은 바뀌었지만, 학교는 여전히 그대로"라고 말한다. "입법이 교사를 보호하지 못하고 있다"라고 주장한다. 일선 학교에서는 교사들이 학부모의 민원을 두려워해 수업 방식이나 생활지도를 자의적으로 제한하고, 관리자들은 여전히 민원 회피를 우선시하는 관행에서 벗어나지 못하고 있다. 결국 제도는 바뀌었으나 교실의 풍경은 바뀌지 않았다. 법령의 문구는 늘었지만, 교육활동의 자율성은 회복되지 않았고, 교사의 내면에 자리한 두려움과 위축감은 그대로 남아 있다.[26] 왜 그러한가?

---

26   이와 관련된 최신 기사가 많이 있다. 「또 교사 사망…○○초 이후 '학교 민원 체계' 바뀐 것 없었다」(뉴시스, 2025. 05. 25.), 「○○초 1년, 무엇을 남겼나, 작년 9월 이후 학교는?」(에듀프레스, 2024. 06. 13.) 등이다.

▍실질적 변화가 일어나지 못한 원인

1) 입법 만능주의의 한계이다

정부는 사회적 충격에 대한 대응으로 빠르게 입법을 추진했다. 「교원지위법」 개정 등 일련의 조치는 '정부가 뭔가 했다는 인상'을 남기기엔 충분했다. 그러나 이러한 조치들은 모두 법령 중심의 사고방식에서 비롯된 것이다. 교육 현장의 갈등은 사람과 사람 사이의 문제이며, 정형화된 법률로 일률적으로 통제하거나 규율할 수 있는 사안이 아니다. 사람 간의 관계를 법이라는 잣대로 정의하려 할수록 교사의 정당한 교육 행위는 오히려 위축될 가능성이 높아진다. 이 문제는 법 이전의 문제이다.

2) 교사의 고유 권한이 제도 안에서 무력화되고 있다

교사는 본래 수업을 조직하고 생활지도를 수행하는 존재로서, 학생을 교육할 권한을 내포한 직업이다. 이 권한은 법률로 부여되는 것이 아니라, 교사라는 존재 자체에 내재된 사회적 권위이다. 그러나 한국의 교육제도는 이러한 교사의 권위를 법적 승인 없이는 정당화할 수 없도록 설계했다. 교사의 교육 행위가 '정당하다'는 것을 입증하려면, '매뉴얼에 따라 했는가?'를 따져야 하는 구조가 되어 버렸다. 교사에게 권한이 부여된 것으로 보이나, 실은 권한이 통제되는 구조를 만들어 낸다.

3) 사회성의 전반적 저하, 사회력 부족이 근본 원인이다

오늘날 학부모, 교사, 학생 모두는 충분한 사회적 관계 맥락 안에서 성장하지 못했다. 농업경제에서 제조업과 서비스 경제로, 마을 공동체에서 아파트 단위 개인 생활로 바뀌면서, 이전 사회가 자연스럽게 길러주던 공동체적 사회성은 사라졌다. 지금 학부모 세대와 교사는 지식경쟁 중심 교육의 시대적 산물이다. 혼자 성장한 학생들은 타인과 함께 살아가는 공동체 구성원으로 인식하는 감각이 약하며, 이에 따라 회복탄력성도 떨어진다. 문제를 참거나 조정하는 방식보다, 불편함을 즉각적인 문제 제기로 해결하려는 경향이 강해진 것도 이 때문이다.

4) 계약적 관점의 오해에서 비롯된 갑·을 프레임도 문제이다

교육은 교사와 학부모 간의 쌍방적 신뢰를 바탕으로 성립하는 계약 관계에 가깝다. 그러나 현실은 '서비스 제공자'로서의 교사와 '소비자'로서의 학부모라는 왜곡된 구도로 작동한다. 학부모는 갑, 교사는 을이라는 프레임은 민원 대응 과정에서 구조화되고 있으며, 이는 교사의 교육활동 전반에 위축 효과를 낳는다. 진정한 교육적 관계는 서로의 책무를 전제로 해야 하나, 한국의 학교는 요구와 수용이라는 관계를 고착해 왔다.

5) 관리자 집단은 위기를 회피하는 방식으로 대응한다

교장과 교감 등 학교 관리자들은 언론 보도나 교육청 감사로 이어지는 사안 자체를 원천 봉쇄하는 데 우선순위를 둔다. 사건이 커지지 않으면 된다는 '무사안일' 기조가 만연하며, 교사를 보호하기보다는 교사에게 사건 자체를 묻거나 자제를 요구하는 분위기가 형성된다. 관리자의 리더십이 민원에 대한 적극적 방어가 아니라 침묵과 순응으로 귀결되는 이상, 현장의 변화는 요원하다.

6) 제도 밖 해결만 남고, 제도 안의 갈등 조정은 약화하고 있다

학교 공동체 내에서 비공식적 갈등 조정과 문제 해결의 문화를 복원하지 않는 한, 법과 제도를 통한 분쟁 해결은 오히려 갈등을 악화시킨다. 그러나 현재의 문화는 법대로 처리하고, 언론에 알리고, 변호사를 찾는 '공적 대응 중심'으로만 기울어 있다. 이는 학교가 공동체이기를 포기하고, 사법 절차와 행정 절차로만 운영되는 공간이 되도록 만들고 있다.

7) 학생인권조례와 교권 보호의 균형 붕괴가 뿌리 깊은 원인이다

학생인권조례는 소중하다. 이는 과거 체벌 중심의 권위주의적 교육에 대한 반성과 민주주의 교육의 정착이라는 흐름 속에서 만들어진 것이기 때문이다. 문제는 그 실행의 불균형에 있다. 교육감들은 학생인권조례를 강조해 왔지만, 교사의 권위와 역할에 대해서는 소극적이었고, 그 결과 교육 공간은 일방적 권리 담론만이 허용되는 구조가 되었다. 학생의 인권이 중요한 만큼, 교사의 교육권 또한 정당한 위치에서 다루어져야 했다.

8) 신문고 중심 사고방식이 제도적 신뢰를 약화한다

한국 사회는 오랜 관행으로 '신문고' 방식의 민원 제도를 유지해 왔으며, 국민 다수는 이 제도를 통해 억울함을 호소하고 정당한 해결을 얻을 수 있다고 믿는다. 그러나 이 제도가 정상적인 문제 해결 절차를 우회하고, 조직 내부의 정당한 조정 구조를 무시하는 방식으로 오·남용되는 경우도 많다. 특히 "교육장을 불러와라", "교육감을 불러와라", "대통령실에 민원 넣을 테니 각오하라"는 식의 문화가 광범위하게 퍼져 있다. 이는 정당한 행정 절차를 통한 해결이 아니라, '최고 권력자의 직접 개입'만이 문제를 해결할 수 있다는 인식을 심어주며, 오히려 학교 관리자와 교사들이 정당한 교육활동을 방어할 기회를 빼앗는다. 그 결과, 학교는 민원을 사전에 막고 보고서를 줄이기 위한 '침묵 조직'이 되고, 교사는 공동체적 해결을 모색하기보다 개인적 회피에 머무르게 된다. 이러한 문화는 궁극적으로 제도 자체에 대한 불신을 낳고, 사회 전체의 문제 해결 능력을 줄인다. 신문고는 최후의 수단이지, 일상의 해결 방식이어서는 안 된다.

실질적 변화를 위한 구조적 대안

1) 교사의 교육적 판단권을 제도적으로 인정해야 한다

교사는 단순히 지시받는 존재가 아니라, 수업과 생활지도 전반에 대해 교육적 판단을 할 수 있는 자율성을 가진 전문가다. 교사의 판단은 '정당성'을 따져야 할 대상이 아니라, 존중되어야 할 교육활동의 본질이다. "교사가 교육적으로 판단한 것이라면 원칙적으로 정당하다"라는 원칙을 행정의 기초로 삼고, 분쟁 발생 시에도 그 판단이 우선 존중받을 수 있어야 한다.

2) 사회력(社會力)을 기르는 교육이 필요하다

학생, 학부모, 교사 모두 관계 형성 능력과 갈등 조정 능력이 떨어진 상태에서 교육 공동체는 작동하지 않는다. 교육과정에 역지사지, 갈등 조정, 공동체 협력 등 사회적 능력을 기르는 교육을 포함해야 하며, 이는 단순히 도덕이나 인성교육으로 치환될 수 없는 실제적 훈련이어야 한다.

3) 학교문화를 바꾸기 위한 전방위적 노력이 필요하다

학교는 단지 지식을 전달하는 공간이 아니라, 존중과 협력, 공감과 책임이 살아 있는 민주적 공동체여야 한다. 관리자 리더십은 방어가 아닌 변화로, 교사 문화는 고립이 아닌 협력으로, 학생 문화는 경쟁이 아닌 상생으로 전환되어야 한다.

4) 민원 대응 시스템을 절차 중심 구조로 재설계해야 한다

모든 문제를 대통령실, 장관실, 교육감실로 직행하는 '신문고 만능주의'는 제도 신뢰를 붕괴시키고 학교 현장을 위축시킨다. 민원은 정해진 절차에 따라, 단계별 조정 구조를 통해 해결되어야 하며, 이를 위해 교육청과 학교는 법률 지원 체계, 교육적 판단 존중 매뉴얼, 갈등 중재 시스템을 보완해야 한다. 학교 내에는 민원 전담 부서와 관리자 중심 응대 체계가 정착되어야 하며, 교사는 민원으로부터 자유로워야 한다.

5) 교육의 갑을 의식을 쌍방 책임 구조로 재구성해야 한다

학부모와 학교는 단순한 '고객-서비스 제공자' 관계가 아니라, 자녀의 성장을 위한 공동의 책임 주체다. 권리 중심의 민원보다 공동 책임에 기반을 둔 조정과 협의의 문화가 정착되어야 한다. 이를 위해 학부모회, 학교운영위원회, 상담 체계 등 교육 공동체 내 협력적 구조를 교육적 목적 중심으로 재설계해야 한다.

6) 교권과 학생인권의 상생적 제도 설계를 추진해야 한다

교권과 학생인권은 서로 대립하는 가치가 아니다. 오히려 교사의 권위는 학생의 인권을 지켜내는 바탕이며, 학생의 인권은 교사의 교육권 안에서 구현된다. 따라서 학생인권조례는 유지하되, 교사의 자율성과 전문성을 보호하는 이중적 구조가 설계되어야 한다. 인권 교육은 학생뿐만 아니라 교사에게도 적용되어야 한다.

▎정리하면, 교사의 권위는 교육의 품격이다

○○초 사건은 단지 한 교사의 죽음이 아니라, 우리가 그동안 외면해 왔던 학교의 현실을 사회 전체가 마주한 순간이었다. 교사는 가르치는 존재이기 이전에, 교육이 사회를 지탱할 수 있다는 믿음을 구현하는 사람이다. 그 교사가 보호받지 못하는 현실은, 결국 교육이 존중받지 못하는 사회임을 의미한다.

정부는 빠르게 법을 고쳤고, 교육청은 지침을 내렸으며, 언론은 하루가 멀다고 교권 회복을 외쳤다. 제도가 바뀌었지만, 관계는 달라지지 않았다. 법은 늘었지만, 신뢰는 줄었다.

이제는 되묻지 않을 수 없다. '교권 회복'이란 과연 무엇인가? 그것은 단지 교사의 권한을 되찾는 것이 아니라, 아이들이 신뢰 속에서 자랄 수 있는 교육의 조건을 회복하는 것이다. 학부모가 학교를 믿을 수 있고, 교사가 학생을 기다릴 수 있으며, 학생이 교사를 두려워하지 않아도 되는 관계. 그것이 교육 공동체가 회복되었다는 신호다.

교육은 관계다. 교권은 그 관계를 지탱하는 질서이며, 인권은 그 관계를 존중하는 방식이다. 법으로는 관계를 만들 수 없고, 절차로는 신뢰를 회복할 수 없다. 그러나 우리가 교육의 본질을 다시 묻고, 그 본질을 살리려는 용기를 가진다면, 지금의 위기는 다시 교육의 품격을 높이는 출발점이 될 수 있다. 교사의 권위는 곧 교육의 품격이고, 교육의 품격은 곧 사회의 수준이다.

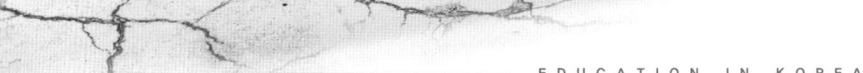

EDUCATION IN KOREA

사교육비 대책:
효과 발휘?,
무기력?

2025년 3월 교육부가 발표한 2024년도 기준 사교육비 조사 결과[27]에 따르면, 대한민국 초·중·고 학생의 사교육 참여율과 지출 비용 모두 전반적으로 상승세이다. 2007년부터 지속되어 온 국가 단위 조사를 바탕으로 2024년 현재, 사교육비 총액은 29.2조 원으로 전년 대비 7.7% 증가하였고, 전체 학생 1인당 월평균 사교육비는 47.4만 원에 달했다. 이는 전년도 대비 9.3%의 상승이며, 사교육 참여율도 80.0%로 1.5%p 증가하였다. 이러한 수치는 교육의 공공성과 형평성, 그리고 학습권 실현의 한계가 여전히 지속되고 있음을 보여주는 신호이기도 하다.

---

27   교육부가 2025년 3월 14일에 발표한 「2024년 초중고 사교육비 조사 결과」.

학교급 및 지역별 사교육비 격차의 심화

초등학교는 1인당 사교육비 증가율이 가장 큰 것으로 나타났으며, 중학교는 참여율 및 참여 시간의 증가, 고등학교는 증가세 둔화에도 불구하고 읍면지역의 증가율이 두드러졌다. 초등학교 1학년의 경우, 전체 참여율은 상승했지만, 읍면지역에 한정하면 9.1%p 감소하여, 저학년의 지역 간 격차가 확대되는 조짐도 보였다. 도시와 비도시 간, 그리고 시와 도 지역 간의 사교육 참여율 및 지출 격차 역시 구조적 양극화의 단면을 보인다.

정부의 정책 방향: 4가지 축

이에 대응하여 교육부는 2025년까지 사교육비를 낮춘다는 목표 아래, 사교육비 조사 결과를 발표하는 날, 총 4가지 정책 추진 방향을 제시하였다. 첫째는 기존 정책의 안착 및 확대, 둘째는 본격 도입되는 정책의 실행, 셋째는 2025년 신규 정책의 추진, 넷째는 지역과의 협력체계 구축이다. 각각은 사교육의 직접적 대체와 예방, 인식 개선, 제도 개편, 지역별 대응 등을 포괄한다.

1) 기존 정책의 안착: 늘봄학교 · 교육발전특구 등

'늘봄학교'는 방과 후 돌봄과 학습을 통합 제공하는 모델로, 초등

학교 1~2학년 대상으로 확대 운영되며, 영어·체육·예술 프로그램을 통해 사교육 수요를 흡수한다. '교육발전특구'는 지역 단위 교육혁신을 위한 제도적 실험으로, 성과에 따라 사업비를 차등 교부하고 성과 평가를 통해 확대 또는 조정을 추진한다. 사교육이 없는 지역·학교의 지정을 확대하고, 특례 적용을 위한 특별법 제정도 병행 추진한다. 또한, EBS의 콘텐츠 확충과 기초학력 다중안전망 구축도 기존 정책의 축을 이룬다. AI 기반 'EBS 단추', 화상 튜터링, 기초학력 클리닉센터 등은 학습 결손을 사전에 방지하고, 보충 지도를 통해 사교육 의존도를 낮추려는 방안이다.

2) 본격 도입 정책: 유보통합·AI 디지털교과서·고교학점제·대입제도 개편

2024년부터 시작된 유보통합 사업은 2025년부터 본격 확대된다. 유아의 발현적 문해력, 놀이기반 과학·영어, 돌봄 연계 등 보육-교육 통합 모델이 강화되고, 지역별 여건에 맞춘 프로그램이 적용된다. AI 디지털교과서 또한 2025년 초 3·4, 중 1, 고 1의 영어·수학·정보 교과부터 현장 도입된다. 이를 통해 학생 맞춤형 수업을 실현하고, 학습 격차 해소를 도모한다.

고교학점제의 경우 전국 17개 시도에 온라인학교를 설치하고, 대학과 연계한 학점 이수제, 진로·학업 설계 시스템 등을 마련해 과목 선택권을 제도화하였다. 여기에 더해, 2028년 대입제도 개편과 함께 고교 내신 성적은 5등급제(상대)+A~E 성취 평가제(절대)를 병기하며, 공공입시컨설팅, AI 대입 상담 시스템 등을 통해 입시 불안을 완화하려는 시도도 병행된다.

3) 신규 정책: 자기주도학습 지원센터와 학부모 인식 개선

2025년에는 학습 지원 접근성이 취약한 지역을 중심으로 자기주도학습 지원센터가 시범 설치될 예정이다. 이 센터는 EBS 콘텐츠 기반의 학습 코디네이터, 대학생 멘토링, 안전 귀가 서비스 등 종합 지원 체계를 갖추고 있다. 이는 학원 밖 대체 공간을 제공하여 사교육에 대한 의존을 줄이겠다는 취지다. 학부모를 대상으로 한 인식 개선도 병행된다. 공익광고, 사례 공모전, 직장 연계 교육 등을 통해 '사교육이 필수가 아니다'라는 인식을 만들고, '자기주도학습의 효과성'에 대한 사회적 공감대를 형성하는 데 주력한다.

4) 지역 협력형 대응: 교육청 역할 확대 및 학원비 안정화

교육부는 각 시도교육청에 사교육 경감 대책을 수립하게 하고, 이를 평가 지표로 반영해 인센티브를 제공하는 방식으로 책임을 분산하고 있다. 특히 '사교육비 경감 노력'이라는 항목이 별도의 대표 지표로 설정되며, 이를 통해 지역 간 정책 효과를 비교·분석할 수 있는 근거도 마련된다. 한편, 학원비 안정화를 위한 지도 점검도 강화한다. 고액 캠프, 무등록 원격 교습, 유아 대상 불법 광고 등은 집중 단속 대상이 되며, 유아학원에 대해서는 특별점검을 통해 부당한 선행학습이나 과도한 교습 시간을 제한한다.

▎정부 정책의 함의

정부가 제시한 정책들은 사교육비 증가에 대한 대응으로 일정 부분 의미 있는 방향을 제시하고 있다. 특히 사교육에 대한 대체재 제공(늘봄학교, AI 교과서 등), 불법행위에 대한 규제, 지역별 맞춤 대응 등은 기존의 일률적 접근에서 탈피하려는 시도라 볼 수 있다. 그러나 과연 변화가 나타날까? 지금까지 수십 년간 해온 정책들의 수정에 불과한 것은 아닌가? 진정 정부는 사교육비의 원인을 알고 대응하고 있을까? 하는 의문을 버릴 수 없다.

▎사교육비는 왜 줄지 않는가? 구조적 원인과 대응 과제

이는 제도 미비나 정책 부족의 문제가 아니라, 우리 교육시스템 전반에 걸친 구조적 모순과 사회문화적 현실이 중층적으로 작용한 결과이다. 이를 바꿔야 사교육비는 줄어든다.

1) 사교육의 '돌봄 기능' 대체와 지역공동체의 붕괴

사교육이 학습 보충이 아니라 돌봄 기능까지 대체하고 있는 현실은, 특히 맞벌이 가정의 사교육 의존도를 높이는 주요 원인 중 하나다. 학원이 하교 후 아이를 맡아주고, 간식을 제공하며, 귀가 차량까지 운영하는 구조는 예외적 현상이 아니다. 이는 공교육 내 돌봄 체계가 충분하지 않기 때문이기도 하지만, 더 근본적으로는 지역공동체가 무너지고 학교 밖 생활교육 생태계가 실종된 탓이다. '늘봄학교'는 이 문제를 완화할 수 있으나, 여전히 학교 내에 모든 문제를 수렴시키는 구조다. 근본적으로는 지역사회 차원에서 '돌봄+학습+놀이'를 통합적으로 제공할 수 있는 공공 거점시설이 확보되어야 하며, 이는 지자체와 교육청 간의 실질적 협력체계 속에서만 가능하다. 그리고 가정이 책임지는 사회가 만들어져야 한다. 이런 사회가 온전한 사회이지, 학교에 모든 기능을 억지로 쑤셔 넣는 것이 옳은 해법은 아니다.

2) 문화·예술·체육의 사적 소비화와 공공성 상실

사교육비 조사 결과, 예체능 영역의 사교육 비중은 여전히 높으며 특히 중산층 이상 가구에서 집중되는 경향이 강하다. 이는 예술과 체육 활동이 사적 선택과 시장 서비스로 전환된 결과이다. 지역예술회관, 수영장, 체육관, 생활체육시설, 문화센터 등 공공 기반이 충분하다면 사교육 수요 상당 부분은 자연히 흡수될 수 있다. 그러나 현재는 오히려 사적 공간의 임대료를 감당하면서 자영업자 중심의 학원 체계가 이 수요를 떠안고 있다. '학생예술회관'과 '시도예술회관'이 이원화되어 운영되고, 학교-지역 간 공간 공유체계가 제대로 작동하지 않는 현실은 사교육이 아닌 공공서비스로 해결할 수 있는 여지를 막고 있다. 문화·체육 분야의 공공성이 요구된다.

3) '내 자식만큼은' 사고방식과 사교육비 격차의 정당화

고소득층의 사교육비 지출은 전체 평균보다 월등히 높으며, 이는 단지 경제적 여유 때문이 아니라 '자녀가 한 명이기에 남들보다 뛰어나야 한다'라는 생존 논리와 연결된다. 학벌 중심 사회와 과잉 경쟁 구조는 자녀 수가 줄어들수록 부모의 교육 투자 비용을 극단적으로 끌어올리는 방식으로 작동한다. 결국 이러한 사고는 선행학습, 특목고 준비, 내신·수능 대비 사교육의 주요 수요층이 상위계층에 집중되게 만든다. 이는 사적 생존이 교육의 목적이 된 사회의 단면이다. 공교육이 삶의 질과 사회적 연대를 위한 기반이 아니기에 사교육비는 줄지 않는다.

4) 학교 교육의 구조적 한계: 내용 중심 교육과 부진아 방치

사교육 중 상당 부분은 '일반 교과 보충'을 위한 것이다. 이는 공교육이 '이해'가 아닌 '전달'에 초점을 맞춘 시스템이라는 점에서 기인한다. 학교 수업은 학습 성취 중심이 아니라, 단위시간 안에 교과서 전 범위를 다루는 것을 전제로 운영된다. 수업은 Input 중심이고, 학습자의 이해 여부와는 무관하다. 동시에 부진아나 학습 지체아에 대한 지원도 미흡하다. 정부가 기초학력 다중 지원망을 도입하고 있으나, 학교 현장은 여전히 '일반수업'과 '보충수업' 간의 연계가 단절되어 있고, 학원 보충수업의 필요성이 더욱 증대되고 있다.

5) 특정 교과의 과도한 비중과 입시 중심 사고

국·영·수·사·과 가운데 특히 영어와 수학에서 사교육비가 집중되고 있는 것은, 이들 과목이 대학 입시에 절대적인 영향을 미친다는 사회적 인식과 관련이 있다. 동시에 학교 수업만으로는 이해와 연습, 피드백이 충분하지 않다는 학부모와 학생들의 판단이 작용한 결과이기도 하다. 이는 사교육을 규제하거나 공교육을 보강하는 방식으로는 해결되지 않는다. 교육과정 설계 자체에서 대학 입시와 무관한 과목의 사회적 가치를 회복하고, 영어·수학의 교육 내용과 교수 방법을 전면 개편해야 한다.

6) 교육과정과 교과서 중심 수업의 괴리

가장 근본적인 문제는 한국 교육과정의 실행 구조이다. 우리나라는 교과서가 수업의 기준이며, 교사는 교과서를 '전달'하는 기능이 핵심이다. 성취 기준과 평가 기준에 기반을 둔 수업 설계와 교육과정 구성은 사실상 사라졌다. 사교육은 교과서 선행이나 보충을 통한 내신 대비 기능을 수행하게 되고, 사교육 수요는 고착화된다. 학원은 역설적이지만 교과서라는 아주 훌륭한 학원 교육의 지침서를 갖고 있다. 반면, 선진국의 교육과정은 교과서가 없거나 참고 자료에 불과하며, 학교와 교사가 자체적으로 교육 내용과 교수법을 설계한다. 특히 IB나 호주의 National Curriculum 등은 '평가 기준'과 '역량 중심 학습 성과'에 초점을 맞추고 있어 사교육이 끼어들 여지가 제한적이다. 학교마다 교육 내용이 다르기 때문이다.

7) 평가의 방식과 교사의 역량 부족

사교육비 증가는 단지 수업의 문제가 아니라 '평가의 구조'와도 밀접하다. 우리는 여전히 내신과 수능을 교과서 기반으로 출제하며, 교과서 중심의 사교육이 강화된다. 수능 출제는 교과서 지문·문제 유형을 변형하는 데 그치며, 이는 사실상 선행학습을 조장한다. 그러면서도 형식적으로는 교과서(표현은 교육과정) 내 문제 출제인지, 선행학습 요인이 있는지를 교육청이 평가하고, 학교를 징계하려고만 한다. 이런 구조를 바꾸기 위해서는 교사들이 교육과정을 설계하고 평가 기준에 따라 수행평가를 설계할 수 있어야 한다. 그러나 교사 양성 체계는 내용학 중심이며, 교육과정 및 평가 전문성은 체계적으로 훈련되지 않는다. 이런 구조를 바꿔야 해결된다.

8) 공통 교육과정과 선택 교육과정의 분화 필요

현행 교육과정은 공통과 선택의 구분이 명확하지 않다. 공통 교육과정은 삶을 살아가기 위한 기본 역량을 중심으로 재구성되어야 하며, 실생활 기반의 문제 해결 역량, 사회적 소통 능력 등을 중심으로 재설계되어야 한다. 영어, 사회, 과학, 예술, 체육 등은 그 자체의 삶의 역량을 함양하는 도구로 기능해야 하며, 지식은 그 역량의 기반 지식(Underpinning Knowledge)으로 제시되어야 한다. 수행 교과(예체능)는 지식 평가가 아닌 프로젝트 수업과 Block 수업이 가능해야 한다. 반면, 선택 교육과정은 학문적 탐구, 진로 준비, 대학 진학 등을 위한 심화 과정으로 성격이 달라야 한다. 이때는 수행평가 과목이었던 교과(예: 가사)도 학생의 진로선택으로 그 분야의 방법론과 지식을 공부하게 된다. 직업고등학교의 교육과정에선 직무수행능력이 강조된다.

공통 교육과정의 의미를 분명하게 하면, 공통 교육과정에서 발생하는 상당 부분의 사교육은 줄일 수 있다. 선택 교육과정도 학생의 진로선택에 따라 학생마다 서로 다른 선택이 존재하면, 학원의 맞춤형 교육도 쉽지 않다. 지금은 대동소이하기에 학원 교육이 가능해질 수 있다. 학원이 떠나간 자리를 대학생들의 지원으로 이 공백을 메울 수 있도록 해야 한다.

▎사교육 경감을 넘어 교육의 구조개혁으로

결국 사교육 문제는 사교육 자체의 문제가 아니다. 그것은 지금의 교육체제가 안고 있는 구조적 한계, 교육과정의 왜곡된 실행 방식, 지역사회와 공공 기반의 부재, 그리고 무엇보다도 교육을 둘러싼 사회적 인식의 총체적 결과이다. 사교육비를 줄이기 위한 진정한 대책은 '어떻게 교육의 본질을 되살릴 것인가'에 있다.

EDUCATION IN KOREA

교원 행정업무 경감:
업무량 감소?,
직무 정체성 명확화?

교사의 행정업무를 줄여야 한다는 요구는 수십 년째 반복되고 있다. 교육계의 단골 이슈이다. 정치권은 공약으로 내걸고, 교육부와 시도교육청은 수시로 '업무 경감 방안'을 발표한다. 하지만 교실 현장은 달라지지 않는다. 교육자치가 도입되면, 상황이 나아질 것이라는 기대도 있었지만, 결과는 그렇지 못했다. 오히려 행정업무는 늘고 있고, 교사들은 교육활동 외적인 부담으로 점점 더 소진되어 가고 있다. 무엇이 문제인가? 왜 이렇게 오랫동안 말만 무성하고, 실질적인 변화는 없는가?

▎반복되는 요구, 반복되는 무시

변화가 없는 가장 큰 이유는 교사의 행정업무가 많아서가 아니라(물론 많다), 교사의 직무에 대한 사회적 합의 자체가 없기 때문이다. 우리는 교사의 직무가 무엇인지에 대해 구조적으로 검토한 적이 없다. 결국, 본질은 '행정업무'가 아니라 '직무 정체성의 부재(不在)'이다. 그리고 '직무 무시' 사고는 교육행정에 팽배해 있는 기본 인식이다.

예를 들어, 「학교보건법」 제4조(학교의 환경위생 및 식품위생)에 따라 교장은 환경위생 및 식품위생 등의 책임을 진다.[28] 그러나 이를 실제로 누가 담당할 것인지는 학교장이 교사 또는 행정실과 일일이 조율해야 한다. 업무가 있으면 누가, 어떤 자격으로, 어떤 기준에 따라 수행해야 하는지가 명확해야 한다. 그래야 책임도 명확해지고, 지식과 경험도 전수되고, 연수체계도 정비될 수 있다. 그러나 현실에서는 교사노조와 행정직 노조 간의 역학 관계 속에서 같은 법령이 학교마다 다르게 해석되고 같은 업무가 누구의 몫인지도 불분명한 혼란이 반복되고 있다.

---

28   제4조(학교의 환경위생 및 식품위생) ① 학교의 장은 교육부령으로 정하는 바에 따라 학교시설[교사대지(校舍垈地)·체육장, 교사·체육관·기숙사 및 급식시설, 교사대지 또는 체육장 안에 설치되는 강당 등을 말한다. 이하 같다]에서의 환기·채광·조명·온도·습도의 조절과 유해중금속 등 유해물질의 예방 및 관리, 상하수도·화장실의 설치 및 관리, 오염공기·석면·폐기물·소음·휘발성유기화합물·세균·먼지 등의 예방 및 처리 등 환경위생과 식기·식품·먹는 물의 관리 등 식품위생을 적절히 유지·관리하여야 한다.

행정업무 증가의 원인: '단위 학교 책임경영'과 '학교 자율성'의 착각

한국 교육시스템은 오랫동안 '학교 자율화'를 추구했다. 그러나 여기서 말하는 자율은 교육과정이나 수업의 자율성이 아니라, 책임 전가 방식의 자율성이었다. 특히 '단위 학교 책임경영제'가 도입되면서, 학교장은 시설, 예산, 안전, 보건, 인사 등 거의 모든 영역에서 과도한 책임과 부담을 지는 자리가 되었다.

예컨대 「학교보건법」에 따른 위생 관리, 「교육시설 등의 안전 및 유지관리 등에 관한 법률(교육시설법)」에 따른 유지보수와 안전관리, 「학교안전법」에 따른 사고 책임, 급식·예산·공사 진행 등 모든 법적 책임이 학교장에게 집중되어 있다. 하지만 학교에는 이를 감당할 전문 인력도, 행정적 여력도 없다(대학이라면 모를까). 결국 이 부담은 행정실 직원과 교사에게 분산되고, 교사의 행정업무는 구조적으로 늘어날 수밖에 없다. 예를 들어보면, 「교육시설법」 제18조[29]에 의한 학교 건물 안전진단의 일차적 출발은 학교의 육안 검사이다. 학교에서 문제가 없다고 하면(즉, A와 B 등급) 더 이상의 본격적인 진

---

29 제18조(교육시설 안전등급 지정 등) ① 교육시설의 장은 안전점검 등을 실시한 경우 「시설물의 안전 및 유지관리에 관한 특별법」 제16조에 따른 해당 교육시설의 안전등급을 지정하여야 한다.

단은 하지 않는 경우가 일반적이다.[30] 이런 전근대적이고 비체계적인 방식으로 학교 건물의 안전을 담보하고 있다.

더 나아가, 교사들이 책임지는 교무 조직 또한 지나치게 분화되어 있다. 학년부, 생활부, 연구부, 예산부, 방과후부, 연수부, 다문화부 등 수많은 '부서'가 존재하며, 그 대부분은 사업기획과 실적 보고 등 행정업무로 채워져 있다. 하지만 지역사회와의 협력, 교육청의 실질적 지원이 확보된다면, 이렇게까지 학교 내부에 과도한 부서가 필요할까? 의문이다.

▎직무 중심 사고의 부재: 교사가 해야 할 일은 무엇인가?

학교에는 다양한 업무가 존재하지만, 어떤 직무가 교사의 본질적 역할인지 명확해야 한다. 교사의 핵심 직무는 수업, 연구, 생활지도, 평가, 상담이다. 그러나 현실에서는 부장교사, 담임교사, 부서 업무 담당자로서 각종 공모사업과 보고서 작성, 홍보 및 운영 실적 관리 등 행정 기획 업무를 도맡게 된다. 문제는 이런 업무가 교육적

---

30 필자가 모 지역의 부교육감일 때 학교를 방문하여 학교 관계자와 업무협의를 하고, 학교를 둘러보다가 건물의 안전 상태에 의구심이 있어서(학교는 안전에 문제가 없다고 이미 보고를 한 상태), 교육지원청 시설과에 재점검을 의뢰했고, 2개 정도 학교의 안전진단을 C와 D등급으로 바꾼 사례가 있다. 얼마든지 DB 구축을 통해 과학적으로 문제를 해결할 수 있음에도, 이 과정에서 대학교의 건축·토목 관련 대학원과 산학협력을 통해 문제를 해결할 수 있음에도 불구하고 이처럼 전근대적인 방법을 사용하고 있다. 이게 대한민국의 안전점검 민낯이다.

필요가 아니라, 관행과 제도, 상급 기관의 요구에 따라 만들어진다는 점이다. '담임교사'는 교사의 본질적 직무인가, 아니면 부가 직무인가? 각종 부서의 부장 역할은 기본 직무인가, 아니면 부가 업무인가? 직무의 정의가 없으니, 줄일 업무를 찾기도, 보상 적정성을 결정하기도 어렵다.

▎외부 정책의 부담 전가: 재정지원사업과 보조 인력 문제

학교에서 가장 많은 행정업무를 유발하는 요인 중 하나는 시도교육청이 하는 재정지원사업이다. 시도교육청은 혁신학교, 생태전환교육, 디지털교육, 기초학력, 미래인재교육 등 수많은 공모사업을 학교가 '신청'하도록 유도한다. 계획서 작성, 실행, 중간평가, 결과보고서까지의 모든 과정은 교사의 몫이다. 결과적으로 정작 중요한 수업과 생활지도는 뒷전으로 밀리게 된다. 정말 중요한 사업이라면, 모든 학교에 일률적으로 지원하면 된다. 공모 방식으로 선별 지원 논리는 행정편의주의이다. 어쩌면 교육감의 세력 관리일 수도 있다. 학교를 사업단으로 만들고, 교사를 행정직으로 전락시키는 구조다.

또한, 교사를 보조할 수 있는 인력 시스템도 갖춰져야 한다. 선진국의 경우, 교사 보조 인력(Teacher Aide), 준전문가(Para-professional)를 정규직 형태로 학교에 배치한다. 그러나 우리는 비정규직이거나 없다. 교사가 모든 것을 직접 해야 하는 구조 속에서, 그 어떤 업무도 줄어들 수 없다. 만약 이 일자리만 존재해도 전문대학이나 특성화고의 많은 학생들이 정상적인 일자리로 취업할 수 있게 될 것이다.

교원 양성과 노조의 역할: 내용학 중심에서 직무 역량 중심으로

현재의 교원 양성 과정은 교사에게 실제 직무를 수행할 역량을 충분히 준비시키지 못하고 있다. 교사는 NEIS, Edufine 같은 행정정보시스템을 할 줄 알아야 하고, 생활지도와 상담 역량, 공정하고 정확한 학생 평가 능력도 갖춰야 한다. 그러나 교사 양성 과정은 여전히 내용학 중심, 지식 전달자 중심의 커리큘럼이다. 교사노조 역시 정치적 요구는 적극적이지만, 정작 교사의 직무 범위 설정, 보조인력 확보, 업무 보상 체계 마련 등 근로조건 개선에는 상대적으로 소극적이다.

막연하게 '줄이자'가 아니라 '정의하고 개편하자'로 바꾸자

교원의 행정업무를 '줄이자'라는 구호만으로는 아무것도 바뀌지 않는다. 이제는 '다시 정의하자', '개편하자'라는 언어로 전환해야 한다. 교사의 직무는 무엇이며, 학교 조직에 필요한 직무는 무엇인지, 그 직무는 누가 어떤 자격과 역량을 갖고 수행해야 하는지를 명확히 해야 한다. 직무기술서의 구체화, 교사 자격체계의 정비, 그리고 교원 양성 과정 및 연수 과정의 직무 기반 재설계가 함께 추진되어야 한다.

법령에서 학교장에게 부과된 과도한 책임 구조도 근본적으로 개편하자. 공기 질과 수질 관리 책임은 시·도청의 보건환경연구원이 맡고, 이상 발생 시 행정기관으로부터 조치를 받는 구조로 바뀌어야 한다. 학교장이 모든 관리의 최종 책임자가 되는 구조는 비효율적일 뿐 아니라 부당하다. 학교의 시설관리도 마찬가지이다. 이제 학교장에게 법적 책임을 부과하고 있는 법령을, 교육청이나 시·도청이 할 수 있는 방향으로 법령 개정을 추진해야 한다. 잡무(雜務)는 줄어든다.

교육은 사업이 아니다. 교사는 프로젝트 기획자가 아니라 교육자다. 교사를 사업계획서 작성 부담에서 해방시키자.

방과 후 학교 강사:
유연한 인력 활용?, 무책임한 인력 활용?

늘봄학교 정책과 함께 방과 후 학교는 공교육의 일상적 일부로 확장되었다. 특히 초등 저학년의 오후 시간을 중심으로 운영되는 방과 후 학교는 오래전부터 학생의 삶 속에 깊숙이 들어와 있으며, 사교육 대책의 핵심으로 강조되었다.

▎공교육 외부 인력의 사각지대: 방과 후 학교 강사

외부 강사는 보조자가 아니라 준(準)교원에 가까운 역할을 수행한다. 그러나 여전히 외부 강사는 교원법의 대상이 아니며, 교육공무원도 아니다. 사실상의 교육활동을 수행하면서도 법적 책임, 윤리 규범, 자격 요건, 연수 이수 등에서 관리되지 않는 인력이다. 이들은 공교육 안에서 실질적인 교육 주체임에도 불구하고, 공교육 밖의 행정규범 아래 존재하고 있다. 이러한 이중구조는 학생의 안전, 교육의 질, 교사와의 역할 갈등 모두에서 문제를 발생시키고 있으며, 제도적 공백이 존재한다는 점에서 시급히 해결해야 할 구조적 과제이다.

▎최근 「초·중등교육법」 개정이 보여주는 무책임한 구조

이러한 교육부의 입장을 다시금 확인할 수 있는 최근 사례가 있다. 2026년 3월 1일 시행 예정(2025. 04. 01. 공포)인 「초·중등교육법」 제20조의2[31]와 제20조의4[32]는 교육활동 보호와 개별 학생 교육지원을 명분으로 교원 보호 장치를 강화하고 있다. 그러나 조항을 보면, 국가나 교육청은 '예산 지원'의 책임만 갖지, 실제 업무의 설계와 인력 배치는 학교에 맡기고 있다. 어떤 인력을 어떤 기준으로 채용할 것인지, 이들의 자격은 어떻게 검증하고 어떤 연수가 필요하며, 어디에 배치하고 어떤 역할을 하게 할 것인지에 대한 직무 설계와 인사관리 방안은 없다. 국가책임이 확대되는 듯 보이지만 실

---

31 제20조의2(학교의 장 및 교원의 학생생활지도) ② 교육부장관과 교육감은 제1항에 따른 학생생활지도에 필요한 인력 및 시설 등에 소요되는 경비를 예산의 범위에서 지원할 수 있다.

32 제20조의4(개별학생교육지원) ② 학교의 장은 개별학생교육지원에 필요한 공간 및 인력을 확보하고, 학습 지원 방법 또는 개별학생교육지원계획을 마련하여야 한다. ⑥ 교육감은 개별학생교육지원에 필요한 경비 및 인력을 지원하여야 한다.

상은 책임 없는 분권과 무계획한 예산 지원만 반복되는 구조다. 이는 방과 후 학교 외부 강사 문제뿐 아니라, 향후 개별 학생 지원 인력이나 학교 안전 보조 인력 등에도 동일하게 적용될 위험이 크다. 그리고 이러한 입법 태도는 해결이 쉽지 않은 학교 공무직 문제를 더욱 해결하기 어렵게 만드는 요인이 될 것이다. 직무와 직종 체계화도 어렵고, 근로조건 통일도 어려울 수 있다. 그런데 이들이 노동조합에 가입하여 발휘할 수 있는 힘은 교육감도 이겨내기 어려울 것이다. 교육부와 교육청은 실패로부터 학습하는 것을 게을리한다. 실은 대부분의 정부가 그러하다.

▎행정부와 국회의 입법 검토 실패

이러한 입법의 문제는 행정부 내 입법 검토 단계에서도, 국회 심의 과정에서도 제대로 걸러지지 않았다. 법제처도, 국회의 입법조사처와 상임위 전문위원들도 무지하고, 무심했다. 교육 현장에 다양한 인력이 유입됨에도 불구하고, 법령은 여전히 '교사냐, 아니냐?'만을 기준으로 책임과 기준을 정하고 있다. 이는 '직무' 중심이 아닌 '신분' 중심의 법률 설계이며, 학생과 함께 일하는 사람의 교육적, 윤리적 기준 설정을 무시한다. 이러한 법체계는 결국 학교 현장의 혼란을 방치하고, 단위 학교의 장과 교사에게 모든 부담을 전가하는 방식으로 고착된다. 입법권과 정책 설계 권한을 가진 기관이 현장에 대한 이해 없이 법령을 만들어 내고 있다.

▮ 호주 Blue Card 제도: 직무 중심 자격 관리의 선례

호주 퀸즐랜드주의 Blue Card 제도는 대한민국이 나아가야 할 방향을 보여주는 대표적인 사례이다. 이 제도는 「Working with Children(Risk Management and Screening) Act 2000」에 근거하고 있다. 이 제도는 아동·청소년과 접촉하는 거의 모든 직무 종사자에 대해 사전 자격 인증을 의무화한다. 여기에는 교사는 물론이고, 스포츠 강사, 예술 활동가, 보조교사, 자원봉사자, 개인교습, 기숙사 등 다양한 외부 인력이 포함된다. 수련시설이나 현장 체험에도 다 해당한다.[33] Blue Card는 단순한 신원조회가 아니라 범죄 경력 확인, 아동학대 전력 조회, 교육 이수, 지속적 모니터링을 포함한 법적 자격이며, 이를 갖추지 못하면 아동과의 접촉이 금지된다. 이 제도는 '누가 고용했는가?'가 아니라 '어떤 직무를 수행하는가?'를 기준으로 규율을 설계한 점에서 우리에게 시사하는 바가 크다.

우리나라에도 유사한 기능은 존재하나, 호주처럼 단일법이 없기에 사안이 발생할 때마다 매번 법령을 개정해야 하는 번거로움이

---

33 법에 규정된 고용 분야는 Care of children under the Child Protection Act 1999; Child accommodation services, including homestays; Childcare services; Churches, clubs and associations; Disability work; Education and care services; Education programs conducted outside of school; Emergency services cadet program; Health, couselling and support services; Private teaching, coaching or tutoring; Religious representatives; Residential facilities; School boarding facilities; School crossing supervisors; Schools; and Sport and active recreation.

있다. 더욱이 우리는 인력을 채용하는 사람(고용주)의 의무로 하고 있다. 호주는 일을 하고자 하는 사람(근로자)이 증명하는 방식으로 되어 있다. 우리는 제도를 이렇게 설계하지 않다 보니 학교장이나 유치원 원장이 감사에서 지적되고 벌을 받는다. 국가가 잘못된 제도를 만들고 국민을 벌주고 있다.

▍인사·노무·역량 관리 없는 구조가 만든 왜곡된 노동시장

방과 후 학교 강사와 같은 외부 인력은 교육 공동체의 일원임에도 불구하고, 비정규·단시간·저임금 계약에 기반을 둔 불안정 노동시장에서 운영되고 있다. 이들은 교육공무원이 아니기 때문에 법적 보호도 받지 못하고, 직무 설계가 없어 일관된 교육 품질도 보장되지 않으며, 학교마다 채용 기준이나 역할이 다르다. 이러한 구조는 노동권을 침해하는 동시에 교육의 질도 훼손한다. 게다가 이들의 채용과 관리 책임을 단위 학교의 장에게 맡기면서, 학교는 고용주가 아닌데 고용주처럼 행동해야 하는 비합리적 구조에 놓인다. 이처럼 인사·노무·역량 관리가 부재한 상태에서 방과 후 학교 강사와 같은 외부 인력의 활용이 확대되면, 교육활동의 질은 물론 공교육의 책임성까지 위협받게 된다. 그럼에도 교육부는 학교라는 공간에서 일하는 다양한 인력의 구성과 그에 따른 노동시장에 대해 구조적으로 고민하지 않고 있다. 학교에서 필요로 하는 각종 인력에 대해 어떠한 직무 설계나 자격 기준도 마련하지 않은 채, 단지 교육감에게 재량적으로 채용 권한을 넘기고 책임은 회피하고 있다. 여전히 교육부는 '예산만 지원하면 사람은 알아서 채용될 것이고, 인사관리 등은 현장에서 자연스럽게 수행할 것'이라는 안일한 인식을 고수하고 있다. 이는 단순히 정책 미흡을 넘어선 무책임이다. 잘못도 큰 잘못이다. 학생의 안전과 학습권이 걸린 문제에 대해, 교육행정이 책임을 미루는 방식은 잘못이다.

제도 개선은 자격, 고용, 배치, 연수, 관리의 통합 설계에서부터 시작해야

이제는 외부 인력 전체를 하나의 교육 공동체 구성원으로 보고, 직무 중심 자격 관리와 공공 인사체계를 설계해야 한다. 공무직 문제의 해결도 마찬가지이다. 구체적으로는 다음의 방향이 필요하다. 이러한 체계적 개편 없이는 교육 공동체의 신뢰도와 안정성은 확보될 수 없다.

① **자격 기준 설정:** 직무별 자격 기준을 마련하고, 범죄 경력 조회 및 아동 이해 교육 이수 등을 포함한 자격 인증 체계를 마련
② **교육청 단위 강사 풀 운영:** 학교별 채용이 아닌 교육청 주도의 채용 및 배치 체계를 통해 고용의 공정성과 일관성 확보
③ **정기적 연수 및 역량 강화**(HRD): 학생 안전, 응급 대응, 민주시민교육, 윤리교육 등 외부 인력이 갖춰야 할 기본 교육을 필수화

④ **노무 관리체계 정비:** 급여, 근로조건, 고충 처리, 징계 절차 등 노동자의 권리 보장 체계 마련

⑤ **행정 지원 시스템 구축:** 채용, 배치, 계약, 경력 관리, 법률 자문 등의 HRM 기능을 교육청 단위에서 일원화

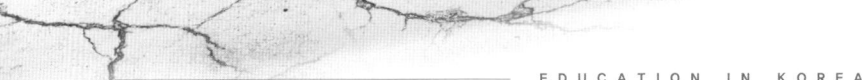

EDUCATION IN KOREA

학교폭력 대책:
처벌과 배제?,
예방과 회복?

학교폭력은 한국 교육의 오랜 구조적 과제이다. 왕따, 집단 따돌림, 사이버 괴롭힘 등 그 명칭은 시대에 따라 변해왔지만, 그 본질은 학생들 사이의 관계 실패와 공동체 붕괴에서 기인한다. 정부는 정권마다 새로운 대책을 내놓았고, 입법과 지침은 끊임없이 강화되었다. 그러나 정작 학교 현장의 교사와 학생들은 정책의 실질적 효과를 체감하지 못하고 있다.

▌학교폭력 문제는 왜 반복되는가?

지난 정부도 학교폭력 문제에 대한 강한 문제의식을 표명하였고, 피해자 보호 중심의 정책들을 강조하였다. 하지만 학교는 여전히 생활교육과 공동체 회복의 공간이 아닌, 신고와 조치, 행정적 책임의 공간이었다. 학교폭력은 줄어들기보다는 일상화되고, 신고는 증가하며, 교육 공동체 내부의 긴장은 여전하다.

▮ 지난 정부의 정책

교육부는 관계 부처와 합동으로「제5차 학교폭력 예방 및 대책 기본계획(2025~2029)(안)」을 2025년 4월에 발표한 바 있다. 이 기본계획은 학교폭력이 사회적 문제로 인식됨에 따라 2005년부터 수립·시행되어 온 학교폭력 예방 및 대책 기본계획의 제5차 계획이다. 2025년부터 2029년까지 5년간 적용될 이 계획은 다음 5가지 핵심 과제를 중심으로 학교폭력으로부터 학생들을 보호하고 안전한 교육 환경을 조성하는 것을 목표로 한다. 과거보다 많이 진일보했다.

① **교육 3주체**(학생, 학부모, 교원)**의 학교폭력 예방 역량 강화**: 학생들에게는 자기 보호 역량을 길러주고, 학부모에게는 학교폭력 예방에 대한 인식을 높이며, 교원에게는 학교폭력 대응 전문성을 강화하는 교육을 제공한다.
② **학생이 안전한 디지털 환경 조성**: 사이버폭력 예방 캠페인 및 홍보를 강화하고, 사이버폭력 가해 학생 조치를 차별화하며, 사이버 폭력물 삭제를 지원한다. 자율성과 책임감을 갖춘 디지털 시민을 양성하기 위한 디지털 역량 교육을 강화한다.

③ **학교의 교육적 기능 확대 및 사안 처리 전문성 제고:** 학교폭력 사안의 교육적 해결을 지원하고, 가해자와 피해 학생 분리 제도를 개선하며, 학교폭력제로센터의 통합 지원 기능을 확대하여 학교의 학교폭력 대응 역량을 강화한다.

④ **위기 및 피·가해 학생 맞춤형 통합 지원 강화:** 피해 학생의 회복을 위한 지원을 강화하고, 가해 학생의 행동 개선 및 재발 방지를 위한 교육을 제공하며, 학교폭력 관련 위기 학생에 대한 통합적인 지원 체계를 구축한다.

⑤ **지역 맞춤형 학교폭력 예방 및 대응 기반 구축:** 지역사회와 연계하여 학교폭력 예방 활동을 활성화하고, 지역의 특성을 반영한 맞춤형 학교폭력 대응 시스템을 구축하여 학교폭력 없는 안전한 지역사회 환경을 조성한다.

▎학교폭력의 진짜 원인과 학폭법의 문제

2005년부터 학교폭력 예방 및 대책을 만들어 왔음에도 불구하고 큰 개선이 발생하지 않는 진짜 원인을 따져볼 필요가 있다. 이번 5차 계획도 드러나는 문제를 해소하는 데에 집중하고 있다. 학교폭력은 학생의 단순 일탈이 아니라, 관계의 실패에서 비롯된 사회적 현상이자, 공동체 붕괴의 징후이다.

1) 현재의 학교폭력 대응 체계는 형사법적 원칙을 그대로 반영하고 있다

현행 학폭법의 구성요건은 폭행, 협박, 금품 갈취, 모욕, 명예훼손 등 형법상의 죄목과 사실상 일치하며, 교육적 판단보다는 법적 책임 판단이 중심이 된다. 이런 체계는 본질적으로 '일탈(Misbehavior)'과 '범죄(Crime)'를 구분하지 못하고, 모든 문제를 사법화된 방식으로 처리하려는 경향을 강화한다. 학교는 점점 더 '신고 → 조사 → 조치 → 기록'이라는 경직된 루틴 속에서 움직이게 되었고, 교사는 교육활동보다 '사안 처리'에 더 많은 에너지를 쓰게 되었다. 학생들은 스스로 갈등을 해결하기보다, 빠르게 타인을 '신고'하는 방향으로 훈련되고 있다. 학부모도 마찬가지이다. '대학 입시에 영향을 줄 수 있다'라는 공포감은 소송의 홍수를 낳고 있으며, 학교는 점점 더 분쟁의 장으로 전락하고 있다. 이는 과거 '일진' 문제가 사회적 이슈였던 시기와는 달리, 오늘날 그 실태나 양상이 다름에도 불구하고 여전히 동일한 강도와 방식의 사법 대응이 유지되고 있다는 데서 비롯된다. 즉, 여전히 '강한 제재'에만 기대고 있다.

2) 문제의 기반에는 사회력(Social Capacity) 부족이라는 근본적인 문제가 놓여 있다

학생들은 공동체 안에서 갈등을 조정하고 타인을 이해하며, 함께 살아가는 방식을 학습하지 못했다. 이는 단지 '인성'의 문제가 아니라, 교육이 '사회 정서 학습(SEL: Social and Emotional Learning)'을 소홀히 해온 결과다. SEL은 정서적 자기 인식, 감정 조절, 타인 공감, 책임 있는 의사결정, 갈등 해결을 포함하는 사회 정서 역량 교육이다. 이는 부가적인 교양의 문제가 아니라, 학교생활과 인간관계 형성의 가장 기본적인 토대이자, 교육이 다루어야 할 '진짜 삶의 내용'이다. 물론 이번 5차 계획을 보면 이에 대한 언급이 있다. 우리는 ○○초 교사 사안에서도 보았듯이, 사회적 관계가 단절된 상황에서 개인을 제도화된 절차로만 통제하려는 접근이 얼마나 교육을 황폐화하는지를 이미 경험했다. 교사의 권위 상실과 학교폭력의 만연은 별개의 사건이 아니라, 같은 뿌리에서 파생된 결과이다. '같은 원인, 다른 양태'라는 관점에서 두 문제를 함께 이해해야 한다. 그 공통된 뿌리는 '공동체의 붕괴'와 '사회력의 부재'에 있다.

3) 현행 체계는 학생들의 일탈 행위가 왜 발생하는지에 대한 성찰을 소홀히 하고 있다

어떤 경우에는 학업성취도의 저하에서 비롯되며, 다른 경우에는 부모의 과도한 기대에 대한 반발 심리에서 기인할 수도 있다. 가정의 경제적·사회적 조건이나 친구 관계에서 비롯된 소외감이 작용하기도 한다. 그러나 우리는 이러한 원인을 파악하고 해결하려는 노력보다, 드러난 현상에만 집중하여 제재 중심의 대응에 머물고 있다. 진정한 해결은 언제나 '왜 그런 일이 벌어졌는지'를 묻고, 그 배경을 제거하는 데서 시작되어야 한다. 이번 5차 계획에도 관련 내용이 있으나 미약하다. 그 복잡성과 포괄성이 무시되고 있다.

▮ 학교폭력 문제에 대한 새로운 접근

학교폭력은 더 이상 행정적 징계나 절차 조정만으로 다룰 수 있는 사안이 아니다. 학교는 단지 제재와 통제를 수행하는 공간이 아니라, 공동체 구성원 간의 신뢰와 책임을 회복하는 공간이 되어야 한다. 따라서 학교폭력 문제는 교육 공동체 내부의 자생적 질서를 회복하는 방식으로 접근되어야 하며, 학교의 생활 문화 자체를 다시 설계하는 작업이 필요하다.

1) 학폭법과 형법의 경계를 명확히 다시 설정해야 한다

경찰력에 의존해야 할 정도의 심각한 범죄라면, 「소년법」 등 형사법의 문제로 처리되어야 한다. 반면, 학교폭력이라고 불리는 대부분의 행위는 형사 처벌 대상이 아닌 교육적 판단과 생활지도의 범주에 해당한다. 관계 회복과 사회력 회복의 차원에서 다루어져야 한다. 학교의 자율적인 판단과 조정이 우선되어야 한다. 중대한 사안은 학교장이 학교 경찰과 협의하여 외부 이관 여부를 결정하면 된다.

2) SEL(사회 정서 교육)의 전면화가 시급하다

학생이 자신의 감정을 이해하고, 타인의 감정에 반응하며, 책임 있게 행동하고 갈등을 해결할 수 있도록 돕는 교육은 단지 인성교육을 넘어 민주시민교육의 핵심 내용이 되어야 한다. UNESCO가 강조한 "Learning to live together(더불어 살아가는 법을 배우기)"는 결국 SEL을 통해 구현될 수 있다. 이번 5차 계획에 내용이 있으나, 교수학습자료를 개발해서 학생들을 교육해야 한다는 사고에 바탕을 두고 있어 아쉽다. SEL은 공부의 대상이기 이전에 하루하루의 생활 속에서 어떻게 살아가느냐의 문제이다. 말버릇, 몸짓, 태도 그리고 상대방에 대한 존중 등 말과 행동의 규율이 더 중요하다.

3) 학생수련원의 기능 재정립도 필요하다

지금까지 수련 활동은 야외 활동, 체력 증진 중심이었다. 그러나 수련 활동은 '마음의 수련', 즉 공감, 소통, 자기 인식, 감정 표현, 관계 회복 중심으로 설계되어야 한다. 학생수련원은 타인과 함께 생활하고, 갈등을 해결하며, 서로를 존중하는 법을 배우는 살아 있는 공동체 체험장이 되어야 한다. 예절이나 인성의 틀에 가둬서는 안 된다. 몸과 마음의 균형적 발달이 수련이다.

4) 학교폭력에 대한 새로운 접근은, 결국 교육이 다시 교육다워지는 데서 출발한다

문제의 원인을 분석하고, 그 원인을 제거하거나 완화하려는 교육적 실천이 전면화되어야 한다. 학생들의 행위는 어떤 맥락에서 발생하는가, 무엇이 이들을 방치하고 충동하게 만드는가를 묻는 성찰 없이 단지 규율과 기록으로만 대응해서는 안 된다.

▎가르치기 전에, 함께 살아가는 법부터 배워야 한다

학교폭력은 더 이상 몇 개의 조치 항목을 늘리고, 신고 절차를 정비한다고 해결될 수 있는 문제가 아니다. 그것은 교육의 실패이며, 무엇보다 공동체의 해체에서 비롯된 사회적 병리다. 그럼에도 우리는 여전히 문제를 형사사건처럼 다루고, 사안 처리 중심의 절차만을 반복하고 있다. 학생의 행동을 즉각 처벌 대상으로 삼고, 학교를 규율과 감시의 공간으로 바꾼다.

우리는 교권 문제와 학교폭력 문제를 따로 떼어 보아서는 안 된다. 이 두 문제는 모두 사람 간의 신뢰를 어떻게 다시 회복할 것인가라는 동일한 질문을 품고 있다. 겉으로 보기엔 교사와 학생, 혹은 학생과 학생의 갈등으로 보일 수 있지만, 그 뿌리에는 모두 공동체적 관계의 붕괴와 사회력의 부재, 그리고 교육 공간의 생활 문화 상실이라는 공통된 원인이 자리하고 있다. 교사의 권위가 보호받지 못하는 교실과, 학생이 서로를 공포와 불신의 대상으로 인식하는 교실은 사실상 같은 교실이다.

학교는 회복과 성장, 공존을 연습하는 공간이 되어야 한다. SEL 교육, 민주시민교육, 공동체 생활교육은 학교 교육의 핵심으로 자리 잡아야 한다. UNESCO가 말한 "Learning to live together", 즉 더불어 살아가는 법을 가르치는 일이야말로 오늘날 교육이 가장 먼저 회복해야 할 책무이다. 이제는 학생수련원, 상담실, 생활지도부, 학부모회, 교사 연수 등 학교를 구성하는 모든 공간과 제도가 생활 문화를 복원하고 인간관계를 회복하는 방향으로 설계되어야 한다. '함께 살아가는 법'을 배우지 못한 사회에서, 교육은 제 역할을 다할 수 없다.

우리는 이제 학폭법을 다시 생각해야 한다. '학폭법을 폐지하고, 학교의 생활 문화를 긍정적으로 만들어 가고, 학교 공동체 구성원의 회복탄력성을 높이는 방향으로 새로운 법과 제도를 설계해야 하는 것은 아닌가?'라고.

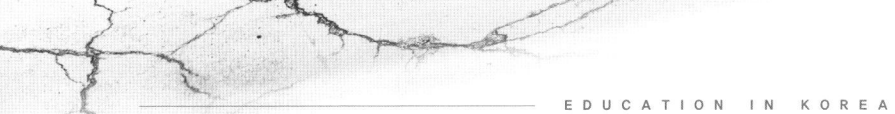

EDUCATION IN KOREA

다문화·이주 배경 학생: 학습권 보장?, 책임 방기?

통계청 자료에 의하면 2023년도 기준 외국인 등록 인구는 1,348,626명이다. 그러나 체류 외국인은 법무부 통계에 의하면 2024년도 기준 2,650,783명이다. 이 중 장기체류 외국인은 2,042,017명이다. 유학생도 263,775명이다. 우리나라 전체 인구 51,217,221명 중 약 5.17%에 달한다.

▌허술한 제도 밖에서 방치된 다문화·이주 배경 학생

통계에서 보듯이 한국은 이미 다문화사회를 향해 나아가고 있지만, 교육은 여전히 이를 따라가지 못하고 있다. 다문화가정, 중도입국 청소년, 외국 국적 유학생 등 이주 배경 학생들이 빠르게 증가

함에도, 이들을 위한 독립된 교육 법률은 존재하지 않는다. 현재까지 교육부는 몇 가지 개별 사업이나 가이드라인, 지침 형태로 대응하고 있으며, 법률상 기반은 여성가족부의 「다문화가족지원법」[34]이나 「초·중등교육법」[35] 조항에만 국한되어 있다. 그러나 내용을 보면, 학교가 노력해야만 되는 구조이고, 정부는 센터를 만들고 예산만 지원하면 큰 문제는 없을 것이라는 사고가 반영되어 있다.

---

34 제6조(생활정보 제공 및 교육지원) ① 국가와 지방자치단체는 결혼이민자등이 대한민국에서 생활하는 데 필요한 기본적 정보(아동·청소년에 대한 학습 및 생활지도 관련 정보를 포함한다)를 제공하고, 사회적응교육과 직업교육·훈련 및 언어소통 능력 향상을 위한 한국어교육 등을 받을 수 있도록 필요한 지원을 할 수 있다.

35 제28조의2(다문화학생등에 대한 교육지원) ① 국가와 지방자치단체는 다음 각 호의 구분에 따른 아동 또는 학생(이하 "다문화학생등"이라 한다)의 동등한 교육기회 보장 등을 위해 교육상 필요한 시책을 마련하여야 한다.
　　1. 「다문화가족지원법」제2조제1호에 따른 다문화가족의 구성원인 아동 또는 학생
　　2. 국내에 거주하는 외국인이면서 제2조 각 호의 학교에 입학 예정이거나 재학 중인 아동 또는 학생
② 교육부장관은 제1항에 따른 시책을 수립·시행하기 위하여 다문화교육 실태조사를 실시할 수 있다. 이 경우 다문화교육 실태조사의 범위와 방법 등에 필요한 사항은 대통령령으로 정한다.
③ 학교의 장은 다문화학생등의 동등한 교육기회를 보장하고 모든 학교 구성원이 다양성을 존중하며 조화롭게 생활하는 학교 환경을 조성하기 위하여 노력하여야 한다.
④ 교육감은 다문화학생등의 한국어교육 등을 위하여 필요한 경우 특별학급을 설치·운영할 수 있다. 이 경우 교육부장관과 교육감은 특별학급의 운영에 필요한 경비와 인력 등을 지원할 수 있다.
⑤ 교육부장관과 교육감은 다문화학생등의 교육지원을 위하여 대통령령으로 정하는 바에 따라 다문화교육지원센터를 설치·운영하거나 지정하여 그 업무를 위탁할 수 있다. [본조신설 2023. 10. 24.]

▮ 학습권과 인권의 사각지대

이주 배경 학생들은 언어, 문화, 정체성 면에서 적지 않은 장벽을 안고 있으며, 이 장벽이 곧 학습권 박탈로 이어지고 있다. 특히 한국어 미숙에 따른 수업 참여 곤란은 단지 언어 문제에 그치지 않고, 또래 관계 형성 실패, 교사와의 소통 단절, 수업 탈락으로 이어지며 교육적 고립 상태를 만든다. 그 결과, 이들은 '다르다'라는 이유로 '문제 학생' 취급을 받고 있으며, 인권침해의 요소가 일상화되어 있다. 이는 교육기본권 보장이라는 헌법적 가치와도, 유엔 아동권리협약의 '차별 없는 교육 접근성' 원칙과도 충돌하는 문제다. 결국, 이주 배경 학생의 교육은 권리 보장이 아니라 관리·배제의 틀에서 이해되고 있는 셈이다.

▮ 이민정책과 교육정책의 단절

외국인 노동자 다수는 고용허가제를 통해 입국하며, 체류 기간과 고용 조건이 제한적이다. 부모들은 자녀의 교육에 장기적 투자 의사가 없고, 단기적 생계유지와 저축이나 본국 송금을 우선한다. 학교는 단지 돌봄 기능만 수행해 주길 기대받는 구조에 놓인다. '일손 부족'을 이유로 외국인을 받아들이면서도, 그 가족의 정착과 자녀 교육에 대한 고려는 부재하다. 이는 노동력은 받아들이되 사람은 받아들이지 않겠다는, 이중적 국가 태도의 결말이다. 교육정책이 이민정책과 완전히 분리되어 설계되고 있는 결과이다. 정주 사회로 전환해 가고 있는 지금, 교육정책은 '국적'이 아니라 '정주 의지'와 '사회통합 가능성'을 기준으로 설계되어야 하며, 이는 국가가 책임져야 할 영역이다.

'케어 서비스'로 전락한 교육

농어촌과 산업단지 밀집 지역의 학교에서는 다문화 학생 비율이 10~30%에 이르고 있다. 일부 지역은 한 유치원의 거의 100%가 이들로 구성되기도 한다.[36] 50%가 넘어가는 초등학교도 곳곳에서 존재한다. 하지만 지원 정책은 여전히 초등 저학년 중심의 돌봄이나 방과 후 프로그램에 머물고 있다. 중·고등학교 단계에선 사실상 정책적 공백이 발생하며, 사춘기와 진로 탐색이라는 민감한 시기를 무방비 상태로 맞이하게 된다.[37]

교사는 통역, 심리조절, 가족 중재까지 떠맡지만, 이들을 위한 보상 체계도, 연수체계도, 지원 인력도 매우 미미하다. 다문화 학생이 존재하기에 학교에 '다문화부'를 만들어서 운영하지만, 그 다문화

---

36 필자가 부교육감으로 근무했던 □□광역시 고려인 마을에 있는 'OO유치원'이 그러하다. 정원은 일부 남아 있지만, 이 유치원의 다수를 이들이 점하자, 우리나라 학부모들이 자녀를 이 유치원에 보내지 않기 때문에 이런 현상이 발생한다.
37 역시 □□광역시의 ◇◇역 주변은 하교 이후에 이들 학생이 몰려다니는 것으로 유명하다.

부에 있는 선생님도 전문가가 아님은 매한가지이다. '교사는 케어 제공자, 학생은 관리 대상'이라는 왜곡된 교육 관계가 형성되는 것이다. 이는 교육이 아닌 복지의 틀로 교육을 대체한 결과이며, 공교육 자체의 책무성과 전문성을 훼손한다.

▎법령 개정: 형식은 생겼지만, 내용은 없다

2023년 개정된 「초·중등교육법」 제28조의2와 2025년 6월 시행령 개정으로 다문화교육지원센터 설치, 특별학급 운영, 실태조사 근거 등이 마련되었다. 그러나 그 핵심 문구는 여전히 '지원할 수 있다'라는 수준에 머무르며, 실질적 책임 체계를 구축하지 못하고 있다. 또한 다문화교육지원센터가 모든 문제를 해결할 수 있다고 보는 기계적 사고도 문제다. '어떻게 가르칠 것인가', '어떤 교원이 필요한가', '이들의 생활지도를 누가 맡고, 어떻게 연계할 것인가'에 대한 고민 없이 '센터'로 외주화하는 방식은 정책의 게으름을 상징한다.

이는 다른 사안에서도 반복되고 있다. 영어 전문 강사, 방과 후 학교 강사, 교육공무직 문제로 반복되는 인사 갈등과 근로조건 문제에도 불구하고, 여전히 HRM과 HRD의 개념은 정책 밖에 놓여 있다. 이들의 노동시장은 정책의 바깥에 존재한다. 교육부는 실패로부터 배우질 않는다. 교육부는 인적자원개발 부총리 부서였고, 지금도 「정부조직법」에 인적자원개발이 포함되고 있다.

▎ 실태조사의 한계와 데이터 중심 정책의 부재

「초·중등교육법」 시행령 제54조의4에 따르면 실태조사는 3년마다, 일부 항목은 매년 시행하도록 되어 있으나, 이는 현황 파악 수준에 그치고 있다. 연령, 국적, 입국 경위, 교육시설 현황, 만족도 등을 파악하되, 이 자료가 실질적 정책 기획, 예산, 교원 배치, 자격체계 설계로 이어지고 있다는 흔적은 찾기 어렵다. 결국 실태조사는 '현황 수집'에 머물고, 학교는 '보고 의무'를 부담하며, 학생은 '분류 대상'으로 취급된다. 정작 정책은 실태를 반영하지 못하고, 데이터와 전략 간의 단절이 고착화되고 있다.

▎ 가장 부재한 것은 '부모'에 대한 정책

많은 다문화 학생의 부모들은 한국어를 모르며, 가정 내에서 한국어 사용이 거의 없다. 학생이 수업을 마치고 집으로 돌아가도 부모는 일터에 있고, 가족 간 대화도 제한된다. 이는 학생의 언어 습득과 정서 발달에 심각한 문제를 야기한다. 그러나 이들 부모에 대한 한국어교육, 지역사회 연계, 정착을 위한 지원 체계는 매우 미비하다. 부모가 언어를 모른다는 이유로 자녀의 교육을 포기하는 일이 반복되는 현실에서, 이들에 대한 평생학습 기회와 사회참여 기회를 제공하지 않고는 어떤 교육개혁도 성공할 수 없다. 단지 학부모 연수 자료를 외국어로 번역하는 것을 넘어서, 지자체 차원의 적극적 언어교육, 공동육아 네트워크, 문화적 중재 프로그램 등이 제도화되어야 한다.

▍'정주 사회'를 위한 교육책무의 재설계

우리가 다문화교육에서 진정 준비해야 하는 것은 단일 사업이나 전담 센터의 설치가 아니라, 국가가 책임지는 '정주 사회로의 전환 전략'이다. 그 전략의 핵심은 다음과 같다.

① '이주 배경 학생'이라는 용어 정의부터 통일하고, 법적 지위를 명확화
② 「교육기본법」, 「초·중등교육법」 등에 교육권 보장을 명시
③ 유입경로(중도 입국, 유학생 자녀, 난민 가정 학생)와 학교급별로 정책을 구분하여 설계
④ 다문화가정 부모에 대한 한국어교육과 생활 지원을 지자체 단위로 제도화
⑤ 귀화자나 장기체류 이민자 중에서 적격자를 선발하여, 이들의 경력과 역량을 학교 교육과 상담에서 활용하는 방안 마련
⑥ 호주처럼 직무별 언어능력(예: IELTS) 기준과 사회통합 기준을 설정
⑦ '교육부-법무부-고용노동부-여성가족부' 간 이민·교육정책 거버넌스를 구성

결론적으로, 지금 필요한 것은 '센터 설치'를 넘어선 '체계 구축'이다. 우리는 이미 다문화사회를 살고 있다. 그러나 우리의 법, 제도, 정책은 여전히 단일문화 국가를 전제한다. 정책이 사회 현실보다 뒤처지는 이 모순을 이제는 넘어서야 하며, 이주 배경 학생 교육은 단지 '지원의 대상'이 아니라 '시민 양성'이라는 공교육의 본령을 다시 확인하는 계기가 되어야 한다.

우리는 우리 안의 실패에서 배우고, 유럽이 겪은 실패에서도 배워야 한다. 인권이라는 명분만으로 공동체 통합 전략 없이 난민을 수용한 이민정책을 펼치거나, 일손이 부족하다고 무작정 외국 인력을 불러왔던 유럽 국가들은 사회 갈등과 분열이라는 대가를 치렀다. 이러한 실패는 다문화사회의 지속 가능성을 위협하는 가장 현실적인 경고이다. 동시에 외국인을 잠재적 불안 요소로 여기거나 비인권적 감정을 확산시키는 일도 단호히 경계해야 한다. 다문화사회로의 진정한 전환은 이 2가지 실패의 교훈을 함께 품고 나아갈 때에만 가능하다. 그것이야말로 한국 사회가 손에 쥐어야 할 진정한 '여의봉'일 것이다. 다행스럽게도 정부가 2025년 2월 11일 발표한 「이주 배경 학생 맞춤형 교육지원 방안」 자료에 의하면 (가칭)「이주 배경 학생 교육지원 법률」 제정을 추진한다고 밝히고 있어 기대된다.

학교 핸드폰 수거 논란:
학칙 존중?,
인권침해?

과거 국가인권위원회는 학교가 핸드폰 수거 조치를 학칙으로 정하더라도 이를 학생의 인권침해로 간주했다.[38] 학생의 자유권(특히 통신의 자유, 표현의 자유, 사생활의 자유 등)은 헌법이 보장하는 기본권이며, 이는 학교라는 공간이라 하더라도 쉽게 제한되어서는 안 된다는 판단이었다. 학칙 제정 과정에 학생과 학부모가 참여했더라도, 그 결과가 본질적인 권리 침해라면 인권적으로 수용할 수 없다는 원칙을 강조해 왔다.

---

38 국가인권위원회 보도자료(2020. 11. 04.), 「학교 내 휴대전화 전면 사용금지는 인권침해」.

▍국가인권위원회의 판단 변화: 무엇이 달라졌는가?

그러나 2024년 이후 인권위의 태도는 변화되었다. 최근 한 사례에서 인권위는 "학교 구성원의 자율적 합의를 거쳐 마련된 학칙"이며, "수업 시간 집중력 저하와 과도한 SNS 사용 등으로 인한 교육적 피해를 예방할 수 있다는 점" 등을 이유로 핸드폰 수거를 인권침해로 보지 않는다고 결정했다.[39] 특히 국제기구나 외국 정부의 정책에서 디지털 기기의 과잉 사용에 대한 경고와 통제가 필요한 시점이라는 점도 고려했다. 이는 인권위가 '권리 보호' 일변도에서 '교육 공동체 보호'라는 균형적 관점으로 변화했다는 신호일 수 있다. 과연 그러할까?

▍학교는 자율 공동체인가, 국가 통제를 받는 행정기관인가?

핵심 쟁점은 학교라는 공간의 법적·철학적 지위에 대한 해석에 있다. 만약 학교가 공적 권력이 강제하는 준(準)행정기관이라면, 거기서 이루어지는 모든 제한은 '법률 유보 원칙(헌법 제37조 제2항)'에 따라 법률 근거가 필요하다는 주장이 성립한다. 그러나 학교를 하나의 '자율 공동체'로 본다면, 공동체 구성원의 합의로 제정된 학칙 역시 일정 수준의 규범력과 정당성을 가질 수 있다.

---

39 국가인권위원회 보도자료(2025. 04. 28.), 「휴대전화 일괄 수거는 인권침해에 해당하지 않아」.

실제로 학칙은 교사·학생·학부모가 일정한 절차를 거쳐 만드는 자율 규범이며, 이는 곧 학교라는 사회 내부에서의 합의의 산물이다. 따라서 '모든 핸드폰 사용금지'와 같은 제한은 문제가 될 수 있지만, '수업 시간 집중도 제고를 위한 제출 후 보관'과 같은 합리적 제한은 오히려 학교 교육의 본질을 보호하는 수단일 수 있다. 이러한 측면에서, 자율적인 학칙의 존재를 존중하면서도, 그 내용이 과잉금지 원칙과 충돌하지 않도록 세심한 설계가 필요하다. 다만, '학교가 자율 공동체이기에 무엇이든 할 수 있다'라는 식의 무제한적 자율도 경계해야 한다.

▍미성년자의 권리 보장과 제한의 정당성

논의를 확장하면, '미성년자에게 기본권은 어떻게 보장되는가?'라는 더욱 본질적인 문제가 제기된다. 대한민국 헌법은 모든 국민의 기본권을 보장하지만, 미성년자는 민법상 제한된 행위능력을 가진 존재이며, 교육법상 학교의 보호·지도의 대상이다. 다시 말해, 성년과 동일한 권리를 갖되, 권리 행사 방식과 보호 수준은 다를 수 있다. 미성년자의 자유권은 무제한이 아니라 '발달단계에 따라 보장되어야 하는 권리'이다.

핸드폰 사용과 관련해서도, 학생의 의사결정 능력과 책임 능력, 공동체 내 역할을 고려하면 일정한 사용 제한은 교육적으로나 사회적으로 정당화될 수 있다. 또한 학생은 부모의 친권 아래 있으며, 학교 역시 친권자의 위임을 받아 일정한 교육과 통제를 수행하고 있는 구조이다. 따라서 핸드폰 수거와 같은 조치는 '통제'가 아니라, 발달단계에 맞는 '지도'로 이해될 필요가 있다. 이 원리는 교복, 두발 등에도 동일하게 적용된다.

▎반인륜적이지 않다면, 공동체의 합의를 우선하자

최근 몇 년 사이의 교육정책에서 가장 두드러진 흐름은 '입법을 통한 문제 해결'이다. 학교폭력 대응도, 교권 보호도, 다문화교육도 모두 빠르게 입법적 조치를 통해 제도화되었다. 핸드폰 수거 문제 역시 유사한 흐름 안에 있었다. 그러나 이렇게 빠른 입법 조치들이 실제로 문제를 해결했는가 하는 점이다. 우리는 종종 사회적 합의와 자생적 질서 회복을 기다리기보다, 정부가 '무언가 하지 않으면 안 된다'라는 사회의 압박이 크다. 언론 보도, 의회의 독촉, 시민단체의 요구는 정부가 '숙의(熟議)'보다 '속도(速度)'를 선택하게 만든다. 그러나 제도가 생기고 규제가 늘어날수록, 문제는 더 세분화되고 갈등은 더 조각난다. 입법은 규제를 낳고, 규제는 또 다른 규제를 부르며, 결국 복잡성만 증폭되는 자기 복제의 악순환이 반복되고 있다.

핸드폰 수거 논란은 단지 하나의 사례가 아니라, 학교의 자율성과 학생의 기본권이라는 2개의 가치가 만나는 접점이다. 핸드폰 수거 문제는 '학생의 권리 vs. 교사의 권한' 구도가 아니라, '공동체의 질서 vs. 권리의 행사'라는 맥락에서 이해되어야 한다. 우리는 국가의 입법권이나 인권위의 해석만으로 이 문제를 일방적으로 해결할 수 없다. 무엇보다 중요한 것은 '학교는 교육 공동체'라는 사실이며, 공동체 내의 합의는 존중받아야 한다는 점이다. 그 합의가 반인륜적이거나 특정 집단의 권리를 본질적으로 침해하지 않는다면, 학교 안의 문제는 학교의 합리적 규칙과 절차에 따라 해결되어야 한다. 공동체의 질서는 합의와 신뢰로 유지되는 것이며, 법은 그 질서를 보완하는 수준에 머물러야 한다. 입법은 만능이 아니며, 학교는 아직 '미성년자인 사람을 가르치는 곳'이다.

EDUCATION IN KOREA

학교 복합시설:
학교의 골칫거리?
지역사회의 새로운 미래?

　학교 복합시설은 학생과 지역 주민이 함께 이용할 수 있는 교육·문화·복지·체육·주차 시설을 의미하며, 학교의 교육활동을 지원하고 학교시설 활용을 증대하여 학교와 지역사회 발전에 이바지하는 것을 목적으로 한다. 특히 대도시처럼 국가나 지자체 소유의 터가 부족한 경우 더욱 효과적인 방안이며, 선진국에서는 이미 보편화된 방식이다. 학교가 지역사회 공동체의 중심 기관으로서 기능하고, 학생들은 방과 후에도 이러한 시설에서 예체능 활동이나 공부방, 동아리 활동 등을 할 수 있으며, 돌봄 기능까지 제공받을 수 있다. 이는 자연스럽게 지역 주민들이 찾아오는 사랑방 역할을 하게 된다. 평일 아침과 저녁, 그리고 주말에는 지역 주민이 사용하는 공간으로 활용되며, 주중에는 학생들이 주로 이용하는 공간이 된다. 이른 20세기 초 C. Perry가 주장했던 「근린주구이론(Neighbourhood

Unit Theory)」의 현대적 변용으로 볼 수 있다.

❙ 학교 복합시설 관련 법령의 주요 내용

「학교 복합시설 설치 및 운영·관리에 관한 법률」 및 같은 법 시행령은 학교 복합시설의 설치 및 운영·관리에 대한 세부 사항을 규정하고 있다.

① **학교 복합시설의 범위:** 학교 또는 폐교(「폐교재산의 활용촉진을 위한 특별법」 제2조 제1호에 따른 폐교를 말한다. 이하 같다)에 설치하여 학생과 지역 주민이 함께 이용할 수 있는 교육·문화·복지·체육·주차 시설 등으로서 지방자치단체의 장과 감독기관 장 등이 협의하여 정하는 시설을 말한다. 다만, 「교육환경 보호에 관한 법률」 제9조에 따른 시설은 해당되지 아니한다.[40]

② **설치 주체 및 절차:** 지방자치단체의 장은 감독기관장 등의 동의를 받거나 요청이 있는 경우 학교 복합시설을 설치할 수 있으며, 감독기관장 등도 지방자치단체의 장과 협의하여 설치할 수 있다. 설치 시 범죄 및 안전사고 위험으로부터 학생의 안전을 확보할 수 있도록 설계해야 하며, 원활한 추진을 위해 추진협의체를 설치할 수 있다. 소유권은 건축 방식, 재정 분담

---

40 2025년 1월 21일에 개정되었으며, 2025년 7월 22일부터 시행된다.

비율 등을 고려하여 협의하여 정할 수 있다.

③ **운영 및 관리 원칙:** 학교 복합시설은 설치한 자가 운영·관리하는 것이 원칙이나, 협의를 통해 달리 정할 수 있다. 운영관리자는 학생, 학부모, 교직원 및 지역 주민의 복리 증진을 위해 시설을 안전하고 쾌적하게 유지·관리해야 하며, 학교의 정상적인 교육활동 및 학교 운영이 제한되거나 침해받지 않도록 해야 한다. 학생 학습권 침해, 공공질서 및 미풍양속 저해, 시설물 훼손, 영리 행위 등은 금지되며, 이러한 행위가 발생하거나 우려되면 필요한 조치를 해야 한다. 또한, 학생과 교직원이 학교 교육활동을 위해 먼저 시설을 이용할 수 있도록 해야 한다. 운영관리자는 외부인 무단침입 방지, 학습 환경 및 학생 안전 확보, 소음 및 유해 물질 차단, 이용료 징수 등에 대한 운영·관리 방안을 마련해야 한다.

④ **학생 안전 확보:** 학교 복합시설은 「건축법」에 따른 범죄예방 기준에 따라 설치되어야 하며, 학생과 지역 주민 등 이용자 간의 동선이 분리되는 등 학생의 안전이 확보되어야 한다. 운영관리자는 학생의 안전 확보를 위해 조치를 해야 하며, 학생 안전사고 예방을 위해 고정형 영상정보 처리기기를 설치·관리할 수 있다.

⑤ **전문기관 및 지원:** 교육부 장관은 학교 복합시설의 설치·운영에 관한 조사·분석, 연구·자문 등의 업무를 수행할 전문기관을 지정하고 지원할 수 있다. 교육감은 학교 복합시설 지원센터를 설치하거나 지정하여 설치·운영·관리를 지원할 수 있다. 국가와 지

방자치단체는 학교 복합시설의 원활한 설치·운영을 위해 필요한 정책을 수립·시행하고, 학생 안전 보장을 위한 대책 마련 및 행정적·재정적 지원 방안을 마련해야 할 책무가 있다.

학교 복합시설 활성화의 제약 요인

법령의 존재에도 불구하고 활성화가 더딘 이유는 다음과 같다.

① **학교 현장의 우려와 거부감:** 학교는 본연의 교육 기능을 수행하는 공간이므로, 외부 시설과의 복합 설치 및 운영에 대한 학교 현장의 우려와 거부감이 존재한다. 학생 안전, 교육활동 침해 가능성, 시설관리 부담 등이 그 예시이다. 또한, 학교시설이나 운동장을 주민에게 개방했던 경험 중 일부 부정적인 사례(예: 담배꽁초 무단 투기, 시설물 훼손)가 학교 구성원들에게 학교에 교육시설이 아닌 제3의 시설이 들어오는 것에 대한 민감한 반응을 유발한다.

② **설치 주체와 관리 · 운영 권한의 불균형 및 거래비용:** 복합시설의 설치 주체와 관리·운영 권한이 지방자치단체의 장과 감독기관의 장이 협의하게 되어 있으나, 이러한 협의에는 상당한 시간이 소요되어 만만치 않은 거래비용(Transaction Cost)이 발생한다. 학교나 복합시설이나 모두 세금을 만들어진 국민의 재산임에도 불구하고, 이들은 형식상 재산권의 보유자

임을 중요시한다. 또한, 예산 확보가 충분하지 않거나, 재정지원의 명확한 기준이 부족할 수 있다. 나아가 운영 주체나 책임 소재에 대한 불명확성이나, 시설 운영의 효율성을 위한 전문인력 및 노하우 부족도 활성화를 저해하는 요인이 된다.

③ **하드웨어 중심의 접근:** 시설을 만들어 놓으면 자연스럽게 활용될 것이라는 하드웨어 중심의 잘못된 관행이 존재한다. 하드웨어 구축뿐만 아니라 이를 뒷받침할 휴먼웨어(인력), 그리고 하드웨어와 휴먼웨어, 사용자들을 연결하는 소프트웨어(운영 체계)가 함께 구상되어야 한다.

학교 복합시설 활성화를 위한 대안

① **지자체의 통합적인 배치 계획 수립:** 지방자치단체의 일반행정관서가 지역사회에 필요한 예체능 시설, 복지 시설, 청소년 시설, 주차장 등 복합시설 설치가 가능한 시설에 대한 전체적인 배치 계획을 수립해야 한다. 이 계획을 바탕으로 시설 설치 가능 공간을 찾고, 학교 내에 복합시설 설치가 가능한 부지가 있다면 이를 활용하는 계획을 수립한다.

② **감독기관장과의 협의:** 계획 수립 과정에서 감독기관의 장(즉, 교육감)과 긴밀히 협의한다.

③ **종합계획 수립:** 계획의 내용 속에는 시설 건축을 넘어 학생 안전 및 교육활동 침해 우려를 해소하는 방안을 마련해야 한다.

법령에서 규정한 안전 설계, 동선 분리 외에도 보안 시스템 강화, 안전관리 인력 배치, 학교 구성원의 안전 교육, 명확한 관리·운영 매뉴얼도 필요하다.

④ **시·도의회 보고 및 예산 확보:** 지자체의 장이 감독기관 장과 협의하여 수립한 종합 계획을 시·도의회(시·군·구의회)에 보고해야 한다. 그리고 동의를 구해야 한다. 그리고 지자체의 행정관서에서 이 계획을 바탕으로 사업비를 편성해야 한다. 물론 중앙정부의 충분한 재정지원도 뒷받침되어야 한다.

⑤ **다각적인 재정 및 운영 방식 도입:** 민간 참여를 위한 다양한 방안을 모색해야 한다. BTO(Build-Transfer-Operate)와 BTL(Build-Transfer-Lease) 방식을 접목할 수도 있다. 동시에 비영리법인 또는 단체에 운영·관리를 위탁하는 방안도 적극적으로 활용해야 한다.

⑥ **성공 사례 발굴 및 확산:** 성공적인 학교 복합시설 사례를 발굴하고 홍보하여 긍정적인 인식을 확산하고, 설치를 주저하는 학교 및 지자체에 실질적인 도움을 제공해야 한다.

▎정리하면

학교 복합시설 활성화는 교육청은 교육 본연의 기능에 집중하고, 그 외의 사항은 지방자치단체 행정관서가 책임지는 형태를 전제로 한다. 지방자치와 지방교육자치의 틀을 수정하고, 지방교육재정교부금 체제도 개편될 필요가 있다. 교육청이나 시·도청이나 결국 국민의 대리인일 따름이다. 중요한 것은 「대한민국 헌법」과 「지방자치법」 규정에서처럼 주민의 편의와 복지 증진이다. 복합시설 설치는 당연히 이에 부합한다. 교육청과 시·도청은 복합시설이 필요하다면 함께 노력해야 한다.

지방교육재정 축소 조정 논란:
적정 분배?,
기능 재편?

지난 정부 출범 이후 지방교육재정에 대한 비판이 거세졌다. 특히 대학은 구조조정과 재정 압박에 시달리지만, 시도교육청은 수조 원의 이월·불용 예산을 남기고 있다는 지적은 교육재정의 배분 방식에 대한 문제 제기로 이어졌다. 이 과정에서 "지방교육재정교부금 비율을 낮추자"는 주장부터, "교부금 제도를 대학으로 확대 적용하자"라는 제안까지 등장했지만, 대다수 논의는 제도의 철학과 설계 원리에 대한 성찰 없이 단기적 예산 이전만을 상정한다는 점에서 기초적인 재정 원칙과 철학의 부재를 드러냈다.

▎ 현행 지방교육재정교부금 제도의 기본 구조와 한계

현행「지방교육재정교부금법」은 국세 총액의 일정 비율(2024년 기준 20.79%)을 시도교육청에 교부하도록 규정하고 있으며, 이 중 대부분은 보통교부금으로, 일부(약 3%)는 특별교부금 형태로 집행된다. 제도의 본질은 국세 의존도가 높고 지방세 수입이 제한적인 지방자치단체들이 안정적으로 교육재정을 확보할 수 있도록 한 것이다. 동시에 교육에 대한 국가의 책무성을 유지하기 위한 재정적 기반을 제공하자 설계되었다. 하지만, 이 제도는 예산 편성의 대원칙인 '양출제입(量出制入)' 원칙과 정면으로 충돌하는 구조적 한계를 내포하고 있다. 양출제입이란, 먼저 정책 수요와 필요 재정을 '세출'로 산정하고, 이에 맞는 '세입'을 설계하는 방식이다. 하지만 지방교육재정은 이와 정반대로 확보된 세입(교부금 총액)을 먼저 확정한 뒤, 이를 각 지역에 어떻게 분배할지를 고민하는 구조이다. 이 과정에서 등장하는 '기준재정수요액'은 교육정책 목표와 실질 수요를 반영한 개념이 아니라, 기존 통계 수치를 바탕으로 배분 비율을 산정하는 기술적 배분 공식에 불과하다. 이는 궁극적으로 교부금 제도가 국가교육정책의 방향성과 무관하게 재정적 관성(Inertia) 속에서 작동하게 만들며, 정책과 재정의 분리를 초래한다. 이는 중앙정부가 사업을 정하고, 그 사업에 투자될 예산을 확보하는 방식과는 다르다.

기준재정수요액이라는 개념은 애초에 현실적인 지출 필요와는 일정한 괴리를 지닌다. 예를 들어, 학령인구 감소로 인해 일부 시도는 실질적인 교육 운영비 수요가 감소하고 있음에도 불구하고, 일정 수준의 수요액이 수식에 따라 계속 인정되는 구조다. 반면, 고등교육처럼 실질 수요는 높은데 별도 재정 기준이 없거나 미흡한 영역은 방치되기 일쑤다. 결국 이러한 구조는 재정의 목적성과 합리성을 저해할 뿐만 아니라, 국세를 통한 공공서비스의 최적 배분이라는 헌법적 요구에도 부합하지 않는다.

특별교부금 제도의 문제도 간과할 수 없다. 보통교부금은 전액 지방교육청 몫이지만, 전체의 약 3%에 해당하는 특별교부금은 교육부 장관의 권한으로 집행된다. 이는 자칫 교육부가 국세 기반의 교육재정을 활용해 직접적인 개입이나 유도 기능을 행사할 수 있는 구조로 작동할 위험이 있다. 이런 점에서 특별교부금의 존재는 지방교육재정의 자율성과 분권적 원칙에 대한 예외이자, 중앙-지방 간 재정 권한의 불균형을 상징적으로 드러내는 제도이다.

이러한 구조적 한계 속에서 단순한 '예산 이전'이나 '통합 운용'만으로 문제를 해결하려는 접근은 적절하지 않다. 교육청 예산 일부를 대학에 이전하자는 주장은 지방교육재정의 분권적 설계 원칙과 교부금의 목적 외 사용금지 원칙에 위배될 뿐만 아니라, 고등교육에 대한 국가책임을 지방으로 전가하는 결과를 초래할 수 있다. 근본적인 접근은 국가 재정의 분배 방식 전반에 대한 구조적 성찰과 새로운 설계 논리를 수립하는 데에 있다.

▌ 일반자치 영역과의 유사성, 그리고 제도 개편의 어려움

이와 같은 현상은 비단 교육 분야에 국한된 것이 아니다. 일반자치 분야에서도 유사한 양상이 발견된다. 예를 들어, 지방교부세나 국고보조금, 양여금 등도 대부분 중앙정부의 정률·정액 지원을 기반으로 하고 있으며, 실질적 세출 기반 예산 편성은 어려운 구조이다. 특히 지자체가 자율적으로 재정을 설계하려면 자체 세입 기반이 확보되어야 하는데, 현재는 지방세 비중이 상대적으로 낮고, 조세 자율권도 미비하여 지방재정의 독립성과 자율성이 제약되고 있다.

더욱이 현행 구조에서 중앙정부는 '지원을 빌미로 한 간섭'을 제도적으로 실행하고 있다. 예컨대, 각 부처는 공모사업과 특별교부세, 시범 사업 등을 통해 실질적으로는 중앙정부가 지역 정책의 우선순위를 설정하고 지방의 자율성을 통제한다. 이는 '지방자치'는 명목상 제도화되었지만, 실질적으로는 중앙의 정책 결정권이 유지되는 관료적 이중구조라고 할 수 있다. 따라서 지방교육재정만을 떼어내어 개편하는 것은 효과적이지 않으며, 일반자치와 교육자치를 함께 포함한 재정 개혁이 요구된다.

분배 비율 논쟁보다 더 중요한 것은 '설계 원리'와 '합의 메커니즘'

종종 지방재정 개편에 대한 논의는 '국세 대비 몇 퍼센트를 지방에 줄 것인가'에만 집중된다. '3할 자치를 넘어서야 한다'라는 식이다. 하지만 더 중요한 것은 이 비율이 어떤 원리와 구조에 따라 도출되었는가에 있다. 지방자치제 도입 이후 축적된 전국의 재정·인구·복지·교육·노동 관련 데이터를 체계적으로 분석하고, 이를 바탕으로 과학적인 분배 기준을 도출해야 한다. 단순한 인구 비례나 면적 기준이 아닌, 지역의 재정자립도, 교육 수요, 경제적 위기 수준, 사회적 취약성 등을 복합적으로 반영하는 방식이어야 한다.

이 과정에서 중요한 것은 단지 수치를 조정하는 것이 아니라, 국가와 지방의 역할 분담 원칙을 새롭게 합의하는 일이다. 예컨대, 국가는 교육·복지·안전 등 기본적 공공서비스 보장을 위한 재정 이전의 책임을 지고, 지방은 그 집행의 우선순위와 방식에서 자율권을 보장받는 구조를 만들 필요가 있다. 단순한 위임이나 사업비 지원이 아닌, 재정권을 전제로 한 자치권의 실질적 부여가 이루어져야 한다.

구체적으로 Formula 설계에서 핵심은 변수 선택과 가중치 산정이며, 이는 단순한 정치적 타협이 아니라 과학적, 경험적 데이터를 기반으로 설계되어야 한다. 결국, 중앙정부의 가장 중요한 역할 중 하나는 이러한 정밀한 데이터 관리체계의 구축과 분석 기반 의사결정이 가능한 인프라의 마련이다. 다시 말해, 중앙정부는 더 이상 '사업 집행자'가 아니라, 정책 설계자(Planner)와 평가자(Evaluator)로 역할을 전환해야 하며, 실제 집행은 지방정부의 자율적 판단에 맡겨야 한다.

또한, 지방교육재정이나 일반행정 재정 모두에서 Bidding 방식의 정책은 엄격히 제한되어야 하며, 꼭 필요한 경우에 한해, 엄격한 사전 타당성 심사와 평가 체계를 수반하는 방식으로 운영되어야 한다. 지금처럼 중앙정부가 수백 개의 시범 사업, 공모사업을 펼치며 지자체 간 경쟁을 유도하는 방식은 지방정부를 '예산 수령자'로 전락시키고, 국가 정책의 일관성까지 훼손하는 결과를 낳는다. 마찬가지로 시·도청이나 교육청이 기초지자체나 학교에 Bidding 방식의 재정지원사업을 하는 것도 엄격히 통제되어야 한다.

새로운 제도 설계 방향:
단순한 구조+합리적 변수 체계+자율성과 책임

이러한 문제의식을 바탕으로, 다음과 같은 새로운 재정 배분 체계를 제안할 수 있다. 예를 들면, 국세 총액의 40%는 지방으로 이전하며, 이는 Formula Funding 방식을 통해 자동 배분한다. 이때 지방교육재정과 일반자치를 함께 고려하여 광역·기초자치단체, 교육청 간 적절한 분배 구조를 설정해야 한다. 이는 국가와 지방의 재정 권한과 역할에 대한 새로운 사회 계약의 성격을 띠고 있다.

국가가 보유하는 나머지 60% 중 10% 내외를 광역자치단체 대상 특정 사업에 한해 Bidding 방식으로 제한적으로 활용할 수 있도록 하되, 해당 사업은 반드시 타당성 심사와 정책적 정합성 검토를 거쳐야 한다. 각 광역자치단체는 교부받은 자원의 일정 비율(예: 20%)을 기초자치단체 대상 공모사업에 활용할 수 있으며, 이를 통해 지역 간 격차를 조정할 수 있다. 다만 이 역시 정책 타당성에 기초한 기준이 마련되어야 하며, 정치적 임의성은 철저히 배제해야 한다. 자칫 포퓰리즘이나 정치적 거래가 우려되기 때문이다.

이렇게 되면 예산 편성이 수요 기반(Logic of needs)을 반영하면서도, 지방정부 간 협의와 경쟁이 자연스럽게 촉진된다. 또한 지방의 조세 자율성과 재정자립도를 높이기 위한 추가적인 지방세 신설, 세율 조정권 확대 등의 조치도 병행되어야 한다.

이러한 제도는 중앙정부의 재정집행 기능을 줄이는 대신, 중앙의 역할을 데이터 기반 정책 설계자이자 평가자로 전환한다는 점에서 새로운 거버넌스 모델을 제시한다. 결국 지방자치의 성공은 단순히 권한을 나누는 것이 아니라, 권한과 책임의 균형을 데이터 기반 설계 원리로 구현하는 것에 있다.

한편, 국세 대비 지방재정 몫의 비율(예: 60:40)은 어디까지나 예시일 뿐이다. 본질은 숫자가 아니라, 어떤 기준과 원칙에 따라 그 비율을 산정할 것인지에 있다. 단순히 정치적 타협으로 설정된 정률이 아니라, 지방자치제 이후 수십 년간 축적된 재정 지출과 운영 데이터를 기초로, 실질적 필요성과 재정 형평성, 자율성과 책임성의 균형을 반영한 '합리적 비율'을 도출하는 방법론 개발이 핵심 과제이다. 이를 위해 재정조정기금, 지역 내총생산(GRDP), 인구 구성, 기초생활보장 수급률, 교육 및 복지 수요지표 등 다양한 데이터를 통합한 동적 재정 배분 모델의 구축이 요구된다.

결국 우리가 마주한 과제는 단순한 재원 이전이 아니라, 국가와 지방의 새로운 사회적 계약(Social Contract)을 재정적 언어로 재구성하는 일이다. 그리고 이 일은, 지방교육재정 하나만의 문제가 아닌, 한국형 분권 국가 모델을 어떻게 설계할 것인가에 대한 본질적 질문과 맞닿아 있다. 지방교육재정 배분, 지방교육자치의 사무 재조정의 문제이거나 지방교육자치와 일반자치의 통합·연계의 문제이고, 중앙과 지방과의 한국형 분권 모델의 문제이다. 국세 총액의 비율을 지금보다 줄이는 정도의 문제가 아니다.

교육발전특구:
지역교육혁신의 해법?, 유사 사업의 반복?

　지방 소멸 위기에 직면한 지역사회는 지역 정주 인구의 감소, 청년 유출, 산업 기반의 축소 등 다중(多重)의 문제를 겪고 있다. 특히 교육은 이러한 위기의 중심에 있다. 교육기회의 불균형은 지역 소외를 심화시키고, 이는 다시 인구 이동과 지역공동체 해체로 이어진다. 정부는 이러한 상황에 대응하기 위해 지역교육을 혁신함으로써 지역 인재를 양성하고, 정주 여건을 개선하며, 지방시대를 실현하려는 정책적 구상 아래 '교육발전특구'를 도입하였다.

▎도입 배경: 교육으로 지역을 살릴 수 있을까?

　교육발전특구는 '지방에서도 양질의 교육을 받을 수 있도록 한다'라는 명분 아래 2023년부터 추진된 정책이다. 시범 사업이 시작되었고, 2025년에는 보다 확대된 형태로 운영될 예정이다. 교육부는 이를 통해 지방정부와 교육청, 대학, 산업계 등이 협력하는 지역 거버넌스를 구축하고, 지역 인재 양성과 정주 생태계 활성화를 목표로 삼고 있다.[41]

지난 정부의 '지방시대' 담론과 맞물려, 교육발전특구는 권한의 이양, 규제 특례, 재정지원이라는 정책 패키지로 설계되었다. 국가가 직접 통제하던 교육행정을 지자체 중심으로 이양함으로써 자율성을 높이고, 그 과정에서 중앙정부는 필요한 행·재정적 지원을 약속하고 있다. 특히 교육부는 이를 통해 지역 주도 교육개혁의 '선도 모델'을 확산시킨다는 포부를 밝히고 있다.

시범 사업 1년, 무엇이 이루어졌는가?

2024년부터 시범 운영에 들어간 교육발전특구는 현재 총 56개 특구(7개 광역, 83개 기초지자체)에서 다양한 유형(1~3유형)으로 추진되고 있다. 유형은 ① 기초지자체 주도(1유형), ② 광역지자체 주도(2유형), ③ 광역지자체가 기초지자체를 묶어 지정(3유형)으로 구분된다. 교육부는 지자체와 교육청의 협력 속에 다양한 정책 실험을 독려

---

41 교육부 보도자료(2025. 03. 20.), 「교육발전특구 시범지역 운영 1년, 우수 사례를 한자리에 모아 공유」.

하며 성과보고회 등을 통해 우수사례를 공유하고 있다.

운영 사례를 보면, 고양시의 창업교육 플랫폼 구축, 양주시의 유보통합 모델 실험, 춘천시의 생애주기별 교육체계 마련, 포항시의 이차전지 특화 직업교육 등이 눈에 띄는 성과로 제시된다. 그러나 이러한 사례들은 지자체가 기존에도 추진하던 교육 사업에 '특구'라는 명칭과 추가 예산이 붙은 형태에 가깝다.

▎특구의 구조적 문제와 교육정책으로서의 타당성 부족

① 『교육발전특구』는 명확한 법적 근거 없이 추진되고 있다. 교육국제화특구와 달리 「교육발전특구에 관한 특별법」은 아직 국회에 계류 중이며, 현재의 추진은 교육부의 사업계획과 협약에 의존하고 있다. 이러한 구조는 정책의 지속 가능성과 책임성에 심각한 의문을 남긴다.

② 지방자치·지방교육자치와의 제도적 정합성이 미흡하다. 기초·광역지자체와 교육청 간의 협력 구조가 설계상 필수적이나, 현실적으로는 기초–광역 간 위계관계가 없고, 교육청과 일반지자체 간에도 법률상 조정 권한이 존재하지 않는다.

③ 기존 지방교육재정투자사업, 협약형 특성화고 사업, 교육국제화특구, 도시재생사업, 지역혁신플랫폼(RISE) 등과의 정책적 차별성이 뚜렷하지 않다. 이미 유사한 목적을 가진 다양한 사

업들이 운영되고 있음에도 불구하고, 또 '특구'를 추가하는 것은 행정 중복과 예산 분산의 문제가 초래된다.

④ 정치적 목적의 동원 가능성과 형식주의 역시 문제이다. 지방자치단체장이 특구 지정을 통해 정치적 성과를 과시할 수 있는 구조다. 또한, 학부모의 '좋은 교육 환경'에 대한 허위의식을 자극해 정책 동원을 유도하고 있다. 이에 따라 실제 교육개혁보다 형식적 수사와 시범 사례가 홍보된다.

⑤ 교육 분야에서 '특구'라는 개념이 적절한지이다. 산업 특구는 지역에 자원을 집중 투자하고, 인프라를 통해 기업·인재 유치와 정착을 유도한다. 그러나 교육은 그 성격상 학습자의 '이동 가능성'을 전제로 하며, 특정 지역에 인재를 정주시키는 것이 정책 목표가 되기 어렵다. 교육 투자와 지역 정주는 인과관계가 명확하지 않으며, 교육 특구로 인한 실질적인 지역 경쟁력 강화 효과도 불확실하다.

⑥ 과도한 사업비와 실효성도 의문이다. 교육발전특구는 '성공모델 확산'과 '성과에 따른 재정교부'를 제도화하고 있으나, 실질적으로 지역의 전면적 교육혁신을 위해서는 매우 큰 재정이 필요하다. 정부는 이를 지방정부의 자율성이라는 이름으로 넘기고 있지만, 실상은 지방정부에 책임을 떠넘기는 구조로 볼 수 있다.

⑦ 교육을 기반으로 한 지역 정주 유도 전략은 한계를 가진다. 교육은 산업과 달리, 투자를 해도 그 결과물이 지역에 정주하지 않고 이동하는 속성을 지닌다. 우수한 교육 서비스를 제공해

도 학생들은 학업을 마친 뒤 더 나은 기회를 찾아 다른 지역으로 이동할 가능성이 높다. 따라서 교육 투자가 곧 지역 정주로 직결된다는 가정은 성립하기 어렵다.

▎그렇다면, 지역 발전과 교육혁신의 새로운 연결 구조는?

교육발전특구가 실질적 효과를 거두기 위해서는 '특구'라는 형식적 공간 지정 방식이 아니라, 교육체계의 유연성 확대와 지역사회 기반 교육 거버넌스의 정착이 우선되어야 한다.

① **특구 제도 자체를 재검토해야 한다.** '특구'라는 개념은 규제 완화와 세제 혜택, 기업 유치를 전제로 하는 산업정책에서 비롯된 개념이다. 교육은 보편성과 형평성을 지향해야 하며, 특구는 오히려 교육의 공공성과 평등성에 반할 수 있다.
② **지방교육자치의 체질 개선과 실질화가 우선이다.** 교육개혁을 지역에서 추진하기 위해서는 먼저 교육청의 기획권과 집행권을 실질화해야 한다. 교육감의 권한 남용이 아니라, 교육청이 지역사회와 협력할 수 있는 기획조직으로 변화할 수 있도록 법적·행정적 기반을 정비하는 것이 필요하다.
③ **유사 사업을 통합하고, 지자체가 사업을 결정하도록 하자.** RISE, 글로컬, 협약형 특성화고, 고교학점제 지원사업 등 각종 유사 사업을 통합하고, 그 기능을 유형화하여 지자체가 선택

하거나 통합하여 기획할 수 있는 체계로 전환하는 것이 바람직하다. 이를 통해 중복성과 행정 낭비를 줄이고, 지자체의 전략 수립을 간소화할 수 있다.

④ **교육 특구가 아닌 '지역교육 협력제도' 도입을 추진하자.** 지자체의 일반행정관서와 교육청, 대학, 지역 시민사회가 연례적으로 모여 지역의 교육발전계획을 수립할 수 있도록 지역교육 협력제도를 마련하자. 그리고 이들 기관 간의 협약과 평가를 통해 재정이 집행되는 구조를 제도화하자.

⑤ **「지방자치법」 및 교육 관계 법령의 통합 정비가 필요하다.** 교육청과 지자체의 일반행정관서 간 협력이 실질적으로 가능해지기 위해서는, 「지방자치법」과 「교육자치법」을 아우르는 정비가 필요하다. 특히 교육청이 일반행정관서와 강한 협력이 가능할 수 있는 법적 근거를 마련해야 한다.

▍ 정리하면, 교육은 특구의 논리로 작동하지 않는다

교육발전특구는 의도만큼은 긍정적이다. 그러나 제도의 설계는 기존 정책과의 중복, 형식적 특례 부여, 법적 불안정성, 지방 간 불균형을 야기할 수 있는 구조적 결함을 안고 있다. 특구는 산업정책의 수단이다. 규제를 완화하고 세제 혜택을 부여해 민간 투자를 유치하는 방식이다. 그러나 교육은 규제 완화나 예산 투입만으로 해결되지 않으며, 개별 지역에 특례를 부여하는 방식이 공공성을 강화하지도 않는다. 오히려 전국적 교육정책의 일관성과 형평성을 해치는 결과를 낳을 수 있다. 따라서 교육을 '발전'시키기 위해 '특구'라는 제도를 도입하는 것은 어긋난 시도이며, '교육의 질 향상'이라는 본래 목적보다 '지역개발의 수단'으로 교육을 보는 시각이 반영된다. 교육정책은 전국적 기준과 구조적 개혁을 통해 접근해야 하며, 특정 지역에 혜택을 몰아주는 특구 방식은 오히려 교육의 형평성을 훼손할 수 있다. 교육발전특구라는 이름 아래 진행되는 여러 시도 속에 진정한 교육개혁의 본질은 무엇인가? 다시금 질문을 던져야 할 상황이다.

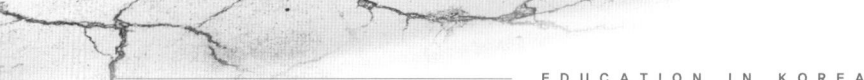

EDUCATION IN KOREA

대학 입시 개혁:
교육혁신의 만능열쇠?, 중요한 도구 중 하나?

대한민국의 교육 문제를 논할 때 대학 입시는 빠지지 않는 주제다. "모든 것은 입시로 귀결된다"라는 말은 단순한 수사적 과장이 아니다. 교실의 수업 방식, 고등학교 교육과정 운영, 학생의 생활 리듬, 학부모의 사교육 투자, 심지어 교사의 평가 방식까지 입시 중심으로 구조화되어 있다. 입시만 바꾸면 대한민국 교육은 혁신될 것이라는 확신에 빠지기도 한다.

▍대학 입시란 무엇인가?

입시는 고등교육기관이 학생을 선발하는 제도이다. 그러나 한국에서 대학 입시는 국가적 이슈이며, 사회구조를 결정짓는 시스템이다. 고등학교의 존재 목적조차 대학 입시에 종속되어 있고, 그 결과 중등교육 본연의 목표는 왜곡된다. 더 나아가 입시는 사회적 이동 경로의 핵심으로 기능하며, 결국 학벌·계층 재생산의 도구가 되어버린다. 입시제도는 중요한 제도지만, 그것이 교육의 전부가 되어버린 현실이 문제다. 입시를 손대지 않고는 교육개혁도, 사회적 공정성 회복도 불가능하다고 한다.

현행 입시제도의 구조

현재의 대학입시제도는 3가지 요소로 구성된다.

- 내신(학교생활기록부)
- 수능(대학수학능력시험)
- 대학별 전형 요소(논술, 면접, 실기 등)

그리고 이 제도는 수시/정시, 일반전형/특별전형 등으로 다시 분절된다. 법률상으로는 고등교육법 제34조와 동 시행령 제31~42조에 근거를 두며, 각 대학은 일정 범위의 자율권을 갖고 입학전형을 설계할 수 있게 되어 있다. 하지만 실상은 다음과 같은 구조적 문제를 노출한다.

- 수시모집은 내신, 면접, 비교과 등을 활용하지만 고교 간 학업

수준 차이, 평가 불신, 비교과 정량화 어려움 등의 문제로 인해 공정성 시비가 반복된다.
- 정시모집은 수능 성적 위주로 선발하지만, 수능 자체가 능력시험이기보다 지식 재생 시험이라는 점에서 실질적 기능이 축소되었다.
- 대학 전형 계획은 지나치게 다양하고 복잡하여 일반 수험생과 학부모는 이를 해석할 수 없고, 사교육 의존의 구조적 원인이 된다.

결과적으로 학생들은 수능과 내신 양쪽 모두를 준비해야 하며, 대학마다 상이한 전형 요소에 대응해야 한다. 제도는 공정하지도 않고, 효율적이지도 않으며, 학습자 친화적이지도 않다.

Ⅰ 입시제도에 대한 비판

① **고교교육 왜곡:** 학교는 교육보다 평가에 집중하며, 입시 '스펙'을 만드는 공간으로 전락하였다. 학생들은 학원에서 수능 대비와 논술 준비를 한다.
② **내신 불신:** 앞으로 도입될 5등급제는 변별력이 부족하고, 고교 간 교육 환경 격차는 내신을 신뢰할 수 없는 요소로 만든다. 학생과 학부모는 내신 대신 사교육을 선택할 것이다.
③ **수능의 기능 상실:** 표면적으로는 '능력시험'이라지만, 실제론

교과서 기반의 암기 시험이며, 수능 점수는 통계적 처리(백분위, 표준점수 등)를 통해 수험생 간 등급을 강제로 나눈다. 그러나 실제 수능성적이 필요한 학생 규모도 크지 않다. 나머지 학생들은 이들 학생을 위한 들러리일 뿐이다.

④ **전형 계획의 과잉 복잡성:** 대학마다 전형 방식이 상이하고, 같은 대학 내에서도 학과별 전형이 달라 수험생은 해석 불가 상태에 놓인다. 정보의 비대칭이 사교육 수요를 유발한다.

⑤ **입시 비용 상승과 사교육 의존:** 정보 부족과 신뢰 붕괴, 복잡한 전형은 사교육을 필수로 만들고, 이는 가계 부담으로 전가된다. 고소득층의 진학 가능성은 그만큼 높아진다.

⑥ **고등교육 본질의 상실:** 대학은 학문과 진로 준비의 장이 아니라, 입시 경쟁률과 입학 성과의 전시장이 되었다.

⑦ **대안 학습자에 대한 배려 미흡:** 검정고시, 대안교육, 성인 학습자 등 비정형 학습 경로를 이수한 이들을 위한 맞춤형 제도가 사실상 미미하다. 제도 밖 학습자들은 정규 졸업자와 같은 평가 틀에 억지로 맞춰져야 한다.

⑧ **전문대학과 일반대학의 차별성 미고려:** 직업교육을 위한 전문대학과 학문 중심의 일반대학은 교육 목적이 다르지만, 동일한 입시제도로 통합되어 있어 불필요한 혼란이 야기된다.

> **호주 QTAC(Queensland Tertiary Admission Centre) 시스템의 주요 특징**
>
> ① 학과(Course) 우선 선택: 학생은 대학이 아닌 '학과'를 중심으로 지원하며, 그 학과를 개설한 대학을 나중에 선택한다.
> ② 단일화된 입시 지표(ATAR): 내신, 수능, 비교과 없이 ATAR(Australian Tertiary Admission Rank) 하나로 평가. 간단하고 공정하며, 정보 접근이 쉽다.
> ③ 고교 과목 이수 중심: 지원 학과가 요구하는 고등학교 과목(예: 수학 B, 화학 등) 명시. 과목 이수 여부가 진학에 직접 반영된다.
> ④ 성인 학습자, 대안 학습자 경로 보장: 검정고시 이수자, RPL 이수자, TAFE 교육 이수자 등에게 다양한 진입로 제공. 재시험 없이도 진입이 가능하다.
> ⑤ 통합 포털: QTAC은 입학신청, 학과 정보, 장학금, 유학, 커리어까지 모두 연결된 플랫폼으로, 수험생 혼자서도 입시 준비 가능하다.

▎입시제도 개혁의 원칙

① **고등학교 교육의 본질 존중:** 입시는 고등학교 교육과정의 연장선이어야 한다. 학점제와 연계한 내신 개편, 그리고 보다 정밀한 등급 구조가 필요하다.

② **전형 구조의 단순화:** '수능+내신' 체제를 기본으로 하되, 대학별 시험은 폐지해야 한다. 대학 자체시험은 교육과정 왜곡의 근본 원인이며, 호주 퀸즐랜드주의 QTAC처럼 단일 평가 지표와 과목 이수 기준이 더 효과적이다.

③ **수능의 철학적 재정립:** 수능은 역량 기반 시험으로 개편되어야 하며, 암기 기반에서 문제 해결·비판적 사고·통합적 사고 능력 평가로 전환되어야 한다. 이를 위해 한국교육과정평가원의 전문성 강화와 Item Bank 시스템 구축이 병행되어야 한다. 역량 평가를 위해서는 동등화 작업 등을 위한 통계적 전문역량도 매우 중요하다. 문항 출제도 전문적 영역이다. 그런데도 1년에 2번, 4번씩의 수능시험 탁상공론을 한다. 애초부터 불가능하다. 준비가 안 되어 있다.

④ **대입 정보의 통합 공개화:** QTAC처럼 전형 정보를 비교·선택 가능한 통합 포털이 필요하다. 정보의 민주화는 사교육 의존도를 줄이는 핵심이다.

⑤ **다양한 학습자 경로 마련:** 졸업자 중심 체계 외에 성인 학습자, 재직자, 검정고시생 등을 위한 제도화된 진입 경로가 필요하다. 이는 RPL이나 Foundation Program 등과 연계될 수 있다. 선취업 후진학(후학습) 경로도 대안적 경로로서 인정받을 수 있다. 이게 잘 이뤄져야만 평생학습사회 구현이 가능해진다.

⑥ **전문대학과 일반대학의 분리 운영:** 각 대학의 교육목표에 따라 입시제도도 분리되어야 한다. 직업교육은 현장성과 역량, 일반대학은 학문과 탐구에 초점을 둬야 한다. 전문대학의 입시만 바꿔도 수능시험을 봐야 한다는 부담이 상당히 줄어든다.

⑦ **QTAC처럼 학과 중심 구조로 전환하는 것도 검토:** 대학보다 학과(Course) 중심으로 선택하도록 유도하고, 이에 따른 고교 이수 과목 기준을 명시해야 한다. 이는 고교학점제와의 정합

성을 강화한다. 대신 우리처럼 수시/정시 개념이 아니라 몇 차례의 응시 기회가 주어져야 한다.[42] 이는 단순한 개편으로 보이지만, 이 제도의 채택이야말로 지금처럼 '묻지 마' 지원도, 점수 맞춰 제공하는 사교육 컨설팅도 대폭 줄어들 것이다 (컨설팅이 존재하겠지만 다른 형태가 될 것이다). 간단한 조치지만 엄청난 변화를 불러올 것이다.

⑧ **입학정원, 제도적 병행 개편:** 대학 입시 개편은 입학정원제도, 대학재정지원 방식(등록금제, 학자금 지원제도), 시간제 등록생 제도, 학점은행제, RPL 제도 개편과 동시에 설계되어야 실효성이 있다.

---

42 호주 퀸즐랜드주의 대학입학 시스템을 간략하게 정리하면, 지원자는 학과 및 대학을 선택하고(1번에 최고 6개의 학과를 선택), 해당 학과의 입학 요건을 충족해야 한다. 이 입학 요건에는 고등학교에서의 선수과목 이수도 포함된다. 대학마다 입학 일정이 여러 차례 존재한다. 지원자의 응시(일종의 청약)에 대해 QTAC은 합격을 표시하는 제안(Offer라고 하며, 계약법으로 보면 승낙이 된다)을 지원자에게 하게 되고, 이에 대해 지원자는 이 제안을 수락(Accept)할 수도, 거절(Decline)할 수도, 또는 연기(Defer)할 수도 있다.

▎대학 입시제도는 교육개혁의 시험대이다

한국 교육체제의 정상화를 위해 입시제도는 더 이상 '미세조정'의 대상이 아니다. 지금은 평가 철학의 전환, 구조의 단순화, 교육과정과의 정합성 회복이라는 큰 틀에서의 전면적 개편이 필요한 시점이다. 위에서 호주 퀸즐랜드주의 시스템을 이야기했지만, 이 시스템을 도입하자는 의미는 아니다. 이 시스템을 연구해 볼 가치가 있다는 점을 강조하는 것이다.

현행 제도의 문제는 단순히 '시험 방식'에 있지 않다. '누가 대학에 갈 수 있고, 어떤 방식으로 진입하며, 무엇을 공부하게 되는가?'라는 근본적인 철학의 부재가 문제이다. 입시제도는 복잡하면 불공정해진다. 단순하지만 정합적이고, 유연하지만, 공정한 구조. 그 길로 나아가야 한다. 그래야 고교학점제도 살릴 수 있고, 대학도 학문 공동체로 회복될 수 있으며, 사회적 불평등 구조도 완화될 것이다.

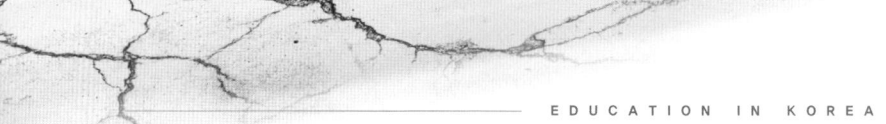

자율전공제:
변화하는 시대의 교육 해법?, 전공 교육의 붕괴?

대학의 자율전공제는 학생들이 입학 시 특정 전공을 선택하지 않고, 일정 기간 다양한 학문 분야를 탐색한 후 자신의 적성과 흥미, 미래 계획에 맞춰 전공을 선택하거나 자신만의 융합 전공을 설계할 수 있도록 하는 제도이다. 이는 급변하는 사회와 산업 환경에 대응하고, 학생 중심의 교육을 실현하기 위한 대안으로 주목받고 있다.

▎ 자율전공제의 당위성과 필요성

자율전공제는 불확실성이 증대되는 미래 사회에 필요한 인재를 양성하고, 학생들의 학습 동기를 제고하며, 대학교육의 유연성을 확보하는 데 필수적인 제도로서 그 당위성과 필요성이 강조된다.

지금까지의 논의를 정리하면 크게 4가지로 정리된다.

① **미래 사회 요구 역량 함양:** 4차 산업혁명 시대와 같이 급변하는 사회에서는 특정 분야의 지식만을 고집하는 것보다 유연한 사고력, 문제 해결 능력, 융합적 사고력, 그리고 새로운 분야를 스스로 탐색하고 학습하는 능력이 더욱 중요해지고 있다. 자율전공제는 학생들이 다양한 학문을 접하며 시야를 넓히고, 스스로 학습 경로를 설계하는 과정을 통해 이러한 핵심 역량을 효과적으로 함양할 수 있도록 돕는다.

② **학생의 자기주도적 성장 촉진:** 고등학교 졸업 후 충분한 진로 탐색 없이 일찍이 전공을 선택하는 것은 학생의 학습 동기를 저하하거나, 전공 부적응을 초래할 수 있다. 자율전공제는 학생들이 대학 입학 후 일정 기간 충분히 탐색하고 고민할 시간을 제공하여, 적성과 흥미를 기반으로 한 주도적인 전공 선택을 가능하게 한다. 이는 학생들의 학습 만족도를 높이고, 궁극적으로 자기주도적인 성장을 끌어낸다.

③ **학문 간 융합 및 새로운 지식 창출:** 복잡한 현대사회의 문제는 단일 학문의 틀로는 해결하기 어려운 경우가 많다. 자율전공제는 학생들이 다양한 학문 분야를 넘나들며 지식을 융합하고, 기존에 없던 새로운 융합 전공을 스스로 설계할 기회를 제공한다. 이는 학문 간 경계를 허물고, 다(多)학제적 연구와 새로운 지식 창출을 촉진하여 대학의 연구 역량 강화에도 이바지할 수 있다.

④ **대학교육의 유연성 및 혁신:** 빠르게 변화하는 사회적 수요에 발맞춰 대학교육과정도 유연하게 변화해야 한다. 자율전공제는 기존의 경직된 학과 중심의 교육체제에서 벗어나, 학생들의 수요와 시대적 흐름에 맞춰 교육과정을 탄력적으로 운영할 수 있는 기반을 마련한다. 이는 대학이 새로운 학문 분야를 개척하거나 기존 학과를 재편하는 등 교육혁신을 추진하는 데 긍정적인 영향을 미친다.

▎자율전공제의 의미와 내용

대학의 자율전공제는 학생들에게 전공 선택의 자율성을 부여하는 것을 핵심으로 하며, 그 유형과 운영 방식은 대학마다 다양하게 나타난다. 자율전공제는 학생들이 입학 시 특정 학과/학부를 선택하는 대신, 광역 모집단위(예: 인문·사회계열 자율전공, 자연과학계열 자율전공 등)로 입학하여 일정 기간(주로 1~2학년) 동안 기초 소양 및 탐색 교과목을 이수한 후, 본인의 의사에 따라 전공을 선택하거나 새로운 전공을 설계하는 제도이다.

- 광역 모집: 학생들은 특정 학과가 아닌 계열 단위 또는 전공 자유 선택 단위로 입학한다.
- 전공 탐색 기간: 입학 후 1~2년 동안 다양한 학과의 전공 기초, 교양 과목 등을 수강하며 전공을 탐색하는 시간을 갖는다.

이 기간 진로 상담, 멘토링 프로그램 등이 제공된다.
- 전공 선택 방식:
  - 자유 전공 선택: 대학 내 모든 학과/학부 중 본인이 원하는 전공을 자유롭게 선택할 수 있다(일부 학과 제외 가능성).
  - 계열 내 전공 선택: 입학한 계열(예: 인문·사회, 자연과학) 내에서만 전공을 선택할 수 있다.
- 융합 전공 설계: 학생들이 기존에 존재하지 않던 다학제적 전공을 스스로 설계하고, 학교의 승인을 받아 이를 이수할 수 있도록 지원한다(예: 인공지능 윤리, 도시 빅데이터 분석 등).
- 전공 선택 시기: 주로 1학년 말 또는 2학년 말에 이루어지며, 일부 대학은 3학년 진급 시까지 유예하기도 한다.
- 학사 관리: 전공 선택 전까지는 공통 교과목 이수 및 학사 지도를 받으며, 전공 선택 후에는 해당 전공의 학사 운영 방식을 따른다.

자율전공제에 대한 비판

자율전공제의 긍정적인 측면에도 불구하고, 실제 운영 과정에서는 다양한 문제점과 비판이 존재한다. 이는 우리나라가 지향하는 교육체제의 정체성 문제와 깊이 연관된다.

1) 교육시스템의 정체성 혼란: 미국식과 유럽/영연방식의 충돌

자율전공제는 기본적으로 미국식 학부 교육시스템인 'University College' 개념에 뿌리를 두고 있다. 이는 학부 교육을 교양 교육 중심으로 운영하며, 학생이 4년에 걸친 기간 동안 스스로 전공을 탐색하고 만들어 갈 수 있도록 하는 것이 특징이다. 전문교육 또는 고등직업교육은 주로 대학원 수준에서 이루어진다. 그러나 유럽식이나 영연방 대학 제도는 학부 단계부터 특정 전공에 대한 전문교육을 시작하며, 학사학위가 곧 해당 전공에 대한 전문 학위(예: 법학 학사, 공학 학사)가 된다. 우리나라의 자율전공제 도입은 이러한 두 시스템 간의 근본적인 차이를 고려하지 않은 채, 단순히 전공 선택의 유연성만을 강조하는 방식으로 이루어지는 경향이 있다. 이는 우리가 어떤 형태의 고등교육을 지향할 것인지에 대한 국가적 철학의 부재를 드러내며, 시스템의 혼란이 가중된다.

2) 학부 교육의 성격 규정 부재: 교양 vs. 전문교육

첫 번째 문제와 연관되어, 우리나라 대학 학부 교육의 성격을 교양 교육으로 볼 것인지, 아니면 전문교육으로 볼 것인지에 대한 명확한 합의와 방향성이 부족하다. 자율전공제가 확대될수록 학부 교육은 더욱 교양 교육적 성격을 띠게 되는데, 이는 곧 고등학교 교육과정(고교학점제)과의 관계로 이어진다.

고교학점제를 통해 학생들이 공통 교육과정 및 선택 교육과정을 거쳐 대학 학습에 필요한 기본 역량(Literacy, Numeracy 등)과 더불어 탐색 역량을 길러왔다면, 대학에서 또 다른 형태의 교양 교육을 다시 수강할 필요가 있는지 의문이기 때문이다. 이는 교육 자원의 비효율성을 초래할 뿐만 아니라, 학생의 시간을 허비할 수 있다.

3) 학위와 자격의 불일치 및 전공 부실화 문제

  유럽의 경우 학사학위가 특정 전공에 대한 전문 학위로 인정되어 사회 진출 시 명확한 자격(Qualification)으로 기능한다. 그러나 우리나라 자율전공제하에서는 학사학위가 복수 전공, 자유 전공 등으로 인해 하나의 학사학위가 복수의 전공 학위 또는 모호한 전공 학위로 해석될 가능성이 커진다. 이는 곧 전공 공부의 깊이가 얕아지거나, 핵심적인 전공 필수 과목 이수가 부실해지는 문제를 초래할 수 있다. 기업이나 사회에서 요구하는 특정 전공 분야의 전문성을 갖추기 어려워지고, 졸업생들의 취업 경쟁력과 장기 성장 가능성에도 부정적인 영향을 미칠 수 있다. 학위의 가치와 사회적 신뢰도를 하락시킬 수 있다는 비판도 제기된다.

4) 융합 교육의 본질적 부실 우려

  자율전공제가 융합적 인재 양성을 목표로 하지만, 전공 교육이 충실하지 않은 상태에서 여러 과목을 파편적으로 듣는다고 해서 진정한 융합 능력이 길러진다고 보기는 어렵다. 융합은 각 분야에 대한 깊이 있는 이해를 바탕으로 경계를 넘나드는 사고에서 발현되는 것이지, 단순히 다양한 분야의 개론적 지식을 나열하는 것으로는 실질적인 융합 역량을 기대하기 어렵다. 오히려 기초 전공 지식 없이 섣부른 융합을 시도하다가 어느 한 분야에서도 전문성을 갖추지 못하게 될 위험이 있다.

5) 전공 교육의 양적·질적 부실

자율전공제 도입으로 학생들의 전공 선택 유연성은 높아지지만, 핵심 전공 교육의 양과 질이 부실해질 수 있다는 우려가 크다. 예를 들어, 전공 학위 취득을 위한 최소 학점이 40학점 내외로 설정될 경우, 이 40학점 내에서 전공 필수, 전공 선택 등을 모두 이수해야 한다. 과목당 3학점을 기준으로 하면 약 13~14개 과목 이수에 불과하며, 이 정도의 과목을 이수하고 특정 전공 분야에 대한 심도 있는 공부를 했다고 보기 어렵다. 졸업생들이 해당 전공 분야의 전문성을 제대로 갖추지 못하게 될 가능성이 크다.

6) 전문대학교육과의 위상 및 역할 혼란

자율전공제의 확산은 전문대학교육의 존재 이유와 역할에 대한 혼란을 초래할 수 있다. 전문대학은 2~3년의 짧은 기간 동안 특정 분야의 직업교육을 전문적으로 제공하는 것을 목표로 한다. 그런데 종합대학의 자율전공제가 확대되어 학부에서 전문성을 잃고 교양 중심으로 변모할 경우, 전문대학도 유사하게 자율전공제를 도입해야 하는가에 대한 질문이 제기된다. 만약 전문대학도 자율전공제를 도입하여 전공 이수 학점이 종합대학 학부와 유사하게 줄어든다면 직업교육이라고 하기 어렵다. 오히려 60학점 내외의 전공 이수를 요구하는 지금의 전문대학이 종합대학보다 더 충실한 전공 교육을 시키는 상황이다.

더 나아가, 만약 전문대학 재학생이나 졸업생이 4년제 대학으로 편입하게 될 경우, 인정되는 학점에도 혼란을 초래할 수 있다. 일률적으로 수학 기간을 통으로 인정해 주는 방식이 일반적이지만, 학점 인정(Credit Transfer)의 본질에서 놓고 본다면 기존 방식 또한 문제가 있다. 자율전공제가 확대될 경우, 각 대학의 전공 이수 요건이 더욱 다양해지면서 전문대학에서 이수한 학점의 인정 범위와 기준이 더욱 복잡해진다. 따라서 기존 방식이 아니면서도 Credit Transfer의 본질을 살리는 방안에 대한 면밀한 대책 마련이 시급하다.

7) 학사 운영 및 진로 설계 지원의 어려움

자율전공제는 학사 운영에 상당한 유연성을 요구하지만, 대학에는 복잡한 학사 관리의 어려움과 추가적인 행정 부담이 된다. 학생들이 전공 선택 시 인기 학과나 취업에 유리한 학과로 쏠리는 현상이 심화할 수 있어 특정 학과의 정원 초과 및 교육의 질 저하, 비인기 학과의 존립 위협, 학과 간 불균형 심화로 이어질 수 있다. 이와 더불어 인기 전공으로의 진입을 위한 과도한 학점 경쟁, 그리고 불명확한 전공 선택 기준에서 오는 혼란과 불공정성 논란은 학생들의 학습 부담을 증가시키고 대학 내 갈등을 유발할 수 있다. 또한, 학생들이 취업이나 인기에 초점을 맞춰 전공을 선택하면, 기초학문 분야나 비인기 학문의 위축은 더욱 심화될 수 있다.

이러한 학사 운영의 어려움은 학생들의 진로 설계 지원 문제와도 직결된다. 자율전공제의 성공은 학생들의 주도적인 진로 탐색 역량에 달려 있지만, 이를 효과적으로 지원하는 시스템이 부족할 경우 제도의 취지가 퇴색된다. 학생들이 충분한 정보를 얻거나 심층적인 탐색 없이 전공을 선택할 경우, 오히려 전공 부적응이 심화하거나 흥미 없는 전공을 선택하는 부작용이 발생할 수 있다. 특히 학생들이 스스로 융합 전공을 설계하는 것은 고등 사고력과 주도성을 요구하는 일인데, 이를 위한 전문적인 지도와 교육과정 지원이 없다면 형식적인 제도에 그칠 위험이 크다. 결국, 대학은 다양한 전공 수요에 맞춰 유연하게 교육과정을 운영하고, 학생들의 전공 탐색 및 설계를 지원하기 위한 인적·물적 자원 투입 부담이 커지며, 특히 소규모 대학이나 재정적 여유가 없는 대학의 경우, 운영에 큰 어려움을 겪을 수밖에 없다. 이는 고교학점제가 제대로 정착되지 못하는 것과도 맥을 같이한다.

▎향후 방향 및 개선 방안

자율전공제가 본래의 취지를 달성하고 성공적으로 안착하기 위해서는 이러한 비판과 문제점을 해소하기 위한 다각적 노력이 필요하다. 이는 제도적 변화를 넘어, 우리나라 고등교육의 근본적인 철학과 방향성을 재정립하는 과정이다.

1) 대학 학부 교육과 대학원 교육 성격의 명확화

한국 고등교육의 철학적 기반을 재정립하여 학부 교육의 목적과 지향점을 명확히 해야 한다. 학부 교육이 교양 중심의 폭넓은 지식 함양과 전공 탐색의 장이 될 것인지, 아니면 특정 분야의 전문성을 심화하는 과정이 될 것인지를 결정해야 한다. 이에 따라 대학원 교육의 성격도 재정립되어야 한다. 또한, 학부와 대학원 간의 연계 및 역할 분담을 체계화해야 한다. 이는 고등학교 교육과정(고교학점제)에서 길러진 역량과 연계하여 고등교육의 효율성을 높이고 연속성 확보에 이바지할 것이다.

2) 전공 교육의 성격 명확화 및 최소 학점 기준 마련

각 전공 분야의 전문성을 보장하기 위해 전공 학위 취득에 필요한 최소 학점 기준을 명확히 설정해야 한다. 이 기준은 정부의 일방적인 지시가 아닌, 한국대학교육협의회(대교협)와 학문 분야별 전문가 집단의 논의를 거쳐 합의하여 마련되어야 한다. 이는 물리적으로 해당 전공을 충분히 공부했다고 인정할 수 있는 최소한의 기준을 제시함으로써 전공 교육의 부실화를 방지하고 학위의 사회적 신뢰도를 확보하는 데 필수적이다. 또한, 각 전공 내에서 핵심 필수 과목과 심화 선택과목의 비중을 적절히 조절하여 균형 잡힌 교육 과정이 이루어지도록 해야 한다.

3) 복수학위 취득 제도의 명확화 및 엄격화

복수학위 제도는 학생들에게 학습의 폭을 넓힐 기회를 제공하지만, 현재와 같이 추가적인 수학 기간 없이 복수학위가 남발되면 전공 부실화의 주범이 될 수 있다. 따라서 호주의 사례처럼[43] 복수학위를 취득하기 위해서는 반드시 추가적인 수학 기간이 요구되도록 제도를 명확히 하고 엄격하게 운영해야 한다. 또한, 학생들이 입학 과정에서부터 복수학위 취득을 염두에 두고 체계적인 학습 계획을 수립할 수 있도록, 가능하다면 입학생 선발 과정에서부터 복수학위 취득 과정이 공식적으로 개설될 수 있도록 시스템을 구축하는 방안을 검토해야 한다.

---

43 예를 들면, 호주 Griffith 대학의 경우, 일반적으로 법학사는 3년인데, 만약 법학(Laws)과 의생명과학(Biomedical Science)의 복수학위를 취득하기 위해서는 5년짜리 Full Time 과정에 입학해야 한다. Part Time으로는 8년 내에 졸업해야 한다. 그런데 만약 Business와 Data Science의 복수학위를 취득하기 위해서는 4년짜리의 Full Time 과정에 입학해야 한다. 만약 Part Time으로는 8년 내에서 졸업을 해야 한다. 호주와 한국, 어떠한 방식이 진짜 제대로 된 교육인가? 의문을 갖지 않을 수 없다.

이는 학생들이 복수학위의 본질적 의미를 이해하고 진정으로 심화된 학습을 추구하도록 유도할 것이다. 이러한 방법은 대학 졸업장과 전공학위의 일치를 전제로 한다. 대학 입학 이후에 복수학위를 취득하기 위해서는 최소한 1학기나 2학기 정도의 추가 수업을 받도록 해야 한다. 아니면 복수학위 전공으로 신입생을 선발할 수도 있어야 한다(예를 들면, 경영학사 3년, 법학사+경영학사 복수 전공 취득 과정의 경우엔 4.5년).

4) 통합적 학사 관리 시스템 체계화

위에서 제시된 1)~3)번의 고등교육철학 및 전공 교육 성격 규정이 명확히 이루어진 이후, 대학의 학사 관리 시스템을 전면적으로 체계화하는 작업이 뒷받침되어야 한다. 이는 단과대학, 학과 또는 전공(부전공, 복수 전공 등 포함) 등의 개념을 명확히 정의하고, 각각의 역할과 기능, 그리고 상호 관계를 재정립하는 것을 포함한다. 또한, 계열(예: 인문·사회계열, 자연과학계열)의 의미와 역할도 명확히 규정하여, 학생들이 전공을 탐색하고 선택하는 과정에서 혼란을 겪지 않도록 해야 한다. 효율적인 학사 관리 시스템은 학생들의 학습 경로를 체계적으로 지원하고, 학사 운영의 혼란을 최소화하는 데 필수적이다. 우리는 대학 제도에서 이와 같은 본질적인 부분은 놓치고 표피만 건드리는 경우가 많다. 이를 넘어서야 한다. 대학의 규제는 계열을 중심으로 하고, 학생 모집은 모집 단위를 사용하고, 갑자기 자율전공제를 하는 것은 고민할 일이다.

5) 교수 충원 및 인사관리 시스템 개편

우리나라의 교수 충원 시스템은 단과대학과 학과가 기준이다. 이틀을 고치지 않은 채 자율전공제를 하게 될 경우, 교수의 신분보장과 학문의 자유가 침해될 수 있다. 만약 자율전공제를 하려면 이 시스템에 맞게 교수 인력의 충원 방식과 인사관리 시스템을 전면 개편해야 한다. 단순한 학과 중심의 교원 충원을 넘어, 융합 교육 및 학생 맞춤형 교육을 지원할 수 있는 학제적 역량을 갖춘 교수 인력 확보가 필요하다. 또한, 교수의 평가 및 승진 기준에 교육과정 개발 참여, 학생 지도 및 상담 역량, 새로운 교수-학습 방법 개발 등 변화된 교육 환경에 부합하는 요소를 적극적으로 반영해야 한다.

6) 전문대학교육과의 관계 재정립

종합대학의 학부 교육 성격 명확화와 연계하여 전문대학교육의 독자적인 위상과 역할을 재정립해야 한다. 전문대학은 고등직업교육기관으로서의 정체성을 강화해야 한다. 이를 위해 4년제 대학으로의 학점 인정(Credit Transfer) 문제에 대한 면밀한 검토와 함께, 학점 인정의 본질을 살리면서도 기존 방식의 문제점을 해결할 방안을 마련해야 한다. 이는 고등교육시스템 전반의 효율성과 전문성을 높이는 데 이바지할 것이다.

7) 자율전공제의 규모 축소 및 성격 재정립

지금과 같은 무분별한 자율전공제 확대는 위에서 언급된 여러 부작용을 낳을 수 있으므로, 자율전공제를 도입할 때라도 자율전공제의 규모를 최소한으로 제한해야 한다. 자율전공제는 학생들이 중구난방으로 과목을 선택하는 통로가 아니라, 대학의 학사 시스템이 가진 단과대학 및 학과 간의 '벽'을 허물고 유연성을 강화하는 장치로 성격을 재정립해야 한다. 즉, 특정 전공 과정들이 단과대학 등에 묶여 존재하지만, 자율전공을 선택한 학생들이 이 벽을 넘어 자신이 원하는 특정 '전공 트랙(Track)'을 설계하고, 그 트랙에 따라 학위를 취득할 수 있도록 돕는 시스템으로 기능해야 한다. 다시 말해, 자율전공제는 학습자의 '무한한 자유 선택 도구'라기보다는 대학의 학사 시스템이 유연성을 강화하고 학문 간 융합을 촉진하는 '내부적 혁신 도구'로서의 역할에 초점을 맞춰 운영되어야 한다.

예를 들면, 공과대학과 디자인대학이 함께 참여할 수 있는 전공을 설계하고, 이 전공을 학생들이 자율전공에서 선택할 수 있도록 함으로써 공학과 디자인을 모두 배울 가능성을 키워주는 것이다. 이는 단순히 기존 체계 내에서 복수 전공을 취득하는 것보단 더 체계적인 과정이 만들어질 수 있다. 그리고 2개의 전공을 각각 수강하는 것보다는 수학 기간도 단축될 수 있으며(전공 취득에 요구되는 학점이 지금보다는 대폭 늘어난다는 전제), 교수들도 예측할 수 있기 때문에 훨씬 더 변화되는 학사 시스템에 대한 수용과 적응도 가능해질 것이다. 경영대학과 법대가 융합 전공을 만들 수도 있고, 인문대학과 사회과학대학의 융합 전공도 가능할 수 있을 것이다.

마이크로 디그리:
새로운 자격?,
불완전한 파편?

최근 마이크로 디그리(Micro Degree), 나노 디그리(Nano Degree), 디지털 배지(Digital Badge)와 같은 용어가 유행이다. 마치 교육혁신의 최첨병처럼 사용된다. 그러나 정작 자격(Qualification), 자격체계(Qualification Framework), 그리고 질 관리라는 관점에서 검토되고 있지 않다.

▎왜 지금, 마이크로 디그리인가?

전통적인 학위 제도는 더 이상 모든 학습자의 요구에 부응하지 못하고 있다. 빠른 기술 변화와 평생학습 수요의 확대, 산업 현장의 재교육 및 전환교육 필요성이 증가함에 따라 '짧고 유연한 학습'에 대한 요구가 증가했다.

- 전문대학 및 평생교육 확대 정책과 연계된 '모듈형 학위' 설계 수요
- 산업계의 직무 기반 수요에 대한 빠른 대응 필요
- 시간제 등록생과 성인 학습자를 위한 유연한 학습 경로 제공
- 디지털 배지(Digital Badge), 스킬 세트(Skill Set), Micro-credentials 등의 글로벌 확산[44]

이러한 배경 속에서 2023년, 한국 정부는 「고등교육법 시행령」 제12조의2[45]를 신설하여 소단위 전공과정(Micro-degree)을 운영할 수 있는 근거를 마련했다.

---

44   Skill-set이나 Micro-credentials 용어는 우리에게 친숙하지 않다. 그러나 호주에서는 직업교육훈련 분야에서 Skill-set은 아주 오래전부터 사용되어 왔고, Micro-credentials이란 Micro-degree와 같은 최근 논의되는 자격들을 모두 포괄하는 용어로 몇 년 전부터 사용되는 용어이다. 따라서 Nano-degree, Micro-degree, Digital Badge와 같은 용어 사용을 위해서는 Micro-credentials와 자격체계(Qualification Framework) 관점에서 논의되어야 한다.

45   제12조의2(소단위 전공 과정) ① 대학, 산업대학, 교육대학, 전문대학, 기술대학과 방송대학·통신대학·방송통신대학 및 사이버대학(이하 "원격대학"이라 한다), 각종학교 및 대학원대학은 법 제21조 제1항에 따른 교육과정을 운영하는 경우 학생이 적은 학점으로 다양한 전공 분야의 과정을 이수할 수 있는 소단위 전공 과정을 운영할 수 있다.
② 제1항에 따라 소단위 전공 과정을 운영하는 학교는 법 제36조 제1항에 따라 시간제로 등록하여 수업을 받는 사람 등 학칙으로 정하는 사람에게도 해당 소단위 전공 과정 교육을 실시할 수 있다.
③ 제1항 및 제2항에서 규정한 사항 외에 소단위 전공 과정 이수증서의 발급 등 소단위 전공 과정의 운영에 필요한 사항은 학칙으로 정한다. [본조신설 2023. 04. 18.]

Micro Degree? Micro Credential? Digital Badge? Skill Set?

유사 용어가 혼재하고 있어 개념 정리가 필요하다. 호주 연방정부 교육부가 2021년 11월 발표한 마이크로 크리덴셜 정책 프레임워크인 NMF(National Microcredentials Framework)[46]를 기준으로 하면 다음과 같다.

① Micro Credential: 일정한 평가가 수반되는 학습 결과에 대한 인증으로, AQF(Australian Qualification Framework)의 정규 학위보다 작은 규모이며, 정규 학위의 부속(Additional), 대안(Alternative), 보완(Complementary), 구성요소(Component)로 기능.

② Micro Degree: 주로 고등교육기관이 운영하는 Credit-bearing 형태의 소단위 전공 과정.

③ Digital Badge: 디지털 방식으로 시각화된 성과 인증으로, 이수 과정을 증명하는 메타데이터를 포함.

④ Skill Set: 호주 VET(직업교육훈련)에서의 개념으로, 직무수행에 필요한 핵심 능력 묶음을 뜻하며 정규 자격으로 환산 가능. NCS(National Competency Standards)와 연계.

---

46 Department of Education, Australia. National Microcredentials Framework, Nov. 2021. https://www.education.gov.au. (2025. 06. 08., 검색)

▌「고등교육법」의 소단위 전공 과정의 법적 구조와 한계

「고등교육법」 시행령 제12조의2의 소단위 전공 과정의 특징이다.

① 정규 학위과정 내에서 적은 학점(명시적 기준 없음)으로 다양한 전공 분야를 이수 가능
② 시간제 등록생에게도 제공 가능
③ 이수증서 발급은 학칙에 위임

이는 학습의 유연성을 확보하려는 의도는 긍정적이지만, 다음과 같은 중대한 한계가 존재한다.

① 공식 자격이나 학위는 아님 → 법적 효력 및 사회적 인식이 낮음
② 학칙 중심 운영 → 대학 간 불균형과 신뢰도 문제
③ 국가자격체계(NQF)와의 연계 없음 → 신뢰할 수 있는 자격으로 발전이 어려움
④ 학점은행제·RPL[47]과의 정합성 미비 → Stackable 방식의 연결 학위로 발전하기 어려움

---

47 RPL은 Recognition of Prior Learning의 약자로서 선행학습경험평가인정제로 불린다. 우리나라도 「고등교육법」 제23조(학점의 인정 등) 제1항 제6호가 RPL의 근거이다. '국내외의 다른 학교·연구기관 또는 산업체 등에서 학습·연구·실습한 사실이 인정되거나 산업체에서 근무한 사실이 인정되는 경우'는 대통령으로 정하는 범위에서 학칙으로 정하는 바에 따라 학점을 취득한 것으로 인정할 수 있다.

Micro credentials 정의에서 '추가, 대안, 보완, 구성요소' 의미는?

호주의 마이크로 크리덴셜은 다음 4가지 중 하나로 기능한다.

① 추가(Additional): 기존 학위와 별도로 새로운 역량을 쌓기 위한 보충적 학습 → 예: 퇴직자가 배우는 디지털 문해력
② 대안(Alternative): 전통 학위 대신 선택할 수 있는 유연한 교육 경로 → 예: 산업계 수요 기반 맞춤형 모듈 학습
③ 보완(Complementary): 기존 학위 학습을 보완하는 단기 학습 → 예: 회계학 전공자가 수강하는 ESG 기본 교육
④ 구성요소(Component Part): 기존 학위의 일부로 인정받는 Stackable 형태 → 예: 3개의 마이크로 크리덴셜을 이수하면 한 과목 또는 한 전공으로 인정

이러한 맥락에서는 Credit Transfer(학점 인정), RPL(경력학습 인정)과의 연계가 핵심이 된다. 그러나 한국은 이 제도적 연계성 부재로, 단지 '이수증서' 수준에서 머무르고 있다.

마이크로 디그리는 일부 영역에서 긍정적 가능성을 가진다. 시간제 등록생, 성인 학습자, 퇴직자 재학습자 등 비정형 학습자를 대상으로 하는 경우이다. 학위 전체를 취득하기 어려운 사람에게 모듈화된 교육과정은 진입 장벽을 낮추는 수단이 될 수 있기 때문이다.

① 이수 학점의 집적 및 연결을 통해 점진적 학위 취득 가능
② 특정 분야 역량의 정확한 증명 도구로서의 역할
③ 직업경험 + 단기교육 결합 방식으로 재직자 교육에 활용 가능

그러나 이러한 가능성은 '시간제 등록제도의 신뢰성'과 '교육과정 질 관리체계'가 전제되지 않으면 오히려 학위제도의 파편화와 상품화만 심화시킬 수 있다.

직업교육 관점에서 본 마이크로 디그리: Skill Set와의 교차점

직업교육 분야에서 유사 개념은 이미 존재해 왔다. 호주의 Skill Set이다. 호주는 직업교육훈련(VET) 시스템에서 Full Qualification[48] 과 별도로 특정 업무에 필요한 역량 묶음(Skill Cluster)을 구성하여, 단기간 이수 후 활용 가능하게 하고 있다. 호주의 경우, 다음과 같은 특징을 가진다.

---

48 Full Qualification과 Partial Qualification을 이해해야 한다. Full Qualification은 우리가 쉽게 접하는 학위라고 보면 된다. 학위 취득에 필요한 모든(Full) 학습을 마쳤다는 의미이다. Partial Qualification은 RPL이나 Credit Transfer와 연결된다. 부분(Partial) 학습이라는 의미이다. 평생학습 관점에서 매우 중요한 개념이나, 우리는 이 모든 것들이 파편적으로 존재하고, 대학에게 일임하고 있다. 이는 자격제도와 자격체계에 대한 몰이해에서 비롯된 것이다.

① 직무 단위 기준으로 설계(예: 고객 응대, 용접 기초 등)
② 산업계 요구와 직접 연결
③ AQF 체계 내에서 정규(full) 자격 또는 부분(partial) 자격으로 인정

이와 달리 한국의 Micro Degree는 여전히 학문 중심 대학교육의 일부 파편일 뿐이다. 따라서 직업교육 관점에서 이를 활용하기 위해서는 다음이 필요하다.

① 국가직무능력표준(NCS)[49] 기반의 마이크로 디그리 설계
② 기업·산업계와의 공동 설계 및 인증 메커니즘
③ Stackable+RPL 기반의 모듈형 직업교육체제 구축

제도 설계와 질 보장을 위한 시사점

호주의 NMF는 단지 정의를 제시한 것이 아니라 다음의 질 보장 기준을 명확히 제시하고 있다.

---

[49] NCS는 호주 등의 국가에서 사용하는 개념이다. 핵심은 (Job) Competency이다. 직무 중심이다. 오해해서는 안 되는 것은 NOS(National Occupational Standards)이다. 이는 직업 중심이다. 직무와 직업은 같은 듯하지만 서로 다르다. 우리는 NCS를 이야기하면서 NOS적 사고로 일을 한다. 이에 대한 상세한 이해와 우리나라 NCS에 대한 비판은 필자가 금년 가을에 출간할 『직업교육훈련: 다시 묻고, 새로 쓰다』(가칭)란 책을 읽어보기 바란다. 우리나라 교육훈련 분야에서 잘못 사용하는 여러 개념이 소개된다.

① 학습성과(Learning Outcomes) 명시
② 평가와 검증 체계 존재
③ 학습량 명확화
④ 산업 인증 및 학점 인정 여부 공개
⑤ 질 보장(Quality Assurance) 문서화

우리의 마이크로 디그리 역시 다음의 방향으로 보완되어야 한다.

① 국가 차원의 공통 정의와 질 관리 가이드라인 마련
② NQF(앞으로 만들어져야 하는) 기반 위치 부여 또는 유사한 레벨 체계 도입
③ 대학의 질 관리 책무 강화: 단순 학칙 위임에서 벗어나 국가 기준과 연동
④ 학점은행제, 시간제등록제와의 호환성 확보
⑤ 직업계 고등교육과의 연계 강화: 대학-전문대-직업훈련 간 연계 설계

보론 1.
NQF와 학제의 비교

교육이나 직업훈련 또는 노동시장 문헌에서 종종 등장하는 용어가 국가자격체계로 변역되는 NQF(National Qualification Framework)이며, 평생학습사회로의 전환을 모색하는 한국 교육체제의 구조적 전환을 위한 개념적 토대를 마련할 수 있는 용어이다. 그러나 우리에겐 학제(School System)가 친숙하다. 양자에 대한 이해가 되어야만 교육혁신의 틀이 마련될 수 있다.

▮ 국가자격체계란 무엇인가?

NQF는 단순히 자격을 모아 분류하는 목록이 아니다. 그것은 국가가 운영하는 모든 공식 자격과 학습 결과를 공통된 기준 아래에서 정렬하고 연결하는 구조적 틀이다. 이 틀은 학위, 자격증, 훈련 이수증, 비공식 학습 경험까지 포함하며, 자격 간의 수직적 위계(Level)와 수평적 연결성(Transferability)을 제공한다. NQF는 단순한 제도가 아니라, 교육과 일, 학문과 기술, 학습과 자격의 경계를 허물고 통합하려는 철학적 선언이다.

국가마다 명칭은 다르지만, 개념은 유사하다. 유럽연합은 EQF(European Qualifications Framework), 호주는 AQF(Australian Qualifications Framework), 뉴질랜드는 NZQF, 스코틀랜드는 SCQF라는 이름으로 이미 수십 년 전부터 체계를 갖춰왔다. 이들은 모두 학습 성취(Learning Outcomes)를 기준으로 자격 수준(Level)을 분류하며, 공식 교육뿐만 아니라 비공식 경력, 직무 훈련, 평생학습까지 포함하는 포괄적 자격체계를 지향한다.

NQF는 국가 차원에서 학습 성취(Learning Outcomes)에 기반을 두어 모든 자격을 일관된 체계로 분류하고 연계하는 틀이다. 이는 전통적인 학점 기반 시스템(수업 시수 중심), 교육과정의 투입이 아니라, 학습 결과 중심(Outcomes-based) 체계로 작동한다. 이 차이가 매우 중요하다.

▎학제 중심 체계의 한계

한국은 아직도 학제 중심 체계, 즉 초·중·고·대학으로 이어지는 연령과 학교 형태 기반의 폐쇄적 구조이다. 유치원은 학제에 포함되지 않는다. 학습 성취가 아니라 교육 기간과 학점 기반으로 자격과 교육이 결정된다. 이 구조는 다음과 같은 3가지 특징을 갖는다.

① 학습의 질과 성취보다는 수업 시수, 출석 일수, 시험 횟수가 우선된다. 학교 안의 학습만 공식적으로 인정된다.
② 비정규 교육, 직무 경험, 자기주도학습 등은 제도적 자격으로 전환되지 않는다. 학위제 중심으로 자격을 대체한다.
③ 고등교육은 학문 중심의 전공 학위에 고정되고, 직업교육은 실질적 자격체계와 단절되어 운영된다.

이러한 학제 중심 체계는 교육의 폐쇄성, 자격 간 단절, 개인의 학습 이력 누적의 불가능성이라는 구조적 결함을 낳는다. 결과적으로 평생학습체제 구축, 직업전환교육, 마이크로 크리덴셜 운영, RPL 제도화, 학습권 보장 등 모든 학습 기반 정책이 뿌리내리지 못하게 만든다. 이러한 제도들은 정규 학위 취득을 중심으로 작동하며, 마이크로 크리덴셜처럼 작고, 분절적이고, 독립적이고, 직무 연계적이며, 다양한 배경의 학습자를 포괄하는 형태를 제도적으로 담기 어렵다. 구체적으로는,

① 학점으로 처리하더라도 정규 학위에 누적되지 않으면 '공허한 단위'로 끝남.
② 시간제 등록생이나 평생학습자에게 '일정 수준의 성취'를 자격처럼 증명할 방법이 없음. 이수증이 이를 대신함.
③ 하지만, 기업이나 사회가 이수증의 수준(Level), 난이도, 적합성에 대한 기준을 알 수 없음. 이수증의 통용성과 호환성에 제한이 존재함.

학제 기반 구조는 마이크로 크리덴셜의 '신뢰할 수 있는 증명'이라는 목적을 달성할 수 없다. 그리고 학습은 존재하나 그 학습이 다음 학습에서 활용될 가능성이 제한되는 학습이다.

학제는 UNESCO의 'ISCED 2011'과 관련된다. 국제기구인 UNESCO가 국가 간 교육시스템 비교를 위해 만든 국제표준교육 분류인 ISCED는 학제 분류(Classification of Education Programmes)이고, 교육과정의 내용(Content) 중심이다. 그리고 중등(Level 2와 3) 이후와 학사학위 교육(Level 6) 사이에 level 4(Post-secondary Non-tertiary Education)와 level 5(Short-cycle Tertiary Education)를 포함함으로써 교육 경로의 연계성과 유연성을 확보하려는 시도가 존재한다. ISCED가 Learning Outcomes 기반이 아님에도 불구하고, 이러한 흐름을 수용하기 위한 절충적 노력으로 인식된다.

NQF와 학제의 본질적 차이

NQF는 '교육을 어디서 받았는가?'보다 '무엇을 성취했는가?'에 중심에 두는 학습 성취 기반 체계이다. 반면, 학제 중심 체계는 초·중·고·대학이라는 학교 형태와 수업 연한에 따라 교육과 자격을 구분하는 구조로, 성취보다는 형식과 경로를 중시하는 체계이다. 즉, NQF는 '자격이란 무엇인가?'에 대한 철학적 접근이며, 학제는 '교육을 어디서, 언제 받았는가?'를 기준으로 움직인다.

항목	국가자격체계(NQF)	학제 중심 체계
기준	학습 성취(Learning Outcomes)	수업 시수, 재학 기간, 시험
자격의 구조	수준별(Levels), 위계적·수평적 연결	학교 종류별 분절 구조
포함 범위	정규교육, 직업훈련, 비공식 학습(RPL 포함)	학교의 정규교육 중심
이동성	학습 간 이동 · 누적 가능 (Portable, Stackable)	상위학교 진학 외 거의 없음 전학과 편입에도 활용 가능
공신력 기준	성취 기반 평가+질 관리 기준	학교 인증 및 학위 소지 여부
자격 발급 단위	자격 중심(직능 단위, Micro-credential 포함)	학위 중심 (Associate Degree, Bachelor Degree 등)
정책 연계성	노동시장, 평생교육, 복지와 연계	입시제도 및 교육행정과 연계

참고로 UNESCO ISCED-P, ISCED-A와 NQF를 비교하면 다음 표와 같다. 많은 이들이 ISCED(국제표준교육분류)를 하나의 체계로 알고 있으나, 실제로는 다음의 2가지로 구분된다.

구분	ISCED-P(기관)	ISCED-A(학생)	NQF(학습자)
대상	교육과정 (What is offered)	개인의 이수 수준 (What is completed)	자격 수준과 성취 (What can be done)
기준	교육목표, 내용, 구조	공식 학력 수준	학습 성취
활용	학제 비교, 제도 설계	학력 통계, 고용 조사	자격 설계, 경력 인정, 이동성 설계
예시	전문대 2년제는 ISCED 5	A씨는 ISCED 6 졸업	기술자 B는 Level 5 자격 보유
기준	Input 중심	Output 중심	Outcome 중심

① ISCED-P(Programmes): 국가의 학제 및 교육과정 구조를 분류하는 체계

② ISCED-A(Attainment): 개인이 이수한 교육 수준을 분류하는 통계 기준

이 둘은 각각 교육정책 설계(ISCED-P)와 인적자원 통계(ISCED-A)에 활용되며, NQF와는 목적, 기준, 활용 방식이 전혀 다른 체계다. 따라서 ISCED는 교육과정 분류의 도구이며, NQF는 자격 설계와 인정 체계로 이해되어야 한다. 이 둘은 대체 관계가 아닌, 보완관계로 존재한다.

함께 고민해야 할 부분은 바로 Attainment와 Learning Outcomes의 철학적 차이이다. 일반적으로 사람들은 'Attainment(이수 수준)'와 'Learning Outcomes(학습 성취)'를 유사하다고 보지만, 이 둘은 철학과 정책 목적이 다르다.

Attainment는 교육제도 안에서 공식적으로 무엇을 완료했는가를 기준으로 하며, 주로 학위, 수료증, 졸업장 등으로 측정된다. 반면, Learning Outcomes는 개인이 학습을 통해 무엇을 할 수 있게 되었는가를 묻는다. 이 기준은 지식, 기술, 태도를 종합적으로 판단하며, 다양한 경로(학교 외, 직장, 비공식 학습 등)를 인정한다. 결국, Attainment는 제도적 완료, Learning Outcomes는 성취된 능력이라는 점에서, NQF의 도입과 설계에는 반드시 Learning Outcomes Approach가 전제되어야 한다.

기준	Attainment	Learning Outcomes
의미	무엇을 마쳤는가?	무엇을 할 수 있는가?
기준	교육기관의 이수 기준	성취한 지식, 기능, 태도
측정 단위	학위, 졸업장, 수료증	역량 기술, 과업 수행능력
사례	대학 졸업자	문제해결 능력을 갖춘 사람
정책적 함의	공식 학력 인정, 교육이력 중심	RPL, 역량 기반 자격 인정 가능

▎왜 Learning Outcomes 접근이 필요한가?

한마디로 정리하면, 다양한 학습을 연결하고 인정하는 자격 시스템의 공통 언어이기 때문이다. Learning Outcomes 접근이 중요한 이유는 사람이 배우는 방식은 제도 안에만 있지 않기 때문이다. 전통적인 학위 중심 체계는 학교에서, 정해진 동안, 정해진 커리큘럼을 이수한 사람만을 인정한다. 하지만 오늘날 우리는 다양한 방식으로 배우고 성장한다.

① 짧은 기간에 끝나는 직무교육(각종 연수과정)
② 온라인으로 진행되는 마이크로 과정
③ 현장에서 쌓은 실무경험
④ 자격시험 준비나 독학
⑤ 여러 기관에서 흩어져 이수한 단위 학습 등

이러한 학습을 학위나 자격으로 바꾸어 줄 수 있는 기준이 필요하고, 그 역할을 하는 것이 바로 Learning Outcomes 기반 국가자격체계(NQF)이다. 따라서, Learning Outcomes 접근은 3가지 강점이 존재한다.

① 다양한 학습을 수용할 수 있다(Inclusive). 학교(Formal Learning)뿐만 아니라 비형식·무형식 학습까지도 포괄할 수 있다. 누구나 어디서든 배운 것을 '성과'로 인정받을 수 있다.
② 작은 학습을 모아 자격이 될 수 있다(Stackable). 짧은 수업이나 특정 프로젝트 학습도 Micro Credential로 인정할 수 있다. 여러 개를 쌓아 하나의 학력이나 자격으로 전환할 수 있다.
③ 여러 기관에서 이수한 학습을 옮길 수 있다(Portable). 한 기관에서 배운 것을 다른 기관이나 국가에서 인정할 수 있다. 유럽연합 국가에서 대학생들이 국가별로 이동하면서 학습을 할 수 있는 이유이기도 하다. 또한, 직업교육, 평생교육, 고등교

육 사이를 이동하며 자격 취득이 가능하다.

즉, Learning Outcomes 접근은 '무엇을 어디서 배웠느냐'보다 '무엇을 할 수 있느냐'에 집중하며, 단절된 제도들을 연결해 주는 자격체계의 공통 언어 역할을 한다. 이처럼 Outcomes 접근은 학교 교육의 대체물이 아니라, 그 한계를 넘어서기 위한 보완 언어이다. '지금의 학위 중심 체계가 담아내지 못하는 수많은 사람들의 학습'을 정당하게 인정해 주는 길이기도 하다.

▎Learning Outcomes 접근법에 대한 오해와 반론

필자가 보기에 국내 교육학계와 고등교육 중심 연구자들은 Learning Outcomes 접근법을 경계하거나 폄하하는 경향이 있다. 그들은 이를 직업훈련 중심의 기술주의, 수단적 사고, 인간성 축소적 평가 체계로 이해하며, 교육의 본질과 어긋난 도구적 기획이라고 보기도 한다. 그러나 이러한 평가는 Learning Outcomes 개념의 진화, 교육철학과 정책 간의 상호 관계, 자격체계와 교육과정 간 구조적 연결을 충분히 이해하지 못한 데서 비롯된 것이다. 오히려 Learning Outcomes 접근은 교육과 훈련, 학문과 직무, 공식 학습과 비공식 학습을 잇는 해석학적 다리로서, 미래 교육체계를 정합적으로 설명할 수 있는 가장 포괄적인 개념이라고 봐야 한다.

1) 성취(Achievement)는 교육의 고유한 목표이다

Learning Outcomes는 단순히 '직무수행능력'을 기술하는 언어가 아니다. 그 철학적 기원은 '교육이란 무엇을 성취했는가를 통해 설명되어야 한다'라는 인간의 성장관에 있다. 유럽연합의 EQF를 비롯한 주요 국가 프레임워크들은 지식과 기술뿐 아니라 비판적 사고, 창의성, 문화적 소양, 사회적 책임 등도 Outcomes로 포섭한다. 즉, Outcomes는 단순히 할 수 있는 것의 목록이 아니라, 교육을 통해 형성된 내면화된 역량과 실천적 판단의 총합이다. 이는 전통적인 교육의 핵심 가치와 모순되지 않으며, 오히려 그것을 구체화하는 언어일 수 있다.

2) 학위 체계와 Outcomes는 충돌하지 않는다

많은 이들은 Outcomes 접근이 학위제도와 어울리지 않는다고 본다. 이는 오해이다. EQF나 AQF 등 대부분의 NQF는 학사(Bachelor), 석사(Master), 박사(Doctoral) 학위를 각각 Level 6~8로 정렬하여 Outcomes 기준과 완전히 통합하고 있다. 학위는 여전히 제도적 형식으로 기능하지만, Outcomes 접근은 그 내용을 정밀하게 설명하며 동일 학위 간 질적 차이나 교육적 함의를 해석할 수 있는 공통 언어를 제공한다. 학위의 공신력을 약화하는 것이 아니라, 자격으로서의 설명력을 높이는 도구이다.

3) 다양성과 이동성을 보장하는 구조는 Outcomes 없이 어렵다

한국의 교육·자격제도는 고도로 분절되어 있다. 고등교육은 학문 중심, 직업훈련은 NCS 기반, 평생학습은 별도 제도, 비공식 학습은 제도 밖에 존재한다. 이들을 연결하고 인정하기 위해서는 경로를 비교할 수 있는 공통의 성취 기준이 필요한데, 바로 그것이 Learning Outcomes 이다. 이는 단지 제도 통합의 기술이 아니라, 모든 학습자의 성장 경로를 공정하게 해석하고 설명할 수 있는 사회적 약속이기도 하다.

4) Outcomes는 측정 도구가 아니라 교육설계의 철학이다

Learning Outcomes는 종종 '평가 기준'이나 '성과 측정'으로 축소되곤 한다. 그러나 원래의 개념은 교육과정을 설계할 때, 학습자의 변화 가능성과 기대되는 성장을 기준으로 삼는 것이다. 이는 교육과정을 '가르칠 내용'이 아니라, '학습자가 도달해야 할 변화'로 재정의하는 전환적 발상이다. 지식은 이때 도구적 수단이 되며, Underpinning Knowledge 또는 Embedded Knowledge로 존재하게 된다.[50] 지식

---

50 Underpinning Knowledge, Embedded Knowledge 용어에 대한 이해 역시 중요하다. 우리 교육학계에서는 매우 낯선 용어일 수 있으나, 필자가 한때 살았던 호주에서는 아주 일상적인 용어이다. 학문 중심 또는 지식 중심 교육이라는 틀을 벗어버리면 이해하기가 쉽다. 학문의 세계에서 진로를 만들어 갈 사람에게는 그 학문 분야(고등학교로 보면 학과)의 지식 체계 전반과 학문의 방법론을 배우는 것이 중요하지만, 그렇지 않은 많은 학습자는 그 직무, 기술 등의 '밑에 자리하고 있는(Underpinning)' 또는 '담겨져 있는(Embedded)' 지식을 공부하면 되는 것이다. 이런 과정이 누적되면서 자연스럽게 지식 체계를 만들어 간다고 보는 것이다. 학습에 대한 엄청난 철학적 차이가 담겨 있다.

과 역량은 대립하지 않고, 상호 내포적인 구조로 이해되어야 한다.

5) Outcomes는 교육과 훈련의 대화를 가능케 하는 언어이다

교육은 전통적으로 내면화와 교양의 성찰을 중시했고, 훈련은 실용성과 효율성을 강조해 왔다. 두 영역은 오래도록 분리되어 있었지만, 오늘날의 평생학습사회, 전환의 시대, 평생 경력 개발 체계는 이 둘의 구분을 넘어서야 할 필요성을 강력하게 제기한다. Learning Outcomes는 이때 각자의 철학을 존중하면서도 상호 소통을 가능케 하는 공통 언어다. 이는 결코 교육의 인간성을 파괴하는 기술주의 도구가 아니며, 오히려 인간 성장의 경로를 사회 전체가 정당하게 이해하고 평가할 수 있도록 돕는 윤리적 장치이기도 하다.

정리하면, 성취 기반 패러다임은 교육의 본질을 훼손하지 않는다

Learning Outcomes 접근은 직업훈련의 언어가 아니라, 모든 교육을 사회적 언어로 설명할 수 있는 공통의 철학과 도구이다. 이는 단지 하나의 평가 기법이 아니라, 교육과 훈련, 자격과 과정, 제도와 인간을 연결하려는 정책적·철학적 노력의 결정체이며, 그 개념의 정당성과 확장 가능성은 전통 교육을 해체하는 것이 아니라 재구조화하는 힘으로 기능할 수 있다. 따라서 지금 우리에게 필요한 것은 교육의 성취를 공정하게 해석할 수 있는 사회적 설계 언어로 서의 Outcomes 접근을 어떻게 설계할 것인가에 대한 정책적 상상력, 제도적 상상력이다.

▎한국 자격 정책의 왜곡: 자격체계와 자격체제의 혼용

한국의 「자격기본법」 제2조 제3호는 "자격체제란 NCS를 바탕으로 학교 교육과 직업훈련 및 자격이 상호 연계될 수 있도록 한 자격의 수준 체계"라고 정의하고 있다. 이 정의는 체계(Framework)와 체제(System)를 혼동하고 있으며, 자격의 수준 체계를 설계한다면서도 출발점을 국가직무능력표준(NCS)에 두고 있다. 이는 자격을 직무수행능력에만 국한시키고, 고등교육·비공식 학습·사회적 역량 자격 등을 배제하는 편향적이고 협소한 정의이다.

자격체제(Qualification System)는 국가 또는 기관이 자격을 설계· 등록·운영·관리하는 제도적·행정적 시스템 전체를 의미한다. 이는 자격의 유형 분류, 발급 주체, 법령 근거, 검정제도, 공시 체계 등을 포함한다. 작은 의미로는 개별 자격에서도 자격체제가 논의될 수 있고, 국가자격 전반에 걸쳐서도 광의로 논의될 수도 있다.

반면, 자격체계는 자격 간의 수준(Level), 성취 기준(Learning Outcomes), 연계성(Stackability) 등을 일관된 기준에 따라 정렬하고 구조화한 틀을 의미한다. 이는 학습성과 기반의 등가성과 수평 이동을 가능하게 하는 구조다. NQF는 직무수행능력만을 기준으로 하지 않는다. 그것은 모든 학습의 성취를 수준(Level)별로 정의하고 연결하는 방식이다. 자격제도의 기본법인「자격기본법」은 자격 운영의 체제(System)를 설명할 수는 있지만, 자격의 구조적 체계(Framework)를 제시하지 못한다. 한국은 자격체계가 없다. 자격기본법을 NQF 근거로 보기 위해서는 다음 사항들이 추가되어야 한다.

① 자격 수준별 정의와 각 수준별 학습성과를 기술하는 지표 (Level Descriptors)
② 학습 성취(Learning Outcomes)에 기반을 둔 역량 수준 정렬
③ 자격 간 수평 이동(Portability) 및 적립 가능성(Stackability)
④ 공식·비공식 학습 결과에 대한 인증(RPL) 제도
⑤ 공적 질 관리체계

NQF가 왜 필요하며, 한국에는 왜 없는가?

시간제 등록생, 마이크로 디그리, RPL, 학점은행제, 시간제 등록생, 교육 계좌제, 직무능력은행제 등 모든 학습 기반 정책은 이제 자격 간의 이동성, 정합성, 누적 가능성 없이는 작동할 수 없다. NQF는 바로 이 모든 정책의 제도적 기반이자 통합의 구조이다. 그것 없이 도입되는 소단위 전공 과정이나 Micro Credential은 공신력 없는 조각 증

명서로 전락할 가능성이 높다. 즉, NQF는 학점이 아니라 '성취 기준(Learning Outcomes)'과 '수준(Level)'을 중심으로 설계된 자격체계이다. 이를 통해 다음과 같은 효과를 확보할 수 있다:

① 신뢰성 보장: 이수 증명의 질(난이도, 수준, 결과)을 객관화
② 자격으로 인정: 공식 자격 등록이 가능해짐(국가 등록 자격번호 등)
③ 직무 연계: 직업능력기준과의 정합성 확보
④ 이동성과 연결: 학위·직업훈련·외부 자격 간 Credit Transfer 및 RPL이 가능

따라서 마이크로 크리덴셜이 이수증서가 아니라, 학위의 부분적 구성요소(Component), 직무 역량의 공식 인증 도구, 다양한 경로로 쌓아가는 Stackable 자격 구조로 작동하려면 NQF 기반에 편입되어야 한다. 그럼에도 한국은 다음과 같은 구조적 요인으로 NQF를 갖추지 못하고 있다.

① **이중 부처 구조와 관할권 충돌:** 교육부는 학위제 중심, 고용노동부는 기술자격에 집중한다. NCS 도입도 고용노동부가 주도적이었다.[51] 현재도 '자격은 노동부, 교육은 학위'라는 이원적 관할이 고착되어 있다.

---

51 고용노동부가 주도하여 추진한 NCS에 대해서는 필자가 하반기에 출간할 『직업교육훈련: 다시 묻고, 새로 쓰다』(가칭)를 꼭 읽어보기 바란다. 하나의 제도가 어떻게 왜곡되어 도입되고, 교육시스템을 혼란에 빠트리고 있는지를 이해할 수 있다.

② **학문 중심주의와 대학 자율성 논리**: 고등교육계는 자격 수준 설정을 '학문 침해'로 간주할 수도 있다. 즉, 대학교육과정에 역량 기반 평가는 어울리지 않는다는 정서도 존재한다.

③ **민간자격 질 관리 미흡**: 자격을 산업계·민간이 자율적으로 만들어도 국가 기준은 부재하다. 국가 등록만 있고, 수준·신뢰도·활용성은 미미하다.

④ **노동시장 · 교육시장의 분절 구조**: 노동시장은 경험과 자격 중심, 교육시장은 학위와 학교 중심이다. 통합되지 못한다.

결국 이 문제는 제도 기술의 문제가 아니라, 국가의 학습철학과 정책 우선순위가 어디에 있느냐의 문제다.

▎이제는 학제가 아니라 국가자격체계로 나아가야

한국 교육과 자격제도는 이제 '어디서 배웠는가?'를 묻는 학제적 사고에서, '무엇을 성취했는가?'를 묻는 학습 성취 기반 사고로 전환되어야 한다. 그 출발점이 바로 국가자격체계의 도입이며, 이는 단일한 법률이나 부처의 개혁으로는 불가능하다. 국가교육철학, 노동시장 설계, 평생학습 전략, 복지 체계 전반을 아우르는 패러다임의 전환이 필요하다. 그런데 아쉬운 것은 설계도를 제대로 만들고 추진해 갈 지식이 턱없이 부족하다는 점이다. 이 정론이 제기하는 문제의식이 체계로 나아가는 출발을 알리는 신호탄이 되기를 기대한다.

EDUCATION IN KOREA

외국인 유학생 20만 명 시대:
유학생?,
외국인 노동자?

20여 년 전만 해도 한국 대학에 외국인 유학생을 유치하는 것은 특정 명문대학이나 국가사업의 일부로 여겨졌고, 제한적이었다. 그러나 2024년 현재, 통계청 자료에 의하면 한국의 대학에 등록된 외국인 유학생 수는 무려 208,962명에 이르렀다. 국내 전체 대학 재학생의 약 10%에 해당하는 숫자다. 한국어능력시험(TOPIK)의 응시자도 같은 해 약 49만 3천 명에 달하며, 유학생 취업자는 3만 2천 명이 넘는다.

▮ 외국인 유학생 유치, 성공인가?

이처럼 양적 성장만 보면 한국은 '글로벌 교육 허브'로서 성공을 거둔 듯 보인다. 하지만 이러한 성공이 질적 수준과 지속 가능성 면에서도 타당한지는 별개의 문제이다. 유학생 유치는 단지 통계를 채우는 것이 아니라, 학문 공동체 구성원으로서 교육의 질과 문화적 수용 가능성을 담보할 수 있는 구조를 전제로 해야 한다. 지금 한국의 고등교육은 그 전제를 제대로 갖추고 있는가?

▎외국인 유학생 정책, 무엇이 문제인가?

1) 유학생의 한국어 능력과 교육 수용성

외국인 유학생의 상당수는 한국어능력시험 3~4급 정도의 수준에서 입학하며, 이공계 대학원 과정에서는 영어로 수업을 진행하거나 실험 중심의 교육을 통해 '언어 장벽'을 우회하는 경우가 많다. 그러나 이는 교육적 이해와 비판적 학습을 불가능하게 만드는 구조적 한계를 드러낸다. 특히 인문·사회계열에서는 학문적 소통이 거의 불가능한 수준으로, 실제로 수업의 질은 하향 평준화된다. 그럼에도, 대학은 유학생 수를 유지하기 위해 최소한의 언어 능력만을 요구하거나, 내부적으로 면제 기준을 완화하는 식으로 '수치'만 관리하고 있다. 이는 교육기관의 자율성을 넘어, 고등교육의 공공성과 신뢰를 훼손하는 결과로 이어진다.

2) 유학생은 노동자?

지방의 중소·하위권 대학에서는 외국인 유학생이 이공계 대학원 정원의 대부분을 차지하고 있으며, 이들은 대학 졸업 후 일정 기간 취업비자를 통해 국내 제조업이나 단순 기술직으로 진출하는 경우가 많다. 즉, 형식상 유학생이지만 실질적으로는 '지방 제조업의 노동력 확보 수단'으로 기능하고 있는 이중구조가 존재한다. 이는 유학생 유치 정책이 교육정책이 아니라 노동정책의 일환으로 기능하고 있는 현실을 은폐하고 있다. 하지만 졸업 후 국내 노동시장에의 정착 역시 제한적이다. 언어·문화 장벽, 비자 갱신의 불확실성, 차별적 임금 구조 등으로 인해 유학생은 단기 체류형 노동자화되며, 진정한 의미의 '학문 공동체 구성원'으로 정착하지 못한다.

3) 학문 후속세대 양성의 왜곡

대학원 교육에서 외국인 유학생이 급증하고 있는 현실은 학문 후속세대 양성의 구조 자체를 비틀고 있다. 특히 지방 대학원 이공계 분야에서 박사과정생의 다수가 외국인 유학생인 경우, 교수-학생 간의 학문적 논의가 빈약해지고, 정량적 연구 성과 중심의 '연구 보조자' 역할만이 강조된다. 이러한 구조는 외국인 유학생에게도 불리하다. 이들은 정규직 교수, 연구직, 공공부문 취업과는 거리가 먼 노동시장으로 밀려나게 되고, '한국에서 박사 학위를 받은 외국인'이라는 정체성은 국제적 위상이나 자격으로 이어지지 않는다. 결국 현재의 외국인 유학생 유치 구조는 교육·연구·노동의 경계를 모호하게 만드는 복합적 문제를 내포하고 있으며, 대학의 생존전략이 유학생의 학습권과 성장 가능성을 희생하는 방식으로 운영되고 있다.

유학생 유치, 이제는 양과 질을 넘어 국가 전략의 일환이 되어야

2024년 외국인 유학생 수가 20만 명을 넘어서면서, 한국의 교육 국제화는 분명 양적으로는 성공한 듯 보인다. 지금 시점에서 우리가 주목해야 할 것은 단순한 '질 관리'가 아니라, 외국인 유학생을 한국 사회의 전략 자산으로 어떻게 재구성할 것인가에 대한 질문이다.

1) 국내의 인재 양성 시스템 재구축과 연결

국내 대학원 시스템이 비인기와 경제적 부담 등으로 무너지고 있는 상황에서, 국내 학생들이 대학원에 진입할 수 있는 기반을 다시 조성하는 일은 중요하다. 동시에, 외국인 유학생을 단순한 재정 기반이나 연구 보조 인력이 아니라, 대한민국의 기술과 학문 발전을 이끌 수 있는 파트너로 육성하는 전략이 필요하다.

미국의 예를 보자. 구글, 테슬라, 인텔, NVIDIA 등 우리가 알고 있는 수많은 다국적 기업의 창업자나 CEO는 유학생 출신이거나 이민자이다. 미국은 유학생을 학문 공동체 구성원이자 기술혁신의 핵심 축으로 여기며, STEM 중심 이민정책과 대학의 연구혁신 전략을 긴밀히 연계해 왔다. 한국도 그래야 한다.

2) 전략적 유치: 단순 '수입형 유학생'에서 '공공외교 파트너'로

이제는 유학생이 스스로 한국에 오는 것만을 기다리는 수동적 태도에서 벗어나야 한다. 한국이 전략적으로 유학생을 유치하거나 초청하는 방식도 필요하다. 특히 아프리카, 남아메리카, 중앙아시아 등 특정 지역의 공무원, 학자, 연구자를 초청하여 장학금과 연계된 교육기회를 제공하고, 그들을 대한민국에 우호적인 장기적 협력 파트너로 육성할 수 있어야 한다. 이러한 외교형 유학생 전략은 단지 교육을 통한 인력 양성에 그치지 않고, 지정학적 네트워크 형성, 문화 외교, 기술 확산의 기반을 마련하는 국가적 자산이 된다. 지금처럼 양적 팽창에만 집중할 것이 아니라, 질적 선별과 전략적 육성이라는 관점에서 외국인 유학생 정책이 완전히 재편되어야 한다.

3) 한글 교육을 통한 새로운 사회적 일자리 창출

또 하나의 기회는 한글 교육시장의 전략적 육성이다. 지금도 한글 교육 수요는 급증하고 있으며, 특히 TOPIK 응시자가 연간 50만 명에 달할 만큼 학습자 풀은 이미 존재한다. 이들은 단순한 언어 학습자가 아니라, 대한민국의 문화·산업·고등교육에 연계할 수 있는 잠재적 접점이다. 이를 위해, 한글 교육을 청년의 전일제 일자리로만 보지 말고, 중장년, 경력 단절 여성, 시간제 근무를 원하는 계층을 위한 사회적 일자리 모델로 육성할 필요가 있다. 언어교육은 특정 자격체계에 의해 제한되기보다는, 비교적 단기 연수와 인증을 통해 진입이 가능하며, 지역 거점 대학과 연계하여 지역 중심의 교육생태계도 만들 수 있다.

▌ 정리하면

지금의 외국인 유학생 정책은 결정적인 전환점에 서 있다. 이제 더 이상 단기적 유입 통계나 등록금 수입을 채우기 위한 수단으로 유학생을 대하는 관점은 지속 가능하지 않다. 유학생은 한국 교육의 주변부에 머무는 존재가 아니라, 학문과 기술, 그리고 외교와 산업의 파트너로 성장할 수 있는 잠재적 주체임을 전제로 해야 한다. 통제 중심의 비자 정책은 유의미하지 않다.

지금처럼 자연 유입만을 기다릴 것이 아니라, 한국이 전략적으로 유치하거나 초청하는 형태의 외교적 유학생 정책으로 나아가야 한다. 특히 지정학적으로 의미 있는 국가의 공무원, 학자, 연구자를 초청하여 장기적 협력관계를 구축할 수 있다면, 유학생은 단지 교육 대상이 아니라 대한민국의 연성 외교 파트너로 기능할 수 있다.

이와 함께, 증가하는 한글 학습 수요를 기반으로 한글 교육시장을 육성하는 것도 중요한 과제다. 이는 경력 단절 여성이나 중장년층이 가정과 병행할 수 있는 사회적 일자리로 전환할 가능성을 내포하고 있다. 지역 거점대학과 연계한 한글 교육생태계 조성은 지역사회 활성화와 평생교육 강화라는 두 마리 토끼를 동시에 잡을 수 있는 전략이 될 수 있다.

의대와 법전원,
그리고 대한민국 고등교육:
왜곡?, 당연?

대한민국 교육의 위기는 단지 예산 부족이나 입시 스트레스의 문제가 아니다. 대한민국의 고등교육은 지금 심각한 왜곡에 직면해 있다. 그 중심에는 '자격'이라는 제도를 통해 직역을 독점하고 지대를 추구하는 전문직 집단이 있다. 이들은 단지 하나의 직종이 아니라, 교육정책·입시제도·학문 생태계·노동시장에 걸쳐 구조적 파급력을 발휘하는 존재이다.

의과대학과 법학전문대학원은 자격을 중심으로 교육과 노동시장을 지배하는 대표적 제도로, 각각 이공계와 인문·사회계 교육을 붕괴시키는 양대 축이다. 이들은 명목상 고등교육기관이지만, 실제로는 의사 국가시험과 변호사시험을 위한 준비 기관으로 기능한다. 그 결과 대학은 학문과 탐구의 공간이 아니라 자격 취득을 위한 사다리로 전락하고 있다.

더욱 심각한 점은 자격을 확보한 이들이 공공성을 강화하기보단, 권한을 강화하고 이익을 독점하려는 방향으로 움직이고 있다는 점이다. 의과대학생의 집단 수업 거부, 로스쿨 교수들의 변호사시험 합격률 상향 요구는 단적인 사례이다. 이는 자격을 교육의 종착지가 아니라 지대 추구의 무기로 사용하는 집단적 행태의 발로이며, 교육정책은 이를 제어하지 못하고 있다.

의과대학에 쏠림은 이공계 교육의 생태계를 붕괴시키고 있다

오늘날 한국의 이공계 교육이 겉으로는 각종 R&D 예산 확대와 과학기술 강조 담론으로 포장되어 있지만, 실제 현장에서는 점점 생명력을 잃어가고 있다. 그 근본에는 의과대학에 쏠리는 대학교육이 존재한다. 의과대학은 수험생과 학부모 모두에게 확실한 경제적·사회적 보상이 보장되는 진로로 인식되며, 고등학생들의 학습 동기와 진로 방향을 압도적으로 지배하고 있다.

기초과학 인재를 양성하기 위해 설립된 특수목적 고등학교마저도 의대 진학을 사실상 추구하고 있고, 수학과 과학을 잘하는 학생들이 기초과학이나 공학이 아닌 의대 진학에 몰두하게 만드는 왜곡이 일어나고 있다.

더 큰 문제는 이 흐름이 대학교육과 국가 연구개발 구조에도 연쇄적으로 영향을 미친다는 점이다. 우수한 이공계 인재가 빠져나간 공학·과학 계열 학과들은 인력과 자원을 확보하는 데 어려움을 겪고 있으며, 이공계 대학원은 정원 미달과 연구력 저하라는 이중고에 직면해 있다. 반면, 의과대학은 정원 통제와 수가 보장이라는 제도적 안전망 속에서 힘을 키우고 있다. 그 결과 국가의 과학기술 기반은 취약해지고 있으며, 공학·기초과학 분야는 점점 주변화되는 악순환에 빠지고 있다.

결국 의과대학에 대한 과도한 관심은 고등학생의 진로선택, 대학의 학과 운영, 국가의 인재 배분 구조에 이르기까지 전방위적으로 영향을 미치며, 이공계 생태계를 구조적으로 붕괴시키는 중심축으로 작동하고 있다. 이러한 왜곡은 더 이상 일부 개인의 선택 문제가 아니라, 국가 차원의 실패이자 잘못된 교육제도 설계의 결과이다.

▎법학전문대학원은 인문·사회계의 생태계를 파괴하고 있다

법학전문대학원의 도입은 단순히 법조인 양성 경로를 바꾼 것에 그치지 않고, 인문·사회계 전공 전반에 걸쳐 심각한 구조적 왜곡을 초래하고 있다. 과거에는 정치학, 경제학, 철학, 사회학 등 다양한 인문·사회계 전공이 나름의 독립성과 목적의식을 가지고 학생들의 관심을 끌어냈다. 그러나 현재는 상당수의 상위권 인문·사회계열 학생들이 대학 진학 단계부터 로스쿨 입학을 목표로 전공을 선택하고 있으며, 전공 공부 자체보다는 로스쿨 입시에 유리한 '스펙 관리'에 집중하는 경향이 있다.

그 결과, 학부 교육은 '법학전문대학원 입시의 준비 과정'으로 기능하고 있으며, 이는 학문적 탐구 정신이나 비판적 사고 함양이라는 고등교육의 본래 목적을 무력화시킨다. 인문·사회계열 분야는 후속세대 유입이 끊기고 있으며, 대학원 과정의 지원자 감소와 관련 학과의 구조조정으로 이어지는 등, 인문·사회계열 전공의 학문 생태계는 서서히 공동화되고 있다. 이러한 흐름은 결국 인문·사회계열 학문의 자생력을 무너뜨리며, 교육과 연구의 동력을 동시에 상실하게 만드는 심각한 결과를 초래한다.

▎의대와 로스쿨은 교육을 '자격 획득의 통로'로 전락시켰다

의과대학과 법학전문대학원은 각각 이공계와 인문·사회계 교육을 왜곡시킨 주된 제도로 비판받고 있지만, 이 둘은 그 이상의 공통된 구조적 문제를 공유하고 있다. 바로 교육을 시험에 합격하기 위한 자격 획득의 수단으로 축소했다는 점이다. 의대는 의사 국가시험이라는 '자격과 면허'를 위한 준비 기관으로 기능하며, 로스쿨은 변호사시험이라는 또 다른 관문을 위한 '시험 통과 기관'으로서 자리매김하고 있다. 두 제도 모두 교육의 목적이 자격 획득 그 자체로 축소되어 있으며, 학습의 깊이나 학문적 성장보다는 시험에 유리한 기술과 단기적 전략이 강조되고 있다. 이에 따라 고등교육은 직업적 진입자격을 얻기 위한 사다리로 전락하고 있으며, 진정한 의미의 교육(탐구, 사고, 실천, 인간 성장 등)은 부차화되었다. 바뀌어야 한다.

의과대학 정원 확대:
필요?,
불필요?

정부는 2025학년도부터 의과대학 정원을 2천 명 확대하겠다는 방침을 세웠고, 이는 의료 접근성과 필수 의료 붕괴에 대응하기 위한 인력 공급 확대 전략으로 제시되었다. 이에 대해 의사협회는 현재의 문제는 의사 수의 부족이 아니라, 정부의 인력 배분 실패와 의료환경 전반의 활용 조건 미비에서 비롯된 것이며, 이를 해결하지 않은 상태에서 단순히 정원을 늘리는 것은 구조적 해법이 될 수 없다고 주장하고 있다.

의과대학 정원 확대 정책 때문에 온 나라가 몇 년째 들썩인다. 하지만 그 논의는 '필요했다', '아니다', '성급했다' 등으로 단편적이다. 그 이전에 물어야 할 질문이 있다. '의과대학 정원을 결정하는 변수는 무엇이며, 어떻게 결정되는 것이 옳은가?'라는 질문이다.

언론에서는 일본의 예를 들면서, 독립적인 추계위원회 필요성에 대한 논의가 주를 이룬다.

▌ 인적자원 정책의 3가지 축: 양성, 배분, 활용

현재의 논쟁은 인적자원 정책의 세 축인 양성(Training), 배분(Distribution), 활용(Utilization) 중 어느 축이 결정적 문제인지에 대한 인식 차이에서 비롯된다. 정부는 배분(配分) 실패를 전제로 양성을 늘려야 한다는 의견이고, 의사단체는 활용(活用)을 통해 배분의 어려움을 해소하고 있기에 추가 양성이 필요하지 않다고 본다.

누구의 입장에 동의하느냐를 떠나 중요한 것은 의사 인력의 양성·배분·활용 체계에 직·간접적으로 영향을 미치는 복합적 구조를 진단하고, 그 위에서 정책 방향을 수립하는 일이다.

양성(Training)은 보건의료 전문 인력을 공급하는 출발점이다. 의과대학의 입학정원, 교육과정, 국립의대 설치 여부, 지역 인재 선발 등 교육체계가 핵심 변수이다. 배분(Distribution)은 양성된 인력이 어느 지역(도시와 농어촌), 어느 진료과목(내과, 외과, 신경외과 등), 어떤 기관(1~3차 의료기관, 공공 vs. 민간, 군 vs. 보건소 등)에 배치되는가이다. 활용(Utilization)은 배치된 인력이 실제로 어떤 근무 조건과 환경에서 일하는가, 고령 의사의 은퇴 지연, 주당 노동시간, 연차·야간 근무 등 근무

패턴 등의 문제가 해당한다. 노동법상 근로조건과 관련된다.

이러한 관계를 이해해야만 개업의, 전문의, 그리고 전공의의 입장이 통일되지 못한 이유도 알 수 있고, 간호인력이 양성은 많이 되나 외국으로 떠나거나 휴직이나 사직이 많은 이유도 알 수 있다. 전공의의 사실상의 무한봉사에 의존하는 전문의는 인적자원의 활용에 문제가 없다고 생각한다. 그러나 실제 무한봉사를 해야 하는 전공의와 태움으로 고생하는 간호인력은 지금의 활용 체계에 분명히 문제가 있다고 주장하는 것이다.

따라서, 의사 수를 늘리는 양적 조치는 양성 단계만을 건드리는 것에 불과하며, 의료 접근성 개선과 필수 의료 회복은 인적자원의 배분·활용 시스템이 어떻게 작동하느냐의 문제이다.

▎ 의사 양성·배분·활용에 영향을 미치는 주요 변수

의사의 수는 사회의 필요에 따라 시장에서 자동 조정되지 않는다. 다양한 구조적 변수들이 '얼마나 양성할 것인가?', '어디에 배치할 것인가?', '어떻게 활용할 것인가?'의 세 측면에 영향을 미친다.

1) 다른 보건의료 인력과의 역할 조정

한의사, 약사, 간호사 등 타 직종과의 업무 경계가 바뀌면 의사 수요도 달라진다. 예를 들어, 약사의 상담 및 처방 권한 확대, 한의사의 의료행위 확대, 간호사 단독 의료행위 허용 범위 확대 등은 의사의 양성과 활용 모두에 큰 영향을 미친다.

2) 기술 발전에 따른 업무 변화

AI의 진료 보조, 원격의료의 확대, 의료정보의 디지털화 등은 특정 분야의 의사 수요를 감소시키거나 지역 배분을 완화할 수 있다. 단순 진료나 영상 판독 등은 기술로 대체 가능성이 높으며, 이에 따라 활용 방식의 변화가 양성 규모에도 영향을 준다.

3) 의료제도 및 건강보험 구조

의약분업 구조, 건강보험 수가 체계, 실손보험과 사보험의 유인 구조는 진료 수요 왜곡과 특정 진료과 기피를 낳는다. 특히 민간 보험이 과잉 진료를 유도하는 구조는 의료 서비스의 실제 필요와 공급의 균형을 흔들어, 지역과 과목 간 배분의 왜곡을 유발한다. 또한 병원 개업을 농어촌이나 군소도시는 장려하되, 수도권 등은 영리를 목적으로 하는 개인병원은 대폭 줄이고, 종합병원 체제 중심으로 운영하는 등 1차, 2차, 3차 의료기관의 재편과 기능 배분을 하게 되면 역시 양성 규모는 변하게 된다.

4) 국제 노동 이동과 자격 인정

해외 의사 유입 가능성(예: 헝가리 유학 후 귀국)과 국내 의사의 해외 진출 가능성은 의료 인력 체계를 폐쇄적이지 않게 만든다. 국제 자격 상호인정이 확대되면 국내 양성 규모는 그만큼 유연하게 조정되어야 하며, 의료 인력의 수급과 배치 전략은 더욱 정교해져야 한다.

5) 국민의 의료 이용 태도 및 병원 지원 체계

3차 병원 쏠림, 1차 병원 기피, 보건소의 기능 약화는 배분과 활용 모두를 왜곡시킨다. 앰뷸런스 시스템 미비, 환자 이송 체계 부재, 전원 체계 부족은 의료자원 활용의 구조적 비효율을 낳는다. 이런 것들이 결과적으로 의사를 중심으로 한 인적자원 정책에 큰 영향을 미친다. 만약 약국의 조제 권한을 확대하고, 병원 진료비에서 본인 부담을 늘리게 되면 국민의 의료기관 이용 행태도 변화하게 된다.

6) 의과학자 등 의료·보건 산업 분야의 연구자와 기술자 양성 체계

의료 인력 정책은 단지 '진료 인력 확보'에만 머물러서는 안 된다. 현대의 보건의료 체계는 임상 진료, 기초의과학, 의료 기술 산업, 바이오제약, 공중보건, 데이터 기반 의료정책 등 다양한 분야의 전문 인력들이 유기적으로 작동하는 통합 시스템 위에서 운영되고 있다. 그러나 지금의 의과대학 중심 양성 체계는 임상 진료 중심의 전문의 양성에 편중되어 있고, 의과학자, 의료 기술 전문가, 보건의료 데이터 분석가, 정책 전문가 등 비임상 분야의 인력 양성에는 거의 손이 닿지 않고 있다. 따라서 의과학자 등의 양성에 대한 정부의 정책에 따라 의사 등의 인력 양성도 달라질 수 있다.

▍ 보건복지부가 먼저 해야 할 일: 활용과 배분 시장의 재설계

정책의 우선순위는 '양성'이 아니라 '배분'과 '활용'에 있다. 의료 인력의 양성·배분·활용 그리고 이들 의료 인력 정책에 영향을 주는 구조적 변수에 대한 보건복지부의 명확한 입장과 이를 바탕으로 한 보건의료 체계 전면 재설계이다. 시스템 정비와 미래 전략이 제시되어야 인력 양성에 대한 논의가 가능하다.

▍ 교육부가 해야 할 일: 양성 체계의 재설계

보건복지부가 의료시스템의 수요와 전략을 제시하면, 교육부는 이에 맞는 양성 체계를 설계해야 한다. 이 역시도 교육부가 단독으로 결정할 수 없다. 예를 들면, 찬반이 존재하는 공공의대 설립 여부는 교육부의 재량이 아니라 복지부의 의료체계 설계 결과에 따라 결정되어야 한다. 지역의사제도 역시 지역 인력 수요와 활용 가능성이 전제되지 않은 채, 양성만 늘려봐야 정책 효과는 미미하다. 교육부는 양성 수를 조정하는 것을 넘어, 교육과정 개편, 공공 마인드와 윤리 의식 강화, 여러 직종과의 협업 교육 강화, 다양한 보건의료 인력 양성 체계와의 조율에 집중해야 한다. 물론 이 역시도 보건복지부가 수립하는 보건의료 정책의 틀 내에서 수립되어야 하는 것이다.[52] 필요한 것은 단순한 수의 조정이 아니라, 의료 인력의 양성-배분-활용 체계 전반에 대한 총체적 재설계이다. 그리고 그 시작은 단연, 배분과 활용, 곧 보건복지부의 정책에서 출발해야 한다.

---

52 우리나라의 의료·보건 시스템의 문제와 구체적인 개선 방안은 이 책과 함께 출간된 필자의 『당신은 어떤 사회에서 살고 싶으십니까』 책을 참고하기 바란다.

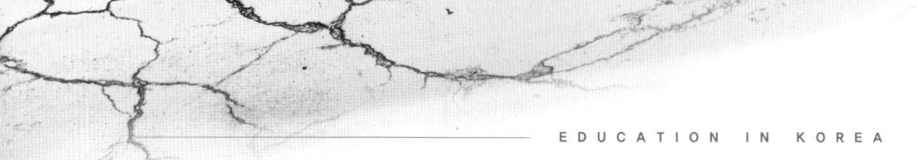

법학전문대학원:
실무교육 강화?,
전면적 구조 재설계?

법학전문대학원이 변호사로서의 실무능력을 가르치기보다는, 학원 강사를 초빙하여 변호사 임용 시험 대비 교육에 집중한다는 비판이 있다.[53]

▎ 법학전문대학원의 도입 배경

법학전문대학원(로스쿨)은 2009년 기존의 사법시험 체제를 대체하며 도입되었다. 당시 이 제도의 도입은 몇 가지 철학과 정책적 배경 위에 세워졌다. 첫째, 기존 사법시험 체계가 지나치게 암기 위

---

53   필자가 국립○○대학교의 사무국장으로 일을 할 때 법전원에 학원 강사비 지원 논의가 있었다. 합격률이 높으면 결국 대학에 좋은 일이 된다면서. 물론 지원되지는 않았다.

주이며 장기화한 수험생활로 인해 사회적 비용을 초래하고 있다는 비판이 컸다. 둘째, 학벌과 스펙 중심의 시험 선발 제도가 다양한 배경과 재능을 가진 법조인을 양성하지 못한다는 지적도 꾸준했다. 셋째, 국민의 삶과 사회에 밀착된 다양한 법조 수요에 대응하기 위해서는 현장성과 전문성이 강화된 법학 교육이 필요하다는 정책적 인식도 존재했다.

따라서 법학전문대학원 제도는, 지식 전달 중심의 법학 교육을 실무 중심의 교육으로 전환하고, 일정한 교육을 이수한 자에게 변호사시험 응시 자격을 부여함으로써 다양한 분야에서 활동할 수 있는 실무형 법조인을 양성하는 것을 목표로 했다. 이는 미국의 로스쿨 모델을 일정 부분 벤치마킹한 것으로, '법학 교육의 정상화'라는 이름으로 제도적 혁신을 시도한 사례였다.

▌도입 이후 지적되는 문제들

그러나 법학전문대학원 제도는 15년이 지난 지금, 초기의 기대를 충족시키지 못한 채 다양한 문제점에 직면해 있다.

① 가장 핵심적인 문제는 실무 중심 교육이라는 원래의 철학이 작동하지 않고 있다는 점이다. 교육과정은 여전히 시험 대비 중심으로 편제되어 있으며, 실제 법조 현장에서 필요한 역량

은 교육과정에서 제대로 다루어지지 않는다.
② 사교육화 현상이다. 법학전문대학원생 상당수가 로스쿨 수업이 아닌 사설 학원의 강의를 통해 변호사시험을 준비하고 있으며, 일부 로스쿨은 자체적으로 학원 강사를 초빙해 특강을 운영하는 실정이다.
③ 제도 취지에 역행하는 경향이다. 다양한 배경의 법조인을 양성하겠다던 애초의 목표와 달리, 지금은 상위권 로스쿨 중심의 서열화 구조가 심화하고 있으며, 로스쿨 입학부터 변호사시험 합격까지 사실상 또 하나의 '입시 시스템'이 되어가고 있다.

의·치학전문대학원과 법학전문대학원 제도에 대한 이중 잣대

법학전문대학원은 의·치의학 전문대학원과 유사한 시기에 도입되었으나, 그 운명은 다르게 전개되었다. 의학과 치의학 분야에서는 기존 학부 체제로의 복귀가 이루어졌으며, 이는 교육 현장의 효율성과 연속성을 고려한 결정이었다. 그러나 법학 분야는 사법시험 폐지를 전제로 로스쿨 체제를 고정화했고, 지금까지도 제도 유지에 대한 근본적 성찰 없이 운용되고 있다.

이런 상황에서 법학전문대학원의 문제는 2가지 방향에서 재정비가 필요하다. 하나는 제도 존속을 전제로 실질적 개혁과 실무교육 강화 방안을 마련하는 것이고, 다른 하나는 법학 교육의 단계별 분화와 대체 경로를 포함한 전면적 구조 재설계 논의를 공론화하는 것이다.

구조적 실패의 6가지 요인

법전원에 대한 비판은 단지 실행상의 미숙함 때문이 아니라 제도 설계 자체의 한계에서 비롯된 것으로, 아래 6가지 구조적 요인을 중심으로 분석할 수 있다.

① 법과대학의 유산이 남아 있다. 로스쿨은 형식적으로는 새로운 체제이지만, 실질적으로는 법과대학 시절의 교육방식, 커리큘럼, 시험 중심 문화를 그대로 답습하고 있다.
② 교수진은 실무경험이 있어도 실무 교수법 역량은 부족하다. 변호사나 판사 출신의 교원이 있더라도, 이들이 실무교육을 설계하고 전달할 수 있는 교육적 전문성은 취약하며, 실무교재와 교수법도 미비하다. 판례 요약이나 학설 분류 중심의 기존 법학 교재는 문제 해결 능력, 전략적 판단, 실무적 의사결정 능력을 기르기 어렵다.
③ 변호사시험은 '초치기형' 문제 풀이 시험으로 전락했다. 단시간에 문제를 요약하고 정답을 도출하는 시험 구조는, 실무적 사고보다는 전략적 암기력과 스킬 중심의 학습을 부추긴다. 수능이나 고시와 유사한 '시간 압박형 사고 시험'으로, 학원

강의가 압도적으로 유리한 구조를 만든다.

④ 변호사시험은 실질적으로 선발 시험화 되어 있다. 미국과 달리 한국은 변호사시험의 합격률이 고정되어 있어, 상위권 로스쿨 출신의 시험 합격률이 유리하고, 로스쿨 입학부터 다시 '고시 시스템'이 된 셈이다. 변호사시험이 수능시험과 유사하기에 수능시험 공부 능력이 좋은 학생이 더 좋은 시험 성적을 받게 될 가능성이 존재한다. 결과적으로 상위권 로스쿨 출신의 합격률이 높아질 수 있다.

⑤ 법조인 임용 체계는 실무자 경력 기반이 아니라 여전히 연수원 성적 중심이다. 판사, 검사의 임용은 변호사 경력자 중심이 아닌, 시험 합격자 중 연수원 성적 상위자가 중심이 되며, 이는 로스쿨의 실무교육 동기를 약화한다.

⑥ 직무 역량 체계가 없다 보니 로스쿨의 교육·평가가 목표 없는 훈련이 된다. 법률 직무에 필요한 직무 역량 체계가 부재하며, 구체적인 직무 정의나 요구 역량 분석이 부족하여 커리큘럼 설계 자체가 목표 없는 지식 나열에 머무른다.

▎로스쿨 개혁은 법조 인력 선발체계와 연결되어야

법학전문대학원은 단지 대학의 교육체제 문제가 아니라 법조인의 선발, 양성, 배치 전반과 긴밀히 연결된 구조적 문제다. 실무 중심 교육을 실현하려면 교육만 바꾸는 것이 아니라 변호사시험의 평가 방식이 근본적으로 전환되어야 하며, 나아가 고위 법조인 임용 체계도 실무경력 중심 또는 역량 기반 평가 체계로 재설계되어야 한다.

변호사시험은 실무자 지향적 역량 평가 철학이 반영되어야 하며, 일정 경력을 쌓은 후 법관이나 검사와 같은 고위직 임용 단계에서는 고위공무원 선발처럼 관리자 중심 역량 평가 방식이 적용되어야 한다. 지금처럼 연수원 성적 중심의 판사·검사 임용 구조가 지속된다면, 이는 실무교육의 철학을 제도적으로 무력화시키는 결과만을 초래할 것이다.

이제는 시험제도, 교육제도, 임용 제도가 각각 따로 움직이는 시대는 끝나야 한다. 법조 양성 체계를 하나의 생애 경로 구조로 보고, 통합적으로 재설계할 필요가 있으며, 그 핵심은 '교육의 목적은 시험이 아니라 역량이며, 시험은 교육의 철학을 실현하는 수단이 되어야 한다'라는 점이다. 법학전문대학원이 진정한 전문교육기관이 되려면, 지금부터라도 이 철학을 중심에 놓아야 한다.

보론 2.
지대를 추구하는
자격 구조를 깨트릴 정책

오늘날 의료와 법률 직역을 포함한 많은 고소득 전문직은, '자격'을 무기로 자신들의 직역을 사적으로 봉쇄하고 있다. 이들은 법률 또는 제도적으로 보호된 '시장'을 갖고 있으며, 해당 자격이 없으면 그 시장에 진입조차 할 수 없다. 문제는 이러한 구조가 공공성을 위한 진입 장벽보다는 지대(Rent) 확보를 위한 독점적 장치로 기능하고 있다는 점이다.

▎자격은 독점이 아니라, 유동적·협력적 역할이어야 한다

의사와 변호사 등 일부 자격 보유 집단은 업무 범위를 고수하며 간호사, 약사, 행정사 등 다른 전문가들의 업무 확대를 법적으로 봉쇄하고 있다. 예를 들어, 의사만이 독점적으로 진료권을 행사하고, 변호사만이 법률 자문 전반을 포괄한다.

하지만 현대사회는 단일 전문가의 전권(全權)적 수행이 아닌, 다직종 협업(Multi-professional Collaboration)이 요구되는 사회이다. 의료 분야에서는 일부 간호사 또는 의료 보조 인력의 진료/치료 보조 역할이 미국 등에서 제도화되었고, 법률 분야도 Paralegal, 법률 사무원, AI 기반 법률 정보 시스템 등이 확산하고 있다. 따라서 자격 제도는 폐쇄적 직역 통제 구조가 아닌, '협업할 수 있는 공적 역량 기준'으로 작동해야 하며, 이로써 지대 추구를 제한해야 한다.

▍자격은 '역할'이 아니라 '책임'을 중심으로 설계되어야 한다

현재의 자격 구조는 '어떤 업무를 내가 독점적으로 할 수 있는가?'에 초점이 있다. 그러나 진정한 공공적 자격이란 '어떤 책임을 내가 질 수 있는가?'를 기준으로 설계되어야 한다. 의료사고, 법률사고, 사회적 피해가 발생했을 때 그 책임을 지는 구조가 없다면, 이는 자격을 '권한'의 도구로만 사용하는 것이다.

국가는 이러한 구조를 방치해서는 안 되며, 책임 기반의 자격 재설계를 통해 일정한 역량이 있다면 타 직역도 부분적으로 진입할 수 있는 유연한 업무 재설정 구조를 마련해야 한다.

지대 추구를 막는 수단:
업무 범위 개방, AI 도입, 공공영역 확장

① 의사: 간호사, 약사 등의 업무 분화 및 확대, 원격진료와 AI 진단 시스템 확대 그리고 개업을 통해 영리를 추구하도록 만든 의료시스템의 개편 등
② 변호사: 행정사, 노무사, 세무사 등 자격 보유자의 일정한 법률 서비스 허용, 법률 정보 자동화 플랫폼과 병행
③ 공통: 자격시험의 폐쇄성 완화, 시험 아닌 성과 기반 인증 시스템 도입 검토

이러한 방식은 특정 집단의 생계를 위협하는 것이 아니라, 국민 전체의 접근성과 공공성을 보장하는 방향으로 자격체계를 전환하는 것이다.

자격이 지대 추구의 수단이 되는 사회는 공정하지 않다

자격은 교육과 학습, 그리고 훈련을 통해 축적된 역량에 대한 사회적 신뢰를 표시하는 장치이지, 그 자체가 권력이어서는 안 된다. 고소득 전문직 집단이 자격을 '보호막' 삼아 자신의 시장을 지키려 한다면, 국가는 그 보호막을 걷어내고 공공적 기준을 다시 세워야 한다. 진정한 자격의 공공성은 폐쇄적 독점을 거부하고, 타 직종과

의 협력이 가능한 전문성의 사회화를 지향하는 데서 출발한다.

만약 이러한 인식 없이 단순히 의대 정원을 늘리면 된다는 식의 단선적 접근만 반복한다면, 그것은 기득권 집단에 더욱 강한 힘과 결집력을 부여하는 결과로 이어진다. 2025년 신입생임에도 불구하고 집단 수업 거부에 참여한 의과대학생들, 변호사시험 합격률을 정치적으로 조정하겠다는 로스쿨 교수들 모두가 보여주는 것은, 이들이 더 이상 교육의 주체가 아니라 학생 보호를 내세워 지대 추구 집단의 일부로 구조화되었다는 사실이다.

국가가 이를 통제하지 못하고 방조한다면, 교육정책은 공공성을 회복하기는커녕 자격이 지배하는 불공정 사회를 고착화시키는 데 일조하게 될 것이다. 현명한 정부라면, 지금이라도 이 구조를 제어할 수 있는 지성과 의지를 회복해야 한다.

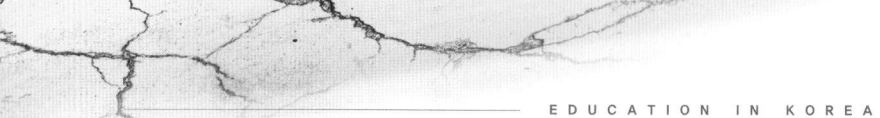

EDUCATION IN KOREA

RISE 등 재정지원사업: 대학교육의 본질적 개편?, 상징 사업?

교육부가 역점을 두고 추진하고 있는 GLOCAL(글로컬 대학 30) 사업과 RISE(지역혁신 중심 대학지원 체계) 정책은 지역대학의 위기를 타개하고자 하는 의도에서 출발하였다. 그러나 이러한 사업들은 구조적 한계를 안고 있으며, 대학교육체제를 개편하기 위한 본질적 접근을 회피한 채 재정지원사업으로 포장되고 있다는 점에서 비판이 필요하다.

1) 대학교육체제 개편의 책임 회피

우리나라의 대학교육체제는 교육부의 「고등교육법」, 「평생교육법」, 「학점인정법」, 「독학학위법」, 고용노동부의 「평생직업능력법」 등 여러 법령이 병렬적으로 작동하며 혼란스러운 양상을 보인다.

기술대학, 사내대학, 원격대학, 사이버대학 외에도 학점은행제가 혼란을 더욱 부추긴다. 이러한 구조적 난삽함은 학습자의 권리를 일관성 있게 보장하지 못하고, 대학의 역할과 책임에도 혼선을 초래한다. 그럼에도 교육부는 대학교육 제도의 개편 책임은 방기한 채, RISE와 GLOCAL이라는 재정지원사업을 통해 대학의 '구조조정'을 유도하고 있다. 이는 본질적 개혁 없이 임시방편으로 대학 현장을 압박하는 방식이다.

2) 노동시장과 교육정책의 불일치

GLOCAL과 RISE는 지역 기반의 인재 양성과 고용 연결을 목표로 하나, 실제 노동시장은 지역 단위로 작동하지 않는다. 대기업은 글로벌 인력시장을 대상으로 하며, 중소기업조차 전국 단위의 인력 이동을 전제로 한다. 지역 단위의 노동시장 자체가 구조적으로 존재하지 않으며, 이는 지역대학이 공급하는 인력이 대학 소재 지역에서 정착할 수 없는 근본적 이유이기도 하다. 지역의 인력시장이 존재한다면 일부 공공기관(정부가 법으로 지역 인재 채용을 강제)과 소수의 중소기업에만 해당한다. 만약 지역의 인력시장이 중소기업에 존재한다면, 이는 4년제 대학보다는 직업고등학교와 전문대학 수준의 일자리일 가능성이 크다. 즉, GLOCAL이나 RISE가 대상으로 삼는 4년제 대학이 활동할 여지는 크지 않다.

3) 지역 불균형을 심화시키는 공모사업

정부는 산업이 성숙한 지역(예: 울산, 경남)과 산업 기반이 약한 지역(예: 전북, 강원) 사이의 격차를 조정해야 할 책임이 있음에도, 사업 공모 방식은 이러한 격차를 무시하거나 오히려 강화한다. GLOCAL과 RISE는 자치단체와 대학의 기존 역량에 따라 선정이 좌우되므로, 애초에 산업 기반이 부족한 지역은 불리한 출발선에서 경쟁을 강요당한다. 이러한 점을 우려하여 산업 기반이 약한 지역의 대학을 우대한다면, 역설적으로 사업의 성과는 제한적일 수 있다.

4) 지자체의 전문성 부족과 교육의 정치화

대학교육은 고도의 전문성과 중장기적 전략이 필요한 분야이다. 그러나 시·도청은 대학교육에 대한 전문 행정 체계가 갖춰져 있지 않으며, 정책 경험도 거의 없다. 시도지사 또한 정치인으로서 교육의 지속성과 일관성보다는 단기성과에 치중할 가능성이 높다. 이런 구조 속에서 지역 주도의 대학 정책이 효과를 거두기란 쉽지 않다. 광역지자체의 참여가 중요하고, 대학의 지역사회에의 기여가 필요했다면, 정부가 재정을 광역지자체에 지원하고, 광역지자체가 대학과 협력하는 사업을 지자체 스스로 만들면서 대학과의 협력 생태계를 하나씩 구축해 가는 것이 더 올바른 전략이다.

5) 대학의 자율성 훼손과 수도권 대학 배제의 비(非)논리성

GLOCAL과 RISE는 재정사업을 수단으로 하여 대학의 구조조정과 교육과정 개편을 강제하고 있으며, 이는 결과적으로 대학의 자율성을 심각하게 침해한다. 또한 수도권 대학을 사업 대상에서 제외함으로써 수도권 대학은 지역사회와 산업체와의 협력이 불필요하다는 잘못된 전제를 강화하고 있다.

6) 평생교육 기능과의 단절

대학의 평생교육 기능을 강화하기 위해서는 고용노동부와의 HRD 사업 연계, 교육부의 평생교육 기능 내실화, 부처 간 협업 체계가 필수적이다. 그러나 현 정책은 그러한 제도적·전략적 설계 없이, 단순히 '지산학(地産學) 연계'라는 슬로건 아래 직업교육, 산학협력교육 기능만을 확장하고 있다. 이에 따라 평생교육과 직업교육은 분리되고, 대학은 여전히 학령기 중심 교육기관으로 머물게 된다. 자연스레 이는 대학이 성인 학습자와 지역민을 위한 학습플랫폼으로 기능해야 한다는 평생학습사회 구축의 방향성과도 배치된다.

7) 국·공립대학의 위축과 고등교육의 공공성 위협

경쟁 중심의 재정사업은 결과적으로 역량이 약한 지방 국·공립대학의 탈락을 초래할 가능성이 크다. 이는 국·공립대학의 수를 줄이고, 고등교육의 공공성을 취약하게 만든다. 국가가 책임져야 할 공적 고등교육 체계를 시장과 경쟁의 논리로 위임한 결과다. 특히 GLOCAL 사업의 경우, 국·공립대학이 선정되기 위한 전략으로 '대학 간 통합'을 선택하게 되면서, 결과적으로 국·공립대학의 수가 줄어드는 방향으로 정책이 작동하고 있다. 이는 교육의 질이 미비하거나 기능이 중복되는 대학에 대한 정리 없이, 공공성이 강한 국·공립대학의 축소를 초래하고 있으며, 고등교육의 공공성 유지라는 국가의 책임을 약화하는 구조적 결과를 낳고 있다.

8) 법적 기반 없는 정책 추진

GLOCAL과 RISE는 교육부의 재정지원사업으로 운영되고 있으며, 이를 뒷받침할 고등교육법상 근거가 미비하다. 법률적 기반 없는 정책은 정권 교체나 예산 삭감 시 지속 가능성이 없으며, 고등교육체제 전환을 위한 장기 전략이 되기 어렵다.

9) 국립대학 체계의 정체성 혼란

지금까지 교육부는 국립대학을 서울대학교와 기타 국가 거점대학으로 불리는 큰 대학, 그리고 중소 규모의 국립대학으로 구분하여 정책을 펼쳐 왔다. 서울대에는 다른 국립대학에 비해 엄청나게 많은 예산을 투자해 왔다. 그런데 GLOCAL과 RISE를 하면서 모든 국립대학을 지역과 연결하려고 하다 보니, 국가 거점대학으로 불리는 큰 대학들의 정체성에 혼란이 발생하고 있다. 예를 들면, 광주와 여수에 캠퍼스가 있는 전남대는 광주와 협력해야 하는가? 전남과 협력해야 하는가? 현실은 양 지자체로부터 환영을 받지 못하고 있다. 대전에 소재한 충남대는 대전과 협력해야 하는가? 세종과 협력해야 하는가? 아니면 충남인가? 너무나 단순한 이러한 질문에 쉽게 답하지 못하는 것이 지금의 사업이다.

10) 타 부처 산하 대학은 무풍지대

교육부가 관장하지 않는 여러 대학이 있다. 과학기술정보통신부 산하의 KAIST, GIST 등의 과학기술대학, 고용노동부의 한국기술교육대학교, 문화관광부의 한국예술종합학교 등이다. 그럼 '이들 대학은 지역과 함께할 필요는 없는 것인가?', '왜 정부는 이들 대학은 내버려두는가?' 이러한 교육부의 태도는 정부 차원에서 대학교육정책을 통합적으로 수립하고 대학에 대한 지원 체계가 부재함을 의미한다.

11) 성과 측정의 어려움

GLOCAL과 RISE 정책은 표면적으로는 지역 인재 양성과 지역 정주, 지역 중심 거버넌스 구축, 혁신 모델 개발 등을 목적으로 한다. 그러나 실제로는 지방대학 구조조정과 재정 효율화, 교육부의 재정 권한 재편 등이 중심에 놓여 있다. 이러한 정책 명분과 실제 목적 간의 괴리는 정책의 정당성과 투명성을 저해하며, 성과 측정의 기준 설정조차 어렵게 만든다. 먼저, '지역 인재 육성'이라는 명분을 내세우나, 실질적으로는 지방대학의 통폐합을 유도하는 수단이 되었다. 둘째, '지역 중심 거버넌스'는 재정 권력 분산의 외형을 갖추었지만, 실제로는 교육부의 중앙 통제를 유지하는 방식으로 운영되고 있다. 셋째, '혁신 모델 구축'은 성과 홍보 중심의 단기적 성과 창출에 치중하며, 근본적인 고등교육체제 개편은 회피하고 있다. 이처럼 겉과 속이 다른 정책 구조에서는 진정성 있는 성과 평가 지표의 수립이 불가능하거나 왜곡될 수 있으며, 결과적으로 형식적 실적 경쟁만을 강화하는 경향이 있다.

12) 기업의 인사 시스템에 대한 무지

GLOCAL과 RISE는 지역대학과 지역 기업 간 산학협력을 강조하지만, 이 구상은 한국 기업 인사구조의 현실에 대한 이해 부족에서 비롯된 것이다. 대부분의 기업은 본사가 인사와 인재 양성, 연수, 투자를 총괄하며, 지방의 사업장이나 공장도 인사권은 본사에 집중되어 있다. 따라서 지역대학이 지역 기업과의 협력만으로 인재 양성과 고용 연계를 이루겠다는 발상은 현실과 동떨어져 있으며, 기업의 HR 구조와 동떨어진 정책 설계이다. 결국 산학협력의 주체가 중소기업 중심으로 제한될 수밖에 없으며, 이는 혁신 역량, 기술 개발능력, 고용 창출 여력 측면에서 한계를 지닌다. 지역 산업 기반이 충분치 않은 상황에서 중소기업 중심의 산학협력은 고등교육정책의 실효성과 산업정책의 지속 가능성에 부정적 영향을 줄 수 있다.

13) 학문의 자유와 대학의 자율성에 끼치는 부정적 영향

대학재정지원사업이 대학의 학문적 자유와 자율성에 심각한 영향을 미치고 있다. 우선, 연구와 교육 내용이 사업계획서의 요구 사항에 따라 결정되면서, 학문 주제를 자유롭게 탐색하기보다 '채택될 수 있는 주제'로 선택이 편향되는 현상이 발생할 수 있다. 이는 학문 본연의 창의성과 자율적 탐구를 크게 위축시키는 결과를 초래한다. 또한 대학의 운영구조도 사업에 종속되면서 변화하고 있다. 부총장이나 기획처가 주도하는 '사업 맞춤형 조직 개편'이 이루어지면서, 전통적으로 대학의 학문적 방향을 견인해 온 교수회, 학과, 연구실의 위상이 약화하고, 산학협력처(또는 산학협력단)나 기획처 등 사업 관리부서가 실질적 권한을 행사하는 구조가 형성된다. 이는 대학 내 민주주의와 집단적 의사결정 시스템의 약화를 가져온다. 학과 개편 역시 RISE와 GLOCAL 등 공모사업과 연계된 방식으로 진행되며, 첨단 분야나 계약학과 중심의 구조로 개편되고 있다. 그 결과 고전 학문이나 인문·기초과학 분야는 철저히 소외되고 있으며, 대학이 자율적으로 수립한 장기적 발전 전략은 사실상 무의미해지고 있다. 교육과정 설계 역시 사업의 성과지표를 맞추는 데 집중되면서 단기적이고 산업 맞춤형 교육이 우선되며, 비판적 사고와 학제적 탐색, 전인교육과 같은 교육의 본질적 가치가 약화하고 있다. 마지막으로 일부 대학은 이러한 재정지원사업 없이는 생존이 어려운 재정 구조로 내몰리고 있으며, 이는 대학이 본래의 정체성과 철학보다는 '지원받기 위한 대학'으로 전락하는 결과를 낳고 있다. 이에 따라 대학의 정체성은 점차 희석되고, 고등교육의 본질은 왜곡되고 있다.

정리하면, 지금 필요한 것은 재정지원사업의 확대가 아니라, 대학교육체제를 학습자 중심, 지역 균형, 평생학습 기반으로 재설계하는 것이다. 법 정비, 제도 통합, 부처 협력, 대학 자율 보장이라는 원칙 위에 고등교육의 공공적 비전을 회복해야 한다.

보론 3.
교육부와 타 부처의 대학재정지원 기준과 원칙

    대학재정지원은 예산 배분의 문제가 아니라, 고등교육 체계의 안정성과 공공성을 유지하고, 국가 전체의 인재 양성 및 지역 균형발전을 도모하는 핵심 정책 수단이다. 따라서 정부가 대학에 재정을 지원할 때는 역할 분담, 법적 근거, 조정 기구, 지원 기준, 운영 방식 등에 대한 원칙을 분명히 해야 한다. 부처 간 조정과 협력을 제도적으로 설계하여 예산 중복, 사업 충돌, 대학 행정 부담 가중, 정책 정당성 훼손 등의 부작용을 예방해야 한다.

대학재정지원사업의 3분 구조와 문제점

교육부는 2025년부터 대학재정지원사업을 세 갈래로 나누었다.[54]

① 일반재정지원: 대학 자율혁신계획을 수립한 대학에 블록펀딩 형태로 지원
② 특수목적지원: BK21, K-MOOC 등 국가전략 분야에 대한 선별적 투자
③ RISE(지역혁신 중심 재정지원): 지자체 중심 대학재정지원으로 전환, 글로컬 대학 포함

이러한 3분화 구조는 한편으로는 정책 목적을 명확히 하려는 시도로 보이지만, 다음과 같은 구조적 한계를 지닌다.

① 일반재정지원은 실질적인 '일반'이 아니다. 평가와 진단을 통한 성과주의가 강하게 내포되어 있다.
② 특수목적지원은 부처 간 연계가 미흡하다. 타 부처와 역할 조정 없이 난립 우려가 있다.
③ RISE는 법적 근거가 불분명하고, 지자체의 역량 격차에 따라 지역 간 불균형을 유발할 수 있다. 중요하지만 그렇다고 올바른 방향으로 작동될지는 의문이다.

---

54   교육부 보도자료(2025. 03. 21.).

대학재정지원의 기본 원칙은 무엇인가?

대학에 대한 재정지원은 단순히 예산 배분이나 일시적 사업 추진을 넘어, 대학이 자율성과 책무성의 균형 속에서 고등교육의 공공적 임무를 하도록 유도하는 구조 설계가 되어야 한다. 이를 위해 다음과 같은 기본 원칙이 설정되어야 한다.

1) 대학의 자율성과 책무성 간의 균형이 확보되어야 한다

대학은 학문의 자유와 자율성 위에 존재하는 기관으로서, 재정지원은 그 운영의 자율성을 침해해서는 안 된다. 그러나 동시에 국민의 세금이 투입되는 공공재로서의 성격을 고려할 때, 일정 수준의 책무성 확보는 필요하다. 따라서 재정지원은 기본 운영을 보장하되, 성과 평가에 따라 일정 정도의 가감(加減)은 가능하나, 과도한 경쟁이나 획일적 기준의 평가 방식은 지양되어야 한다.

2) 국립대학에 대해서는 별도의 재정 운영 체계가 필요하다

국립대학은 국가가 직접 설립하고 운영하는 교육기관으로서, 대학 간 경쟁에서 생존을 전제로 하는 구조조정의 대상이 아니라, 국가책임으로 공공성을 강화할 수 있도록 운영되어야 한다. 이를 위해 국립대학에 대한 특별회계 또는 전용 공공기금 제도를 마련하여, 상시적인 재정 불안을 해소하고, 지역·국가 균형발전 거점으로서의 역할을 안정적으로 수행할 수 있도록 해야 한다.

> 3) 성과 중심보단 구조 중심의 재정지원 체계 전환이 필요하다

현재의 재정지원사업은 대부분 정부가 주도하는 단기적 성과지표에 따라 지원 여부와 규모가 결정되는 방식으로, 이는 고등교육기관의 본질적 기능인 장기적 인재 양성과 학문적 기반 조성에는 미흡하다. 대학재정지원은 각 사업 단위의 성과보다, 대학 체제 전체의 구조적 전환과 고등교육 생태계의 지속 가능성 확보를 유도할 수 있도록 재설계되어야 한다.

▮ 일반지원과 목적지원의 명확한 분리가 요구된다

교육부는 고등교육의 주무 부처로서, 모든 인가받은 대학에 대해 기본적이고 보편적인 재정지원을 담당해야 하며, 이를 일반지원으로 정립해야 한다. 반면, 산업부, 고용부, 복지부, 중기부 등은 각 부처의 목적과 정책 목표에 부합하는 특정한 재정지원만을 수행하는 목적지원으로 역할을 한정해야 한다.

교육부의 일반지원은 고등교육법상 정부가 인가한 대학에 대한 공적 책임의 이행으로서, 교육부가 인가권을 행사한 모든 대학이 균형적으로 성장할 수 있도록 지원하는 것이 교육부의 책임이기

때문이다. 즉, 인가를 받은 대학은 정부의 재정지원 대상이 되어야 한다. 질 관리를 위한 최소한의 안정적 재정 보장이라는 점에서 모든 대학을 대상으로 하는 포괄적 성격을 갖는다. 대학의 성과나 질 관리를 평가한 결과는 대학 해산이 아닌 이상 일반재정지원의 지원액 조정의 기준으로 활용하여야 한다.

BK 21도 대학원을 운영하는 대학에는 모두 지원하는 것이 원칙이 되어야 한다. 대학 사회가 대학원을 운영하는 것이 적절한지를 평가하고, 평가받은 대학원은 정부의 지원이 균형적으로 이뤄져야 한다. 왜 정부가 대학을 평가하여 재정을 나눠 주려고 하는가? BK21을 했다고 대학원이 특성화되었는가?

K-MOOC도 언제까지 정부가 재정지원으로 사업을 하려고 하는가? 이제는 대학이 스스로 하도록 내버려둬도 된다. 재정지원사업이라는 명목으로 대학을 평가하거나 할 필요가 없다. 일반지원보다는 연구 사업으로 처리해도 된다.

이와 달리, 타 부처의 목적지원은 특정 산업이나 고용 정책, 복지 연계 교육, 창업 활성화 등 제한적이고 명시적인 목적에 따라 설계되며, 교육부의 정책 방향과 최소한의 정합성을 확보해야 한다. 교육부도 특수목적, 타 부처도 특수목적이어서는 곤란하다. 이때 함께 고민해야 할 것은 특정한 대학(예: 서울대, 타 부처 소관 대학)에 과도한 예산 집중 지원은 곤란하다는 점이다. 이들 대학 역시 교육부의 재정지원 체계의 틀 내에서 지원 규모와 방식이 결정되어야 한다.

▎ 법적 근거의 명문화와 부처별 책무의 제도화도 요구된다

교육부는 대학재정지원의 기본 원칙, 절차, 지원 방식, 선정 기준 등을 명시한 「대학재정지원법」(가칭)을 제정하여, 일반지원과 특수목적지원에 대한 법적 기반을 확보해야 한다. 이는 정부의 재정지원이 임의적인 사업 단위가 아니라, 공정하고 지속 가능한 체계 아래에서 운영되도록 제도화하는 장치가 된다.

동시에, 타 부처가 재정을 지원할 때도 「대학재정지원법」(가칭)과 각 부처의 고유 법령에 따라, 해당 사업의 목적, 대상, 선정 기준, 대학과의 관계 설정 등을 명확히 해야 한다. 대학이라는 공공교육기관에 대한 재정지원이므로, 각 부처의 재량에 맡기는 것이 아니라, 교육부와의 협의 체계를 통해 일관된 방향성과 투명성을 담보해야 한다. 선별적·경쟁적 지원이라 하더라도 공공 재정의 형평성과 예측 가능성을 해치므로, 법령에 목적·절차·선정 기준 등의 명시가 필요하다. 이 과정을 거치면서 대학의 특성화가 진행될 수 있어야 한다. '재정지원 따로, 특성화 따로' 방식은 예산의 낭비를 초래하게 된다.

▎대학재정지원 정책의 조정 기구 설치와 운영이 필요하다

대학은 교육부만 관련된 것이 아니다. 산업부(산업인력), 고용부(직업훈련, 실업자교육), 복지부(노인복지, 보건인력), 중기부(창업교육) 등 여러 부처 사업과 얽혀 있다. 타 부처는 부처별 목적에 따라 사업 관리와 운영의 자율성이 존재한다. 즉, 부처별로 지원 목적이 다르고 지원 방식도 다를 수 있는 것이다. 다만, 대학교육에 대한 법적 책임은 교육부에 있기 때문에 교육부가 추구하는 정책 방향을 고려하여 타 부처도 재정지원을 해야 한다. 예를 들면, 구조조정 대학에는 타 부처도 재정지원을 해서는 안 되는 것이다.

각 부처가 독자적 기준으로 대학에 지원하면, 재정지원사업이 중복·충돌할 위험이 있고, 일관성 없이 중복 과제가 양산되고 대학은 부처 계획에 맞추기 위해 추가적인 행정비용에 허덕이게 된다. 동시에 모든 국고지원은 책임성과 정합성을 가져야 한다. 부처별 난립은 세금 낭비, 책임 불명확이라는 문제를 초래하게 된다. 세금(국고) 사용의 정당성 확보는 필수적이다. 마지막으로 부처별 다른 요구가 대학에 가해지면, 대학은 고유의 자율적 책무성을 잃고 정책 하청기관처럼 전락할 위험이 있다. 대학의 자율성·공공성도 존중되어야 한다.

교육부와 타 부처의 역할 분담과 협력을 실질적으로 조율하기 위해서는 '대학재정지원정책조정위원회(가칭)'를 위의 「대학재정지원법」(가칭)에 규정하여 교육부에 두고, 기획재정부, 산업통상자원부, 고용노동부 등 관계 부처가 공식적으로 참여하도록 하여 협의·조정 기능을 제도화할 필요가 있다.

이 위원회는 다음과 같은 기능을 수행할 수 있어야 한다.

① 대학에 대한 재정지원의 기본 원칙과 방향 정립
② 각 부처의 대학지원사업 계획 사전 협의 및 중복 방지
③ 교육부가 설계한 일반지원 공식(Formula)을 기본으로 하고, 부처별 목적지원은 이에 연계하여 설계
④ 대학에 가해지는 정책 요구의 충돌을 사전 조정하고, 대학의 과도한 행정 부담을 완화
⑤ 국가 재정의 통합성과 책무성을 확보

▎공식(Formula)을 통한 일반지원 기준의 정형화가 필요하다

교육부는 단순히 재정을 나누는 기관이 아니라, 공공성과 합리성에 기초한 지원 공식(Formula)을 설계·운용하는 기관이 되어야 한다. 이 공식은 재학생 수, 취업률, 성인 학습자 비율, 장애 학생 지원, 지역사회 기여도 등 다양한 요소를 반영하되, 공공 책무성 및 미래 성장 기여 등의 변수는 가중치를 설정하여, 균형과 책무성의 원리를 구현할 수 있어야 한다. 이러한 공식은 3~5년 주기로 재조

정되어야 하며, 서울대든 지방대든 동일한 기준 아래에서 차별 없는 지원이 이뤄지도록 해야 한다. 모든 대학이 같은 출발선상에서 경쟁하는 '특혜 없는 체계'를 구현하는 것이 핵심이다.

이를 위해 교육부는 Formula의 변수 설계, 가중치 조정과 이를 위한 데이터 축적, 그리고 주기적인 점검과 미세조정을 수행할 수 있어야 한다. 물론 대학의 질 관리가 자체적으로 그리고 외부 평가로 충실히 진행된다는 전제가 뒷받침되어야 한다.

▌대학 구조조정과 퇴출은 별도로 제도화해야 한다

대학 체제 개편과 관련된 재정정책은 '육성'과 '질 관리'라는 이중적 기능을 모두 고려해야 한다. 특히 고등교육체제의 지속 가능성을 담보하기 위해서는, 재정지원과는 별도로 '구조조정 기금'과 '퇴출 기제'를 제도화하는 것이 필요하다.

먼저, 구조조정 기금은 정부가 대학을 선별하여 정리하는 방식이 아니라, 대학이 스스로 통폐합, 학과 감축, 규모 조정 등의 계획을 수립하고 신청하는 방식으로 설계되어야 한다. 국가는 이에 대해 필요한 재정지원을 제공하고, 사후 결과를 점검하는 역할을 수행한다. 이는 대학의 자율성과 책임성을 동시에 확보할 수 있는 방식이며, 행정부 주도형 정리 정책의 부작용을 줄일 수 있다. 이는 대학이 정부의 인가를 신청한 의미에 비춰볼 때, 대학이 스스로 대학의 존속 가치를 증명해야 하고, 실패하면 법적 근거에 따라 정리되는 것을 받아들여야 한다는 의미이다. 즉, 법인은 대학으로서 제 역할을 하겠다고 학교를 신설했기에 이에 대한 책임도 스스로 져야 하는 것이다.

구조조정 기금은 공공기관인 사학진흥재단과 같은 독립적 운영 주체를 통해 관리되며, 정부의 출연금, 상환금의 재투자, 이자 수익, 민간 기부금 유치, 복권 기금 활용 등과 같은 방식으로 조달 및 운용이 가능하다.

기금은 융자 성격의 자금으로 운영하여 무상 보조가 아닌 책임 있는 구조조정이 이루어지도록 하며, 각 대학은 자체 계획 수립(예: 유휴부지 매각, 조직 축소, 학과 통합 등)을 통해 기금 신청과 지원을 받도록 한다. 다만, 국립은 국가의 유지책임을 전제로 하여 특별회계를 통해 관리하는 방식도 검토되어야 한다.

한편, 퇴출 기제는 행정기관의 자의적 판단이 아닌, 투명한 법적 기준과 절차에 따라 자연스럽게 작동해야 한다. 예를 들어, 3년 연속 재정 진단 최하위 결과와 같은 객관적 지표와 교육부로부터 독립된 '퇴출심의위원회'의 심의 결과를 종합하여 법률에 근거한 정리 절차가 작동하도록 해야 한다. 이 과정은 '대학 죽이기'라는 감성적 프레임을 벗어나, 공공 시스템의 정당한 운영으로 이해될 수 있도록 제도적 기반을 마련해야 한다.

▎정리하면

대학에 대한 재정지원은 교육부의 일반지원과 타 부처의 목적지원으로 이원화하되, 법제화와 정책조정 기구 설치, 공정한 공식 설계, 자율성과 책무성의 균형 유지를 통해, 중복과 혼선을 방지하고 체계적이고 지속 가능한 대학 정책을 구축해야 한다. 이것이야말로 진정한 국가 차원의 고등교육 거버넌스이며, 대학이 정책 하청기관이 아닌 공공교육기관으로 기능하기 위한 최소한의 조건이다.

보론 4.
지방자치 기반의 대학 정책의 바람직한 설계 방향

현행 교육부의 GLOCAL 사업, RISE 사업, 교육발전특구 등은 지역발전을 표방하고 있으나, 실상은 중앙정부가 재정 권력을 통제한 채 대학 구조조정과 교육자치의 변형을 유도하는 방식이다. 이러한 중앙집권적 접근은 대학의 자율성은 물론, 지역 고등교육의 본질적 발전을 가로막는다. 따라서 고등교육과 지역 정책을 연계한 진정한 지역 자치 기반의 대학 정책은 다음과 같은 철학과 조건을 갖추어야 한다.

1) 실질적 권한 이양 없는 '자치'는 허구

대한민국의 지자체는 헌법상 '지방정부'가 아니라, 중앙행정기관으로부터 일정 권한을 위임받은 행정단위에 불과하다. 따라서 진정한 자치 기반 대학 정책은 기획 참여나 지역 의견 청취 수준이 아니라, 법률에 근거한 실질적 권한 이양을 바탕으로 해야 한다. 이를 위해서는 교육재정과 고등교육정책 일부를 법적으로 지자체에 이관하는 체계를 마련해야 한다. 오해해서는 안 되는 점! 대학 정책을 100% 지방으로 이관하는 것이 아니라, 지산학 협력 강화가 핵심이라는 점.

2) 차등화된 권한 부여와 제도적 검증 시스템 구축

모든 지자체가 동등한 권한을 가질 수는 없다. 고등교육정책을 안정적으로 운용할 수 있는 재정 관리 역량, 교육 책무성, 기획 능력을 갖춘 지자체는 권한을 확대하는 방식이 필요하다. 이는 질서 있는 권한 분권이다. 이를 위해서는 지자체의 역량을 키우는 일도 차근차근 만들어 가야 한다. 동시에 대학도 지자체와 협력하는 역량도 키워나가야 한다.

3) 산학관 협력의 제도적 내재화

지역 고등교육정책은 지자체, 대학, 산업계가 공동 기획 주체가 되는 구조로 전환되어야 하며, 이를 위해 법적 협약 시스템을 도입해야 한다. 단발성 프로젝트 수준의 거버넌스가 아니라, 공동의 책임과 실행 권한을 갖는 산학관 교육 거버넌스가 정착되어야 한다.

4) 중앙-지방-대학 간 권한과 책임의 명확한 분리

현재는 교육부가 대학을 인가하고, 평가하고, 재정지원까지 수행하는 일원적 구조로, 권한과 책임, 자율이 혼재되어 있다. 이는 정책의 일관성과 책임성을 훼손한다. 향후 다음과 같은 구조적 분리가 필요하다.

- 인가 및 질 관리: 교육부가 담당하며, 학위 체계, 대학 설립 기준, 질적 기준을 유지하는 역할 수행
- 기본 재정지원(Formula): 교육부가 법정 공식에 따라 지원
- 특화 재정지원: 지역 기여, 산학협력, 평생교육 등은 지자체와 관련 부처가 담당. 지자체도 특수목적 재정지원사업의 한 주체로서 역할을 할 필요
- 다른 지방의 대학과도 협력: 지역 소재 대학에 관련 학과나 지식·기술이 없을 때는 인근의 대학과도 협력할 수 있는 유연성 보장(현재는 경직적). 즉, 대학은 지산학 협력을 중시하되, 대한민국 단위, 글로벌 단위로 활동할 수 있어야.
- 성과 평가 및 컨설팅: 교육부와 지자체가 공동 수행하며, 성과 지표와 지역 과제 각각의 기준을 적용
- 구조조정·퇴출: 교육부가 사학진흥재단과 연계해 추진

5) '지역 정주' 대신 '지역 경유' 전략으로의 전환

우리나라는 사실상 전국 단일 노동시장이다. 지역에 대학이 있다고 해서 그 졸업생이 지역에 정주할 가능성은 작다. 따라서 '정주' 논리가 아니라 '경유' 전략, 즉 청년들이 일정 기간 지역에 머물며 산업, 문화, 교육에 기여하고 전국적 또는 글로벌 경로로 나아갈 수 있는 유연한 인재 이동 모델이 설계되어야 한다. 이를 위해 다음과 같은 전략이 필요하다.

- 순환형 인턴십 및 프로젝트 기반 협력 확대
- 거점대학과 연계된 모빌리티 프로그램 설계
- 온라인 연계 교육, 이중 캠퍼스, 가상 산학클러스터 등 디지털 기반의 지역-수도권-국제간 협력 모델 도입
- 지역 정주는 교육이 아니라 주거·복지·일자리 정책을 통해 추진. 교육에서 지역 정주를 지나치게 강조하면 대학도 학생도 경직적으로 될 우려

6) 지역 중심 고등교육 거버넌스 재정립

지자체의 일반행정기관이 고등교육의 실질적 기획 주체로 기능하기 위해 다음과 같은 체계 정비가 요구된다.

- 재정과 권한의 이양: 지역 고등교육 예산의 일정 비율을 지자

체가 직접 기획·편성·집행할 수 있도록 법률에 명시
- 교육과 행정의 연계: 교육청, 지자체, 산업계, 시민사회가 참여하는 '지역교육협의체' 구성
- 지역 고등교육 기본계획 수립: 시도 단위 중장기 계획 수립 → 국가계획과 조화를 이루도록 설계
- 국가의 역할 재구조화: 교육부는 직접 집행자가 아닌 '기획·조정자'로 기능 전환
- 대학의 복합 기능 보장: 직업교육 외에도 학문, 문화, 평생학습, 지역혁신 기능을 포괄하는 플랫폼으로 육성

▎통제된 분권이 아닌 실질적 설계 권한의 분산이 중요

진정한 지역 자치 기반의 대학 정책이란 중앙의 통제를 '지역화'하는 것이 아니라, 권한과 재정, 책임을 실질적으로 이양하고, 대학과 지역사회가 공동 설계 주체로 나서도록 하는 체계를 의미한다. 이는 단순한 예산 배분이나 제도 조정의 문제가 아니라, 대한민국 고등교육의 구조 개편과 지역 균형발전 전략의 핵심 축이 되어야 한다.

마지막으로 한 가지 오해를 지적한다. 지산학 협력은 고등교육 정책에서 매우 중요한 전략이지만, 이를 대학 본부가 위치한 지역에 한정하여 협력을 도모하는 방식으로 축소해서는 안 된다. 지산학 협력은 지역 균형발전과 대학의 역량 강화를 위한 정책 수단이

며, 2가지가 보다 근본적이고 우선적인 목표라는 점을 분명히 해야 한다. 특정 지역과의 협력을 절대화하거나 제한할 경우, 오히려 이러한 더 큰 목표를 달성하는 데 장애가 될 수 있다. 따라서 지산학 협력은 대학의 교육·연구·사회적 기능이 지역 간 연계 속에서 더욱 넓은 네트워크로 작동하도록 설계되어야 하며, 이를 통해 지역 간 불균형 해소와 대학의 공공적 역할이 함께 실현될 수 있어야 한다.

결론적으로 대학 정책은 국가전략의 틀 내에서 검토되어야 한다

대학은 더 이상 특정 지역의 생존 수단이나, 산업계 요구에 따른 공급기관, 혹은 재정지원사업의 대상이 되어서는 안 된다. 대학은 사회 전체의 학문적 지성과 공공성을 담보하는 제도이며, 동시에 학습자의 권리를 보장하는 플랫폼이다. 그러한 대학을 구조조정하고 재정비하는 일은 단순히 일부 부실대학을 정리하는 문제가 아니라, 고등교육 전체를 어떤 철학과 비전으로 재설계할 것인지의 문제다.

① 사업계획이 아니라 법과 제도 기반을 두고 행해져야 한다.
② 대학 간 경쟁이 아니라 공정성과 지속 가능성을 담보하는 재정정책이 필요하다.
③ 실질적 권한 이양을 바탕으로 한 거버넌스 개편이 요구된다.

④ 강제적 퇴출이 아니라 책무성을 기반으로 한 자율적 구조조정을 우선된다.
⑤ 단기성과가 아니라 학습자 중심의 장기 전략에 기반을 두고 추진되어야 한다.

한국 고등교육은 향후 5년은 학생 수의 급격한 감소를 겪지 않는다. 따라서 지금이 매우 중요하다. 새로운 미래를 준비하기 위해선 이 순간부터 체제를 다시 설계해야 한다. 그리고 그 출발점은 재정지원사업의 한계를 넘어서는 것에서부터 시작해야 한다. 이런 논의를 바탕으로 고등교육과 성인교육, 평생교육이 결합된 대학교육 모델이 정립되고, 국가교육위원회의 발전계획에 담겨야 한다.

부실대학 퇴출과
대학 구조조정:
자율?, 강제?

GLOCAL, RISE 모두 제 나름의 목표가 존재한다. 그러나 어느 순간에서부터인지 부실대학의 퇴출이나, 넘쳐나는 대학의 양적(量的) 구조조정[55] 논의는 잠잠하다. 질적 구조조정 노력은 재정지원사업이 일부 담당한다. 그러나 양적 구조조정은 회피할 수 없다. 학생 수가 대폭 줄어드는 5년, 10년 이후의 대학 시장이 너무 암울하기 때문이다.

▎ 대학 구조조정 논의의 역사

한국에서 대학 구조조정이라는 말이 본격적으로 정책 어젠다로

---

55 구조조정과 구조개혁을 구분하기도 한다. 구조조정은 양적이고, 문제 해결이라는 과거 지향적이라면, 구조개혁은 질적이고 미래 지향적이라는 뉘앙스가 있다고 한다.

등장한 시점은 2004년 '대학구조개혁평가'부터이다. 이 당시 교육부는 학령인구 감소에 따른 대학 정원 감축을 예견하며 '선택과 집중'이라는 명분 아래 재정지원 연계 평가를 도입한다. 이후 주요 정부마다 방식은 다르지만, 본질은 유사한 구조조정 정책을 반복적으로 추진해 왔다.

- 2004~2009년: 대학구조개혁평가(1기)
- 2010년대 중반: CK(대학특성화), LINC, BK21+ 등 정부 재정지원의 분화
- 2016년: PRIME(산업연계 교육 활성화 선도대학) 도입
- 2018년: 대학기본역량진단제도로 일원화 – 자율개선대학, 역량강화대학, 재정지원 제한 대학 등 유형 구분
- 2023년 이후: RISE(지자체-대학 협력기반), GLOCAL(지방대 육성)로 방향 전환

이 일련의 구조조정은 겉으로는 학령인구 감소에 대한 대응이나, 실제로는 정부가 대학의 존속 여부를 좌우하는 절대 권한을 갖게 된 계기가 되었다. 그러나 기대한 성과가 발생했는지는 의문이다.

▎정책적 문제 구조: 퇴출과 구조조정의 방식과 기준

대학 구조조정의 핵심은 정원 감축과 재정지원 제한이다.

- 정량 지표 기반 평가: 교육여건, 졸업생 취업률, 재학생 충원율, 재정건전성 등
- 유형별 분류: 자율개선대학(정원 유지), 역량강화대학(조건부 지원), 재정지원 제한 대학
- 정원 감축 유도: 구조조정 권고 및 지방대 폐쇄 압박
- 법인 해산 유도: 퇴출 대학의 인가 취소 또는 자진 폐지 방식

그러나 이러한 방식에는 몇 가지 중대한 문제가 내재하여 있다.

- 부실의 기준이 비교육적이다. '교육의 질'은 지표화되지 못하고, 충원율이나 취업률이 대체한다. 이후 '부실대학'보다는 '재정지원제한대학' 등의 용어로 대체되었다.
- 비수도권대학에 불리하게 설계된 구조이다. 지역 격차는 구조조정 평가로 더욱 심화된다.
- 재정지원 중단은 곧 퇴출을 의미한다. 사립대의 자립구조가 취약한 상황에서 정부 재정이 생존 조건이 되어버렸다.
- 학생의 학습권 보호 체계가 미비하다. 폐교 시 학적 이관 외 실질적 교육 대책이 없다.

결국 구조조정은 교육의 질 관리라는 명분 아래 정부의 대학 통제 수단으로 기능하게 되었으며, '부실대학'이라는 표현은 도덕적 낙인조차 내포하게 되었다.

▎누구를 위한 구조조정인가?

지금의 대학 구조조정은 누구를 위한 것인가? 학생을 위한 것인가, 대학을 위한 것인가, 아니면 정부의 재정 효율성을 위한 것인가? 지금의 구조조정은 정부가 자율성을 빙자하여 공공책무를 방기하고, 대학은 책임 회피와 눈치 보기에 급급한 상태에서, 학생들은 아무도 지켜주지 않는 교육시장의 객체가 되어가는 과정을 보여준다. 진정한 구조조정은 단순히 퇴출이 아니라, 다음을 포함해야 한다.

- 지역 내 거점대학과의 기능 재조정
- 학과 개편이 아니라 학습자 경로 다변화
- 부실 판단 기준의 질적 재설계: 교육과정, 수업, 교수법 중심
- 공공투자의 전략적 전환: 양적 구조조정 → 질적 전환
- 폐교 절차의 공적 책무 강화: 학생과 교직원 보호 대책 포함

이러한 논의는 단지 대학 생존의 문제가 아니라, 한국 사회가 고등교육을 공공재로 여길 수 있는가, 학습권을 국가의 책무로 인정할 수 있느냐는 물음에 대한 답이기도 하다.

▎부실대학의 정의조차 불분명한 한국 사회

'부실대학'이라는 개념조차 한국에서는 명확하지 않다. 재정 부족,

충원율 미달, 교육의 질 하락, 운영 비리 등 다양한 기준이 존재하지만, 법적·정책적 정의가 부재하다. 교육부는 '경영위기대학'이라는 용어로 재정 진단을 하긴 하지만, 해당 대학에 대한 명확한 퇴출 메커니즘은 존재하지 않는다. 부실의 진단은 있어도 정리의 장치는 없고, 구조조정은 논의되나, 퇴출은 부재한 구조가 지속되고 있다. 재정지원 제한 대학 등의 자발적 개혁 노력을 사학진흥재단의 융자 제도를 통해서 추진하고, 정해진 기간 내에 개혁이 되지 못하면 퇴출이 되는 구조를 만들어야 한다. 즉, 대학에 마지막 회생 기회를 주고, 그럼에도 문제가 지속되면 퇴출해야 한다. 기업도 그러하다.

국립대학과 사립대학에 대한 차등 접근

한국 고등교육체제는 국립대와 사립대의 이원 구조로 구성되어 있으며, 사립대가 전체 대학의 80% 이상을 차지한다. 그런데 현 재정지원 체계는 국립대의 정원 조정, 통폐합, 기능 조정에는 적극적이나, 사립대학에 대한 구조조정은 '시장 자율'이라는 명분에 따라 방임하는 경향이 강하다. 결과적으로, 국립대학만이 구조조정의 대상이 되고 있으며, 이는 국립대학의 위축과 상대적 박탈감, 역할 모호성으로 이어지고 있다. 특히 멀티캠퍼스 체제하에서 기능 분담은 추상적이고, 통합이 추진되더라도 정원 감축이나 실질적 기능 조정이 뒤따르지 않아 효과가 미미하다.

▎사학의 실질적 퇴출 논의가 사라지고 있다

① 교육부는 2024년 중점과제로 '사립대학 구조개선법 제정'을 명시하고 있으나, 실질적인 퇴출 구조 또는 정원 감축 기전은 부재한다. 구조조정은 이야기하지만 정원 감축은 빠져 있다. 과거 국립대 통폐합 때 필수였던 정원 감축은 사라지고, '멀티캠퍼스 체제'가 등장했으나 실효성이 불분명하다.
② 사학의 플랫폼화 또는 공공적 역할 강화 논의도 없다. 사립대학이 지역 평생교육 허브, 연구 기반 공공플랫폼, 산업기반 역량 개발 기관으로 전환하는 철학은 빠져 있다.
③ 사학진흥재단은 '재정 안정화' 중심 지원기관으로 기능하고 있으며, 철학 없는 '재무적 연명'의 장치가 될 우려도 있다.

▎사학의 자발적 구조조정과 퇴출 유도 시스템의 정비가 필요하다

현재의 대학 구조조정 정책은 공공성과 철학이 결여된 채, '경영위기' 여부를 중심으로 한 구조조정에 머물고 있다. 사립대학에 대한 구조조정은 다음과 같은 방식으로 재설계될 필요가 있다.

① **사립대학 구조조정의 주체는 사학법인:** 구조조정은 법인의 책임이며, 법인은 자체 개혁 청사진을 제출하고, 이에 대해 사학

진흥재단은 융자 지원을 제공하는 구조여야 한다. 즉, 회생을 희망하는 경우이다. 회생 노력이 실패했을 때는 자발적 퇴출과는 다르게 법인에 돌아갈 재산은 없어야 한다.

② **자발적 퇴출을 유도하는 청산 절차 마련:** 그러나 일부 대학은 회생이 아니라 자발적 퇴출을 희망할 수도 있다. 이때 대학 폐쇄 시에는 청산법인을 지정하고, 정부지원금 및 기여금을 정산한 후 일정 비율을 법인에 환급하여 '투자에 대한 일부 회수'를 보장하는 방식이 필요하다. 이는 일종의 '사회적 투자 회수' 원리로 이해될 수 있다.

③ **사립학교법 개정도 병행:** 현재의 법체계는 사학의 퇴출을 사실상 막고 있다. 정부도 사립학교법인의 구조개혁 참여를 유도할 수단이 제한적이다.

고등교육 구조조정이 나아가야 할 방향

① **대학교육의 공공성 강화:** 대학은 공공재로서 지역의 지식 인프라, 문화 플랫폼, 평생교육의 허브로 기능해야 하며, 이 기능을 강화하는 방향에서 구조조정이 추진되어야 한다. 공공성은 국립-사립의 이분법이 아니라 '책임의 명확화'에 기반을 두어야 하며, 국립대는 국가의 투자와 관리 책임이, 사립대는 법인의 책임과 책무성이 동시에 강화되어야 한다.

② **대학의 플랫폼화:** 한 대학 안에 학위과정, 직업과정, 리스킬링

과정, 시민교육과정이 공존하는 다층 플랫폼 대학 모델로의 전환이 필요하다. 이는 '수익자 부담'이 아닌 '국가가 책임지는 학습복지'의 관점과 연결되어야 한다.

③ **질적 구조조정의 유도:** 정원 감축이나 법적 해산만이 구조조정이 아니다. 교육과정 혁신, 교수학습 질 관리, 학습자 지원 역량 강화를 포함한 질적 재편이 병행되어야 하며, 이는 재정 지원 이상의 질 관리 시스템과 평가 지표의 개편이 함께해야 가능하다.

④ **국립대학 네트워크의 재구조화:** 국립대학은 단순히 숫자를 줄이는 방식이 아니라, 역할 분담 기반의 통합 네트워크 모델로 재편되어야 한다. 평생교육은 모든 대학이 기본으로 하되, A 대학은 직업교육과 기술혁신 중심, B 대학은 연구 집약형으로 기능하는 등 특성화가 요구된다. 교육부 아닌 다른 부처의 재정지원도 대학의 특성화 전략과 연계되어야 한다. 특성화 전략은 사립대학에도 같게 적용되어야 한다.

⑤ **평생교육기관으로의 전환:** 기존 학령기 중심 대학에서 벗어나 전 생애 학습이 가능한 학사조직, 수업체계, 질 관리 시스템이 필요하다. 이를 위해서는 교육부가 아닌 다른 정부 부처의 인력 관련 사업의 총체적 재편이 전제되어야 한다. 예를 들면, 고용부의 직업능력개발사업이 대학과 무관하고, 농림부의 농업 인력 양성이나 재교육이 대학과 무관하다면, 대학의 평생교육기관으로의 전환은 쉽지 않다.

EDUCATION IN KOREA

등록금의
사실상 동결 20년:
누가 승자?, 누가 패자?

올해부터 등록금을 인상하는 대학이 늘어나고 있다. 정부가 공식적으로 등록금 인상 자제를 요청했음에도 불구하고. 그만큼 대학의 사정이 녹록지 않은 것이다.

▎등록금 규제의 오랜 역사와 2025년도의 전환

한국의 대학 등록금은 약 20년에 걸쳐 사실상 정부에 의해 동결됐다. 교육부는 등록금 동결을 "대학의 자율 결정"이라고 표현하지만, 실제로는 국가장학금이라는 당근과 행·재정제재라는 채찍을 병행함으로써 대학들이 인상 결정을 하지 못하도록 압박했다. 특히 등록금 인상률이 일정 기준(통상 전년도 소비자물가상승률) 이상일 경우 국가장학금 지원에서 배제되는 구조는 대학의 생존 논리를 제약하는 효과를 낳았다.

하지만 2025년, 이 동결 기조에 균열이 생겼다. 여러 대학이 등록금심의위원회를 통해 자발적으로 인상을 시도했고, 학생들 역시 학교의 어려운 상황에 동의하며 인상에 찬성하는 경우까지 발생했다. 이는 단순한 해프닝이 아니라, 대학재정이 더 이상 견딜 수 없는 임계점을 넘었다는 사회적 시그널이다.[56]

▍대학재정은 누구의 책임인가?

현재 정부는 등록금 부담을 줄이기 위한 정책으로 국가장학금 등 간접 지원 방식을 채택하고 있다. 이는 명목상 '학생 지원'이지만, 실제로는 대학의 재정을 유지하기 위한 보완재 기능을 한다. 그러나 간접 지원은 대학에 자율성을 주지 않으며, 교육과정 혁신이나 질적 개선을 유도하기 어렵다. 대학의 재정 위기를 대학의 낭비나 경영실패로 돌리는 시각도 존재하지만, 정부는 지난 20년 동안 실

---

56 대학교육연구소가 대학알리미 자료를 토대로 분석한 2025년 대학 등록금 현황을 보면, 2025년 4년제 대학 학생 1인당 평균 등록금은 710만 7천 원으로, 지난해 683만 원에서 4.1%(27만 7천 원) 인상됐다. 교육부가 공시한 올해 등록금 인상률 법정 상한은 5.49%이다. 약 85.6%의 대학이 등록금을 인상했으며, 이 중 5% 이상 인상한 대학은 106곳으로 49.3%에 달한다. 일부 대학은 5.49% 이상으로 인상하기도 했다(대교연 현안 보고 통권 43호. 임희성 연구원. 2025. 05. 14.).

질적으로 등록금 정책을 통제해 왔으며, 고등교육에 대한 직접 재정 투입은 OECD 평균 대비 현저히 낮은 수준에 있는 것은 현실이다. 결국 지금의 구조는 대학은 자율도 없이 규제만 받고, 국가는 책임도 없이 통제만 하는 기형적 모델이다.

등록금은 가격인가?
그리고 등록금 규제의 방식은 적정한가?

등록금이 상품 가격처럼 자유롭게 책정되어야 한다는 시장주의적 논리는 고등교육의 공공성 가치와 충돌할 수 있다. 그러나 반대로, 등록금을 무조건 억제하는 현재 방식도 공공성 실현의 방법으로는 매우 미흡하다.

등록금은 단순히 가격이 아니라, 교육 서비스의 질을 보장하는 재정 기반이다. 등록금이 과도하게 억제될 경우, 교육 질 저하, 강의당 학생 수 증가, 강의자료 부족, 연구 기반 붕괴, 전임교원 확보 난항 등의 문제가 발생한다. 결국 피해는 학생과 사회 전체가 받는다.

또한 현재의 등록금 규제 방식은 비례의 원칙에 반한다. 국가는 등록금을 규제하면서도 대학의 기본 운영비용이나 인건비 상승에 대해 적절한 보전을 해주지 않는다. 더구나 이러한 등록금 억제는 교육부 소관 대학들에 집중되고 있으며, 산업부, 복지부, 문화부,

과기부 등 타 부처 산하 기관은 상대적으로 자유롭게 예산을 확보하는 실정이다. 이는 고등교육에 대한 국가 책무 분배와 형평성 차원에서도 큰 문제가 아닐 수 없다.

▮ 등록금심의위원회는 '형식적 자율' 조직에 불과하다

등록금 인상 여부는 「대학 등록금에 관한 규칙」 제2조에 따라 설치된 등록금심의위원회의 심의를 거쳐야 한다. 위원회는 교직원, 학생, 전문가 등으로 구성되며, 회의는 과반수 출석, 과반수 찬성으로 의결된다. 하지만 실제 운영에서 이 위원회는 재정 데이터를 충분히 공유받지 못하고, 학교 측에 의한 형식적 통과 기구로 전락하는 예도 많다. 즉, 등록금심의위원회는 대학의 자율성과 학생의 권리를 조정하는 민주적 수단이라기보다는, 정부의 등록금 규제를 학교 내부 절차로 합리화시키는 형식적 장치로 기능해 온 셈이다. 대학이 진정으로 사회적 책무를 지고, 학생이 공정한 학습권을 누리며, 정부가 재정적 책무를 다하기 위해서는 이 위원회 역시 명확한 정보 공개와 상호 책임성을 전제로 한 개혁이 필요하다.

▮ 대학재정은 더 이상 방치할 수 없는 국가적 과제이다

약 20년 가까운 등록금 동결 기조는 마침내 한계에 봉착했다.

2025년도에 몇몇 대학들이 자발적으로 등록금 인상을 시도하고, 학생들마저 학교 재정 상황을 이해하며 인상에 동의한 것은 단순한 사건이 아니라 대학의 생존 구조가 더 이상 버틸 수 없다는 집단적 신호라 할 수 있다. 그러나 정부는 지금까지 등록금 동결을 실질적으로 강제하면서도, 그에 대한 책임은 회피해 왔다.

'국가장학금'이라는 간접 지원을 앞세워 등록금 인상 요구를 제어해 왔지만, 이는 문제의 본질을 흐리는 방식에 불과하다. 국가장학금은 애초에 학생 지원을 위한 제도지, 대학 운영의 구조적 재정난을 보완하기 위한 제도는 아니다. 더욱이, 이 간접 지원이 실효를 갖기 위해서는 대학이 등록금 수입만으로 재정을 충당할 수 있어야 한다는 전제가 성립해야 한다. 그러나 현실은 정반대다. 한국사학진흥재단의 2024년 통계에 따르면, 4년제 사립대학의 교육비 환원율은 평균 227.1%, 전문대학은 207.5%, 원격대학도 147.7%에 이르고 있다. 이는 대학이 학생이 낸 등록금보다 훨씬 더 많은 비용을 교육에 재투자하고 있다는 의미이며, 현재의 등록금으로는 교육의 질을 유지하기조차 벅찬 구조임을 단적으로 보여준다.

결국 문제는 '등록금을 올릴 것인가 말 것인가'가 아니라, 정부가 고등교육재정을 어떻게 책임질 것인가에 대한 근본적인 질문으로 귀결된다. 등록금은 자유시장 가격도 아니고, 단순히 억제한다고 해서 공공성이 실현되는 것도 아니다. 적절한 수준의 등록금 인상은 교육 환경과 질 개선을 위한 필수적 재정 기반으로 기능할 수 있으며, 이를 억제만 한다고 해서 교육의 공공성이 강화되는 것도 아니다.

현행 등록금 규제 방식은 헌법상 비례 원칙과 형평성 원칙에도 위배될 소지가 크다. 교육부는 대학의 등록금을 통제하면서도, 타 부처 산하 기관들은 고등교육기관에 대한 다양한 재정지원을 비교적 자유롭게 진행하고 있다. 이는 동일한 교육기관임에도 불구하고 정부의 대응이 부처별로 다르다는 점에서 국가의 일관성과 형평성 문제를 드러낸다.

또한 등록금심의위원회 제도 역시 현재의 제도적 한계에 머무르고 있다. 이 제도는 정부의 등록금 억제 기조를 대학 내부의 형식적 절차로 정당화시키는 도구로 기능하고 있으며, 실질적인 정보 공개와 상호 협의 구조 없이 형식만 유지되고 있다. 이 역시 대학 자율성 확보와 학생 권리 보장이라는 목적에는 미치지 못하는 방식이다.

이제는 등록금 논쟁을 넘어서, 대한민국 고등교육재정 전반에 대한 패러다임 전환이 필요하다. 등록금만으로 대학의 모든 재정을 책임지게 하는 구조에서 벗어나, 직접 재정투자와 간접 지원, 자율성과 공공성 사이의 균형을 설계할 수 있는 국가 차원의 종합 정책이 마련되어야 한다.

대학재정은 또한 대학만의 문제가 아니다. 그것은 대한민국이 어떤 사회를 지향하고, 고등교육을 어떤 가치로 보는지를 가늠하는 사회적 잣대이다. 국가가 더 이상 이 문제를 외면해서는 안 되며, 지금이야말로 대학재정의 정상화를 위한 결단이 필요한 시점이다.

교육부총리와 인구부: 복합 문제 시대의 새로운 거버넌스?, 자리 만들기?

대한민국 정부는 2015년 「교육·사회 및 문화 관계장관회의 규정」을 제정하고, 박근혜 정부 시기부터 교육부 장관에게 '사회부총리' 직책을 부여하여, 사회부처 간 조정 기능을 맡겼다. 이는 기획재정부 장관이 경제부총리를 맡는 것과 유사한 방식이었다. 사회부처의 난립과 기능 중복, 복합 문제의 해결을 위한 총괄·조정 기능을 수행하려는 취지였으며, 사회정책 전반의 연계를 위한 구조적 장치로 기대를 모았다.

▎사회부총리 부서로서의 교육부

그러나 교육부는 본래 교육정책에 집중하는 부처로서, 보건, 복지, 노동, 주거, 인구 등 다른 사회정책 분야에 대한 경험과 인력, 조직 기반이 부족하다. 이에 따라 교육부가 실질적으로 사회부총리 기능을 수행하기 어려웠고, 타 부처에 대한 조정 능력도 매우 제한적이었다. 「정부조직법」 제20조는 국무조정실을 국무총리 보좌기구로 두고, 행정 지휘·감독 및 정책 조정 기능을 부여하고 있음에도 불구하고, 제19조에서는 부총리제도를 통해 기획재정부 장관과 교육부 장관이 각각 경제, 사회 분야를 총괄하도록 함으로써 국무총리의 역할을 형식화하는 구조적 문제도 함께 안고 있다.

교육부는 과연 사회부총리 부처로서 제 역할을 해왔는가?

결론부터 말하면, 교육부는 사회부총리 부처로서 역할 수행에 실패했다.[57] 교육부 내부에도 사회정책 관련 조정 기능을 담당할 전담조직이 작았고, 교육부 장관은 대외적으로 사회부처 간 갈등 조정이나 공동정책 기획을 이끌 역량과 권한을 갖추지 못했다. 특히 저출생, 고령화, 돌봄, 청년 일자리, 평생교육 등 복합적인 사회 이슈에 대해 타 부처와의 실질적인 연계가 부족했으며, 기존의 교육 중

---

57   당시, 사회부총리 제도를 도입한 이유, 교육부가 사회부총리 부처가 된 이유, 사회정책의 범위와 정책 조정의 방법론 등 어느 하나 제대로 설명한 자료가 없었다. 인적자원부총리제 도입 때와는 너무 달랐다. 당시 교육부 장관의 정치적 위상을 고려했다는 후문이 있었다. 필자는 나름의 논리체계를 바탕으로 교육부가 사회부총리로 어떤 일을 어떻게 해야 하는지, 예산권을 갖고 있는 경제부총리와는 어떻게 차별화하면서 일을 해야 하는지 등에 대해서 차관이나 담당 국장에게 설명을 몇 차례 했다. 물론 특별한 변화가 발생하지는 않았다.

심 사고에 갇혀 사회정책 전반을 아우르지 못했다.

사회부처와의 협의체 운영 역시 형식적으로 운영되는 경우가 많았으며, 총괄 조정보다는 개별 부처의 자율에 기대는 방식이 지배적이었다. 교육부가 부총리 부처로서 갖는 조정 권한은 실질적이지 않았으며, 다른 부처들은 이를 수직적 조정이 아닌 수평적 협의 수준으로만 인식하였다. 왜 교육부가 사회부총리로 역할을 해야 하는지에 대한 철학과 명확한 방법론 없이, 형식적 안건 조율에 급급했고, 안건은 각 부처가 형식상 협의했다는 기록을 남기기 위한 '면피용' 도구로 활용되었다. 이는 정책 조정의 지식과 방법론, 그리고 국가 전체의 문제 인식이 부재했음을 보여준다.

▍가칭 '인구전략기획부'의 추진과 부총리

지난 정부는 저출생 위기를 해결하기 위해 인구정책 전담 부처를 신설하겠다고 발표하면서, 이 부처에 부총리 역할까지 부여하겠다는 견해를 밝혔다. 이에 따라 인구정책에 관한 전담 기능을 부여한 '인구전략기획부(가칭)'의 신설 논의가 진행되었다.

그러나 인구정책은 단일한 정책 범주가 아니라, 보건, 복지, 고용, 주거, 교육, 여성, 재정 등 거의 모든 정부 부처와 직·간접적으로 연결되는 영역이다. 따라서 이와 같은 포괄적 사안을 한 부처가 통합적으로 관장하고, 동시에 사회부총리 기능까지 수행한다는 것은 현실적으로 무리한 구조이다. 이는 조직 설계 측면에서 기능 충돌과 범위 중복의 문제를 낳는다. 정부 부처는 고유업무가 필요하나, 인구전략기획부는 고유업무가 없다. 기획과 조정을 위한 행정각부를 만들 필요는 없다.

오히려 대통령 직속 위원회인 기존의 '저출산고령사회위원회'가 복합 정책 조정에 더 적합하다는 평가가 가능하다. 이 위원회는 범부처 협의를 가능하게 하고, 사회부처 전체에 영향력을 미칠 수 있는 구조이며, 실제로 위원장이 대통령이기 때문에 필요한 경우 실질적인 총괄·조정도 가능하다. 위원장인 대통령도 못 하는 일을 각부 장관이 수행하도록 한다는 것은 논리적이지 못하다.

▎'인구전략기획부'가 행정각부의 단위 조직으로 타당한가?

'정책 대상과 범위가 넓다'라는 점에서, 인구전략기획부를 하나의 '부'로 만드는 것은 오히려 기능의 중복과 관할 범위의 모호성을 초래할 수 있다. 특히 인구정책은 교육부, 보건복지부, 고용노동부, 국토교통부 등 다양한 부처와의 협업이 필수적인 사안이며, 이를 하나의 부처 내로 통합하려 할 경우 부처 간 갈등과 행정적 비효율이 오히려 증가할 수 있다. 이러한 논란을 회피하기 위해 '전략기획부'라는 명칭을 사용한 것으로 보이나, 이는 과거 경제기획원의 모델을 반복하는 인식의 결과로 보인다. 그러나 기획은 조정 수단이 명확하지 않으면 실질적 권한이 될 수 없다. 인구부가 사회부총리 역할까지 겸하게 되면 조직의 고유 목적과 기능이 왜곡될 수 있으며, 교육부 사례에서 이미 확인된 바 있다.

▎바람직한 사회정책의 조정이란?

사회부총리를 두는 것이 능사는 아니다. 복합적 사회문제를 통합적으로 조정할 수 있는 권한과 능력을 갖춘 시스템을 만드는 것이 우선이다. 이를 위해 다음과 같은 조건이 필요하다:

① 독립적인 조정 조직: 대통령 직속 위원회로 사회정책 조정 전담 조직을 설치하고(저출산고령사회위원회를 저출생위원회로 개편도 괜찮은 방법이다),
② 범부처 조정 권한: 예산, 입법, 정책 방향 설정 등에서 실질적인 권한을 행사할 수 있어야 하며, 관련 부처의 협력을 의무화할 수 있어야 한다.
③ 자료 기반 정책 설계: 교육, 노동, 보건, 복지, 인구 등 각 분야 데이터를 통합 관리하고, 이를 기반으로 복합 문제에 대한 정책을 수립하는 체계가 필요하다.
④ Issue Leadership 발휘: 경제부총리처럼 예산권이 없기에 가장 중요한 정책 기획과 조정 방법은 이슈를 선점하고(Identifying Issues), 대응 방향을 만들며(기획과 전략 수립: Establishing Planning & Strategy), 이를 토대로 부처의 정책을 조

정하는(Coordinating Policies) 것이다.[58]

⑤ 기획과 조정: 기존 부처의 기능을 축소하거나 통합하기보다는 여러 부처 업무의 총괄·조정과 기획 중심의 역할로 한정해야 한다.

복합 문제(Wicked Problem)는 단일 부처의 노력이나 기존 방식의 단편적 대응으로는 해결될 수 없는 구조적 난제를 의미한다. 저출생, 고령화, 지역 소멸, 청년실업, 교육 불평등, 돌봄 위기 등은 모두 서로 얽힌 복합 문제이며, 이들에 대한 해법은 복잡다기한 조정 시스템과 지식 통합, 사전적 기획이 있어야 한다. 따라서 단일 부처에 조정을 맡기거나 부총리 지위만 부여하는 것은 오히려 혼란을 심화시킬 수 있다.

교육부는 교육정책에 집중하고, 인구부 신설은 오히려 비효율과 중복을 낳을 수 있기에 신중해야 한다. 인구정책은 기존의 대통령 직속 '저출산고령사회위원회'를 활성화하고, 국무조정실과 연계하여 사회부처 전반을 아우르는 정책 조정 체계를 확립하는 것이 더 바람직하다. 이러한 구조야말로 복합 문제 시대에 걸맞은 유연하고 실효성 있는 거버넌스 체계가 될 수 있으며, 형식적 직제보다는 실질적 정책 추진력을 갖춘 제도 설계가 요구되는 시점이다.[59]

---

58 필자가 교육부의 차관보 등에게 강조했던 것이 바로 '이슈 리더십'이다. 이게 가능해지려면 정책적 상상력과 과학적 분석 능력이 중요하다. 정부출연연구소와 대한민국의 전문가 집단을 모아 이슈에 대한 정리를 하고, 대통령실과 협의하며, 토론회 등을 통해 여론을 환기하는 게 중요하다. 이런 과정을 거치면서 각 부처의 정책을 조정하는 힘이 만들어진다.

59 복합 문제에 대한 이해와 구체적인 정책적 대응 방법은 필자의 또 다른 책인 『당신은 어떤 사회에서 살고 싶으십니까』의 마지막 장을 참고하기 바란다.

교육감 선거제도:
지속·강화?, 폐지·개편?

교육감 선거제도는 지방교육행정의 수장인 교육감을 선출하는 방식을 의미한다. 현재 우리나라는 시·도의회 의원과 함께 주민 직선제를 통해 교육감을 선출하고 있으며, 이는 교육의 자주성과 민주성을 확보하고 지역교육의 특수성을 반영하기 위한 목적으로 도입되었다. 그러나 도입 이후 찬반 논란이 끊이지 않고 있으며, 한국 교육의 미래를 좌우할 핵심 쟁점 중 하나로 남아 있다.

▎ 교육감 직선제의 당위성과 필요성

교육감 직선제는 교육의 정치적 중립성을 확보하고, 주민 참여를 통한 교육 민주주의를 실현하며, 지역교육의 특수성을 반영하는 데 이바지한다는 점에서 그 당위성과 필요성이 강조된다.

① **교육의 자주성 및 정치적 중립성 확보:** 교육감 직선제는 교육을 일반행정으로부터 독립시키고 정치적 외압으로부터 교육의 자주성을 보호한다는 명분을 가지고 있다. 과거 임명제 교육감 체제에서는 교육감이 지방자치단체장이나 중앙정부의 입김에 좌우될 수 있다는 우려가 있었으나, 직선제는 교육감이 교육 전문가로서 소신 있는 교육정책을 추진할 수 있는 기반을 제공한다고 본다.

② **교육 민주주의 실현 및 주민 참여 확대:** 교육감 직선제는 교육정책 결정 과정에 지역 주민의 직접적인 참여를 보장하고, 교육의 수요자인 학생, 학부모, 교원의 의견을 폭넓게 수렴하여 교육정책에 반영할 수 있는 통로를 마련한다. 이는 교육을 '국민 모두의 것'이라는 민주적 원칙에 따라 운영하고, 교육 주체들의 자발적인 참여를 통해 교육정책의 정당성과 투명성을 높이는 데 이바지한다.

③ **지역교육의 특수성 반영 및 자율성 증대:** 각 지역의 교육 환경, 사회적 요구, 문화적 배경 등은 다르다. 교육감 직선제는 이러한 지역별 특수성을 교육정책에 반영하고, 지역 주민의 필요에 맞는 교육 프로그램을 개발·운영할 수 있는 자율성을 교육감에게 부여한다. 이를 통해 획일적인 중앙 주도 교육에서 벗어나 지역 맞춤형 교육을 실현할 수 있다는 장점이 있다.

④ **교육 책임성 강화:** 교육감이 주민의 직접 선거를 통해 선출되

므로, 교육정책 추진의 성과나 문제점에 대해 주민들에게 직접적인 책임을 지게 된다. 이는 교육감이 교육정책을 신중하게 수립하고 책임감 있게 집행하도록 유도하여, 교육행정의 효율성과 투명성을 높이는 데 이바지한다.

▎교육감 직선제의 의미와 내용

교육감 직선제는 시도 단위의 지방교육행정을 총괄하는 교육감을 해당 지역 주민들이 직접 투표로 선출하는 제도이며, 관련 법규와 함께 특정 운영 방식이 존재한다. 「지방교육자치에 관한 법률」에 근거하여 시도교육청의 최고 책임자인 교육감을 해당 시도 주민이 보통·평등·직접·비밀선거에 의해 선출하는 방식이다. 이는 교육의 전문성과 독립성을 보장하고, 지역교육의 자율성을 강화하기 위한 목적을 지닌다.

- 선출 대상: 전국 17개 시도(광역자치 기반)
- 선거 방식: 지방자치단체장 선거와 동일하게 주민 직선 단수 후보 투표제
- 임기: 4년이며, 계속 재임은 3기에 한정
- 피선거권: 후보자등록신청개시일 기준으로 교육경력 또는 교육행정경력이 3년 이상 있거나, 이를 합한 경력이 3년 이상인 사람

- 정당 비개입 원칙: 교육감 선거는 교육의 정치적 중립성을 위해 정당의 공천이나 지지를 받지 않고 후보자가 출마하는 것을 원칙으로 한다. 후보자등록신청개시일부터 과거 1년 동안 정당의 당원이 아닌 사람이어야 한다. 다만, 실제 선거 과정에서 정당의 영향력 배제는 어려운 측면이 있다.
- 예산 및 선거 운동: 교육감 선거는 지방자치 선거의 하나로 중앙선거관리위원회에서 관리하며, 선거 비용 및 선거 운동 방식은 관련 법규에 따라 규제된다.

교육감 직선제에 대한 본질적 비판과 문제점

교육감 직선제는 단순히 운용상의 문제를 넘어, 우리나라 교육시스템의 근본적인 철학과 '자치'의 의미에 관한 질문을 던지게 한다. 특히 '교육고권'이라는 비판적 시각은 현행 지방교육자치의 구조적 한계를 여실히 보여준다.

1) 헌법재판소 판례의 비판적 해석: '교육고권'의 문제 및 헌법적 근거의 왜곡

헌법재판소는 헌법 제31조 제4항(교육의 자주성·전문성·정치적 중립성 등 보장)을 근거로 지방교육자치의 헌법적 정당성을 인정해 왔다. 헌재는 교육의 특수성을 강조하며 교육행정을 일반행정으로부터 독립시키고, 교육 전문가에 의한 운영을 통해 정치적 중립성을 확보해야 한다는 논리로 교육자치를 옹호한다.

그러나 이러한 헌재의 논리는 과도한 확장 해석이라는 비판에서 벗어날 수 없다. 만약 교육의 자주성, 전문성, 정치적 중립성 보장이 '독립적인 교육행정기관'을 필연적으로 요구한다면, 이는 중앙정부의 교육 최고 행정기관인 교육부나 대통령 소속 기구인 국가교육위원회 역시 그 법적 성격이 일반 정부 부처나 위원회와는 다른 '준(準)헌법적 기구'로 개편되어야 한다는 불합리한 논리로 귀결될 수 있다. 그러나 우리 헌법 어디에도 교육부나 국가교육위원회의 그러한 특수한 지위를 명시적으로 부여한 내용은 없다.

나아가, 헌재가 해석하는 '자주성', '전문성', '정치적 중립성'의 의미 또한 비판적으로 검토되어야 한다. 자주성은 국가 권력으로부터의 자유, 즉 학교와 교사의 교육 자율성을 의미하는 것이어야 한다. 전문성은 교육 자체의 전문성, 즉 교사가 전문직으로서 교실 현장에서 교육 전문성을 발휘하는 것을 의미해야 한다. 정치적 중립성은 교육 내용과 수업에서의 정치적 편향성을 배제하는 것에 초점이 맞춰져야 한다. 헌재가 이러한 가치들을 교육행정 조직의 독립과 분리를 정당화하는 논리로 확장 해석함으로써, 본래 의미하는 '학교·교사의 자주성', '교사의 전문성', '수업의 중립성'과 괴리되고 있다는 비판이 제기될 수 있다.

결국, 헌재의 논리가 교육의 특수성을 명분으로 교육행정을 일반행정으로부터 인위적으로 분리하여 '교육고권(敎育高權)'을 인정하는 형태로 이어진다는 비판을 할 수 있다.

2) 지방자치의 본질에 부합하기 어려운 지방교육자치

우리 헌법은 명확히 지방자치를 '제도적 보장'하고 있으며, 지방자치단체를 창설하고 그 기능을 규정하고 있다(헌법 제117조, 제118조). 그리고 이러한 지방자치는 「지방자치법」에 의해 구체화하며, 궁극적으로 '지역 주민의 복리' 증진을 그 본질적인 목적으로 한다. 만약 우리 헌법이 지방교육자치를 일반 지방자치와 분리하여 별도의 독립된 자치 영역으로 예비했다면, 굳이 헌법 제31조의 교육 관련 조항들을 과도하게 해석하여 지방교육자치의 독립성을 강조할 필요가 없었을 것이다. 그런데도 이러한 해석을 하는 이유는 우리 헌법이 지방교육자치를 예비했다고 보기 어렵고, 자치의 구체적인 모습은 법률 사항으로 봤다고 볼 수 있기 때문이다. 따라서 헌법에 명시된 지방자치의 틀 안에 교육을 포함하고, 헌법 제31조의 해석으로 지방교육자치의 근거를 도출하기보단 지방자치법을 통해 구체화하는 것이 헌법의 체계에 부합한다.

결국, 현재의 지방교육자치가 일반 지방행정과 분리되어 운영되는 것은 헌법적 원리나 논리적 필연성에 의한 것이라기보다는, 특정 시기의 정치적 타협과 결단으로 형성된 제도라는 비판이 설득력을 얻는다. 따라서 지방교육자치의 제도는 엉뚱하게 헌법 제31조에서 독립된 근거를 찾을 것이 아니라, 철저히 지방자치의 본질적인 목적, 즉 '지역 주민의 복리'라는 관점에서 그 존재의 정당성을 찾아야 한다. 지방교육자치가 지역 주민의 복리에 실질적으로 이바지한다면 그 논리에 근거하여 교육자치를 하면 되고, 그 틀 내에서 헌법 제31조는 교육의 특수성을 고려하는 부수적이고 보조적인 논거만을 제시하면 된다. 즉, 교육자치의 필요성은 주민 복리라는 관점에서 찾아야 하며, 그것이 인정되면 구체적으로 어떻게 제도화할 것인지에 대해 헌법 제31조가 역할 할 수 있는 것이다.

지방교육자치가 일반 지방행정과 분리됨으로써 발생하는 비효율성은 생각 이상으로 심각하다. 어린이집(보육, 일반행정 소관)과 유치원(교육, 교육청 소관)의 이원화는 물론, 어린이회관과 학생회관, 청소년수련원과 학생수련원, 시도예술회관과 학생예술회관, 어린이안전체험관과 학생안전체험관, 시도과학관과 학생과학교육원 등 명백히 유사하거나 통합 운영이 가능한 시설들이 일반 지자체와 교육청으로 나뉘어 중복 투자 및 예산 낭비를 초래하고 있다. 이는 교육행정이 '교육고권'이라는 명분 아래 지역사회와 고립된 '섬'처럼 자기 영역을 확장하고 있음을 보여준다. 이러한 비효율은 궁극적으로 지역 주민들의 세금 부담을 가중하고, 통합적인 복리 증진을 방해하여 지방자치의 본질을 훼손한다.

3) 교육자치가 학교의 자율을 억제하는 역설

교육자치의 궁극적인 목표는 학교 현장의 교육력을 제고하고 학생들의 학습권을 보장하는 데 있다. 이는 학교와 교원에게 충분한 자율성을 부여하고, 교육행정기관은 이를 지원하고 뒷받침하는 역할에 충실할 때 실현될 수 있다. 그러나 현실에서는 교육감 직선제로 당선된 교육감이 특정 교육철학이나 이념에 따라 획일적인 정책을 추진하면서, 오히려 단위 학교의 자율적인 교육과정 운영이나 교사들의 전문적 판단을 제약하는 사례가 발생하기도 한다. 교육자치가 학교의 자율을 억압하는 역설적인 상황이 나타난다면, 이는 교육자치의 본질적인 목적과 충돌하며, 과연 올바른 교육자치인지에 대한 근본적인 질문을 던지게 된다.

4) '교육고권'을 대체할 행정 방식의
가능성 및 해외 사례에 대한 비판적 이해

교육과 교육행정의 전문성 및 정치적 중립성이 필요하다는 점은 부인할 수 없지만, 그 방법이 반드시 지방교육자치의 형태이거나 교육감 직선제여야 하는지는 별개의 문제다. 오히려 현재처럼 방대해진 교육행정이 아닌, 교육의 본질적인 기능(예: 교육과정 개발, 교원 역량 강화 지원, 학습자 중심 교육 환경 조성 등)에 집중하는 교육행정시스템이 만들어지고, 이를 지원하는 일반행정시스템이 존재할 때, 비로소 효율적이면서도 주민 복리에 이바지하는 교육행정이 가능해질 수 있다. 이러한 일반행정시스템은 학생뿐만 아니라 지역 주민도 함께 서비스를 누릴 수 있도록 설계될 수 있을 것이다.

이를 위해 특정 정당이나 이념으로부터 독립된 합의제 행정기관을 통해 교육정책을 결정하고 집행하는 방식이나, 과거 교육부의 하급행정기관 형태를 띠면서도 교육 전문성과 중립성을 확보하는 방안 등 현행 직선제를 넘어선 다양한 행정 구조를 개방적으로 검토해야 한다. 합의제 행정기관은 정책 결정 속도 저하가 단점으로 지적되지만, 이는 오히려 신중한 정책 결정과 다양한 이해관계자의 합의를 도출하는 장점이 될 수 있다.

또한, 해외 사례를 들어 지방교육자치의 필요성을 주장하는 논리 또한 비판적으로 검토해야 한다. 우리나라처럼 광범위한 권한을 가지면서 일반행정과 분리를 추구하고, 교육감을 직선제로 선출하는 나라는 전 세계적으로 찾아보기 어렵다. 이웃 일본만 해도 교육행정은 지방행정의 한 부분으로 통합되어 있으며, 많은 국가가 교육감을 임명하는 방식을 취한다. 미국 일부 주에서 교육감 직선제를 시행하는 경우가 있지만, 이는 예외적인 형태로서, 우리나라의 광역 교육감 직선제와는 성격이 다르다. 따라서 해외 사례를 현행 한국형 지방교육자치의 정당성을 옹호하는 근거로 사용하는 것은 적절하지 않다.

대안 모색 과정에서 '지방경찰위원회'의 사례는 중요한 참고가 될 수 있다. 지방경찰위원회는 경찰의 정치적 중립성과 민주적 통제를 확보하기 위해 합의제 행정기관으로 설립되었으며,[60] 이는 교육행정에서도 강조되는 가치들과 맥을 같이한다. 즉, 교육행정 또한 일반 지방자치의 틀 안에 통합시키면서도, 교육의 전문성, 자주성, 정치적 중립성을 보장하는 합의제 의사결정기구를 통해 '교육고권'의 비효율성을 해소하고 주민 복리에 이바지하는 시스템을 구축할 수 있다는 가능성을 보여준다. 지방경찰 업무는 시도 경찰청과 경찰청이 담당한다. 물론 시도자치경찰위원회의 지휘·감독을 받는다.

5) 교육감은 지역 대표인가?

많은 사람들이 오해하는 부분이다. 직선제의 폐해이기도 하다. 마치 광역지자체를 대표하는 자가 시장·도지사뿐 아니라, 교육감도 포함된다고 생각하고 행동하고 받아들인다. 그러나 엄연히 지자체의 대표는 시장·도지사이다.[61] 마치 대한민국 헌법에 대통령이 국가를 대표하듯이.[62] 교육감은 단지 시도의 교육·학예에 관한 사무의 집행기관일 따름이다. 다만, 교육감은 교육·학예에 관한 사무로 인한 소송이나

---

60 「국가경찰과 자치경찰의 조직 및 운영에 관한 법률」(약칭: 경찰법) 제18조(시 · 도자치경찰위원회의 설치) ① 자치경찰사무를 관장하게 하기 위하여 특별시장 · 광역시장 · 특별자치시장 · 도지사 · 특별자치도지사(이하 "시 · 도지사"라 한다) 소속으로 시 · 도자치경찰위원회를 둔다(단서 생략). ② 시 · 도자치경찰위원회는 합의제 행정기관으로서 그 권한에 속하는 업무를 독립적으로 수행한다.

61 「지방자치법」제114조(지방자치단체의 통할대표권) 지방자치단체의 장은 지방자치단체를 대표하고, 그 사무를 총괄한다.

62 「대한민국 헌법」제66조 ① 대통령은 국가의 원수이며, 외국에 대하여 국가를 대표한다.

재산의 등기 등에 대하여 해당 시도를 대표할 따름이다. 이게 「지방교육자치에 관한 법률」 제18조의 규정이다. 즉, 교육감의 지자체 대표권은 소송이나 재산의 등기 등에 대해서만 인정되는 권한이다. 이는 교육자치법 제정 당시에는 없던 내용이었으나, 실무상 어려움[63]을 고려하여 1995년 7월 26일 추가된 내용이다.

6) 기타 운영상 문제점

위의 본질적인 비판 외에도, 현행 교육감 직선제는 여러 운영상의 문제점을 안고 있다. 저조한 투표율로 인한 대표성 약화, 정당 비개입 원칙에도 불구하고 심화하는 이념 편향성과 정치적 갈등, 교육행정 전문성 부족 논란, 막대한 선거 비용 문제 등은 교육감 직선제의 제도적 한계를 명확히 보여준다. 이러한 문제점들은 교육감 선거의 정당성과 교육행정의 효율성을 저해하고, 교육의 본질적인 가치를 훼손할 수 있다.

▎지방교육자치의 본질적 재정립 방안

교육감 선거제도의 문제를 해결하고 한국 교육의 질적 발전을 도

---

63 이 내용이 없다 보니 소송이 발생하면 시·도청에서 소송사무를 대행해야 한다. 학교의 재산 관리도 시·도청에서 해야 한다. 즉, 소유권 등기를 교육청에서 할 수 없는 것이다. 만약 이때 일반자치와 교육자치의 통합·연계를 진지하게 고민했으면 이런 조항이 추가될 이유는 없었을 것이다.

모하기 위해서는 단순히 제도의 존폐를 논하는 것을 넘어, 지방교육자치의 철학과 본질을 재정립하는 대전제하에 다각적인 개선 방안을 모색해야 한다. 이는 현재의 '교육고권'적 운영 방식을 탈피하고 교육이 지역사회와 유기적으로 연계되어 주민 복리에 이바지하는 방향으로 나아가야 함을 의미한다.

1) '교육고권' 개념 탈피 및 지방교육자치의 헌법적 기반 재검토

'교육고권' 사고에서 벗어나 교육이 지역사회의 통합적인 발전과 주민 복리에 이바지하는 역할을 재정립해야 한다. 헌법 제31조 제4항에서 명시된 교육의 자주성, 전문성, 정치적 중립성이 과연 지방교육자치를 통해 어떻게 구현되는 것이 최선인지, 그리고 이러한 가치들이 교육행정 조직의 독립을 넘어 실제 교육 현장과 교원의 자율성을 보장하는 방향으로 해석되어야 할지에 대한 심층적인 논의와 사회적 합의가 필요하다. 특히 지방교육자치의 정당성을 '주민 복리'라는 지방자치의 본질적 가치에서 찾아야 한다는 대원칙을 확립해야 한다.

2) 교육자치와 일반자치의 통합 및 연계 모색

교육과 일반행정을 이원화하여 운영하는 현재 시스템의 비효율성을 해소하고, 교육정책이 지역발전과 긴밀하게 연계될 수 있도록 근본적인 개선 방안을 모색해야 한다. 교육행정의 통합 모델, 공동 협의체 강화, 예산의 통합적 운용 등 다양한 방안을 검토하여 행정의 효율성을 높이고 주민 복리 증진에 이바지할 수 있는 시스템을 구축해야 한다. 이를 통해 어린이집-유치원 사례와 같은 중복 투자를 방지하고, 지역 자원을 효율적으로 활용할 수 있도록 해야 한다. 이러한 맥락에서, 「학교복합시설 설치 및 운영·관리에 관한 법률」과 같이 일반 지자체와 교육청 간의 협력과 통합을 가능하게 하는 법적 기반이 더욱 확대되고 활성화될 필요가 있다. 같은 법 시행령 제2조 제3호에서 "학생과 지역 주민이 함께 이용할 수 있는 시설로서 지방자치단체의 장과 … 감독기관의 장 … 이 협의하여 정하는 시설"이라고 명시되어 있듯이, 협의와 연계를 통한 비효율성 해소의 가능성을 적극 모색해야 한다.

3) 교육행정의 본질적 기능 집중 및 새로운 거버넌스 모델 모색

교육감 선출 방식의 다각적 재검토를 넘어, 교육행정시스템 자체의 변화를 모색해야 한다. 현행처럼 방대하고 분리된 교육행정 조직이 아니라, 교육의 본질적인 기능(예: 교육과정 개발, 교원 역량 강화 지원, 학습자 중심 교육 환경 조성, 교육 질 관리 등)에 집중하는 시스템을 구축해야 한다. 이를 효과적으로 지원하기 위한 다양한 거버넌스 모델을 검토해야 한다.

이 과정에서 '지방경찰위원회'와 같은 합의제 행정기관의 사례는 참고할 사례이다. 교육행정의 독립성·전문성을 담보하면서도 일반 지방행정과의 유기적인 연계를 가능하게 하는 새로운 형태의 의사

결정기구를 모색할 수 있기 때문이다. 특정 정당이나 이념으로부터 독립된 합의제 행정기관은 정책 결정의 신중성과 전문성을 확보하고, 다양한 이해관계자의 참여를 유도하여 교육의 정치적 중립성을 강화하는 데 이바지할 수 있다.

4) 학교의 자율성 보장 및 교육 주체 참여 확대

진정한 교육자치는 교육행정기관의 권한 강화가 아닌, 학교 현장의 교육 전문성과 자율성을 최대한 보장할 때 실현될 수 있다. 교육감 선출 방식과 관계없이, 교육청이 학교의 자율적인 교육과정 운영, 교사들의 교수 전문성 신장, 학생들의 자기주도적 학습을 지원하고 뒷받침하는 역할에 집중하도록 제도적 장치를 마련해야 한다. 또한, 교육정책 수립 및 평가 과정에 학생, 학부모, 교원의 실질적인 참여를 보장하는 다양한 거버넌스 모델을 구축해야 한다.

5) 교육감의 역할 및 자격 요건 재정립

교육감이 단순히 지방선거를 통해 선출되는 '정치인'이 아닌, 교육행정의 전문성과 리더십을 갖춘 '교육 수장'으로서의 소임을 수행할 수 있도록 자격 요건을 재정립하고, 선거 공약 및 활동이 교육의 본질에 집중되도록 제도적 유도 장치를 마련해야 한다. 물론 선거가 아닌 임명제를 채택한다면 달라질 것이다.

6) 선거제도의 투명성 및 책임성 강화

선거 과정의 투명성을 높이고, 교육감이 정책 추진 과정에서 주민들에게 실질적인 책임을 지도록 하는 제도적 장치를 강화해야 한다. 선거 비용의 투명한 집행, 공약 검증 시스템 도입, 주민 소환제 등 책임성을 확보할 수 있는 다양한 방안을 검토해야 한다.

┃ 정리하면

교육자치와 일반자치와의 관계가 새롭게 정리가 되어야만 교육감 제도의 개편 방안도 만들어질 수 있다. 이것이 선행적으로 정리되지 않은 채 교육감 선거에 집중해서 방안을 찾는 것은 의미가 크지 않다. 다만, 어떤 지방자치의 모습이 만들어지든, 교육감은 지자체의 대표가 아니라 주민의 교육 복리를 증진하기 위한 교육사무의 집행권자라는 점은 변하지 않을 것이다.

EDUCATION IN KOREA

지방교육자치:
일반자치와 분리·독립?, 통합·연계?

이미 교육감 직선제를 설명할 때 상당 부분 지방교육자치에 관해 설명했다. 지금부터는 더욱 구체적으로 '자치'의 의미를 바탕으로 지방교육자치에 관해 설명한다. 오늘날 지방교육자치 논의는 교육감 직선제 폐지 여부나 러닝메이트제 도입 같은 표면적 쟁점으로 환원되고 있다. 선거 비용의 과도함이나 낮은 투표율 같은 현상적 문제는 물론 고려되어야 할 요소지만, 보다 본질적인 질문은 "왜 지방교육자치인가?"라는 물음으로부터 출발해야 한다. 현실에서는 교육청이 교육부의 하위조직처럼 움직이거나, 반대로 독단적인 정책 행정의 장으로 기능하면서 오히려 교육 현장의 자율성과 질을 해치는 경우도 많다.

▌ 왜 다시 교육자치를 묻는가?

교육은 국가가 보장해야 할 시민의 권리이며, 이를 실현하는 방식으로서의 자치는 삶의 질을 결정짓는 제도다. 제도는 선택이며, 그 선택은 입법을 통해 구속력을 갖는다. 그렇기에 단순히 제도 자체의 정당성을 주장하는 데서 멈추지 말고, 그 제도가 실질적으로 작동하면서 사람들의 삶에 어떤 영향을 주고 있는지를 기준으로 지방교육자치를 재설계해야 할 시점이다.

▌ 교육자치의 현실: 이상과 괴리

「지방자치법」과 「교육자치법」에 근거해 설치·운영되고 있는 17개 시도교육청은, 형식적으로는 자치 조직이지만 실질적으로는 많은 문제를 안고 있다. 공교육의 본질을 벗어난 사업 중심 행정, 국가 수준 교육과정에 대한 질 관리의 소홀, 의무교육의 헌법적 책무에 대한 무관심 등은 지방교육청의 행정 방향이 본래의 목적과 어긋나 있음을 보여준다. 또한 단위 학교에 대한 수직적 통제, 일반행정과의 협업 단절, 포퓰리즘, 정치화된 선거문화 등은 교육청이 지역 공교육의 주체가 아니라 정쟁의 무대로 전락했음을 보여준다. 특히 학교 자율성을 억압하고, 교육정책보다 정치 전략이 우선하는 풍토는 교육자치의 명분을 약화하고 있다.

▎ 미국 모델의 오해

교육감 직선제에 대한 옹호론 중 하나는 미국 사례를 인용하는 것이다. 다른 나라에선 그나마 유사한 제도를 찾기가 어렵기 때문이다. 그러나 미국과 한국은 제도적, 역사적, 그리고 정치·문화적으로 매우 다른 환경에 있다. 미국의 교육감 제도는 지역교육위원회와의 견제와 균형, 지방정부의 성격, 지역사회 기반의 참여 시스템 속에서 작동하며, 한국과 같이 중앙집권적 시스템에서 이식되었을 때는 동일한 결과를 기대하기 어렵다. 그나마 미국의 모든 주가 직선제를 하는 것도 아니다. 1920년대에는 교육감 주민 직선제를 시행하는 주가 34곳(70.8%)이었으나, 2020년 기준 13곳(26.0%)에 불과하다. 대신 주지사가 임명하는 주는 19곳(38.0%), 교육위원회가 교육감을 임명하는 주는 18곳(36.0%)이다.[64]

미국 일부 주가 교육감을 직선제로 뽑는다고 해서 교육감이 우리나라처럼 해당 시도를 광범위하게 규율하는 것은 아니다. 왜냐하면 미국은 우리(단체자치)와 달리 주민자치 성격이 강하고, 따라서 지역(Local)의 학교 구(School District)에서도 교육감 임명제 또는 직선제가 존재하며, 이 학교 구가 사실상의 권한 행사를 하기 때문이다.

따라서 미국의 행정제도를 이해하기 위해서는 연방제와 주민자

---

64 김범주, 「미국의 교육감은 누가 임명하고, 선출하는가」, 국회입법조사처 제2278호 (2024. 10. 17.).

치 성격의 지방자치를 바탕으로 두어야 한다. 이를 망각한 채, '직선제를 하는 국가가 있으니까, 우리가 직선제를 하는 것은 무방하다'라는 사고는 옳지 않다. 우리는 단체자치로서의 성격을 가진 광역자치를 한다. 그런데도 교육감 직선제를 하면서 시·도청과 사실상 분리된 시스템을 운영한다. 그리고 교육감 직선제는 주민자치의 속성을 반영한 것이라고 이해해야 한다. 철학이 혼재되어 있다. 외국 사례는 정당화 근거가 아니라 신중한 비교와 맥락적 해석의 대상이 되어야 한다.

교육자치에 대한 비판적 성찰

지방교육자치는 지방자치와 분리되어 설계됐다. 그러나 그 결과는 분절된 행정, 비효율적 예산 운영, 지역 간 교육 격차 확대였다. 교육자치의 법적 정당성은 「지방자치법」과 「교육자치법」에 근거하고, 부수적으로 헌법 제31조에 근거하지만, 이러한 제도가 과연 주민의 복리를 증진하고 학습권을 보장하고 있는지는 비판적 검토가 필요하다.

교육청은 본래 학교 교육을 지원하는 역할을 해야 하나, 오늘날에는 오히려 단위 학교 위에 군림하며 행정력으로 통제하는 기구로 변질되었다. 주민자치 성격을 강화하려면 직선제 하는 것으로 만족해서는 안 되고, 시군 단위의 자율성도 중시되어야 하고, 학교 단위의 자율성도 강조되어야 한다. 주민자치가 시군 단위와 학교 단위에서 발휘될 수 있어야 한다. 우리는 그렇지 못하고 있다. 또한, 학교 밖 아동·청소년, 평생교육, 돌봄 등과 같은 교육의 확장된 영역은 누가 책임지는지에 대해 명확하지 않으며, 일반행정과 협력체계를 구축하는 데도 실패했다. 이러한 결과는 개인의 무능력이 아니라 지식과 정보, 매뉴얼의 부족, 주먹구구식 행정문화 등 제도와 구조의 문제에 기인한다.

가능한 대안: 위원회 형태 교육자치로의 전환

현행 교육감 직선제를 유지하면서 그 한계를 극복하기는 어렵다. 교육감 직선제는 지방자치제도 도입의 산물이지만, 오늘날과 같은 정치 환경 속에서는 교육을 오히려 선거의 수단으로 변질시킨다. 이에 따라 몇 가지 대안을 검토할 수 있다. 가장 유력한 대안은 경찰위원회형 위원회 구조의 도입이다.

이 구조는 일반행정 산하에 독립성을 가진 교육위원회를 설치하고, 그 위원들은 지방의회 또는 교육 관련 중간 조직의 추천을 받아 구성되며, 위원회는 교육청의 예산과 정책을 심의·의결하는 방식이다. 집행은 교육행정 전문가가 책임지고 수행한다. 이는 독임제의 독단성을 줄이고, 정치적 중립성과 전문성을 동시에 확보할 수 있는 구조다. 이 외에도 일반행정 내 본부(本部) 형태의 교육조직[65], 교육청을 교육부의 차관급 특별지방행정기관으로 축소 운영하는 방안 등도 고려할 수 있다. 다만 어떤 대안을 택하든 그 기준은 다음과 같아야 한다.

- 주민 복리에 이바지하는가?
- 학교 교육의 본질에 부합하는가?
- 사립학교의 자율성과 공공성 원칙에 조화되는가?
- 단위 학교의 자율성과 책무성은 보장되는가?
- 일반행정과의 연계 가능성은 충분한가?

교육자치, 이제는 구조를 바꿔야 할 때이다[66]

교육자치가 안고 있는 문제는 교육감 직선제로 대변되는 것만이 아니라, 우리 사회의 정치·문화, 거버넌스 구조, 교육정책의 설계 방식과 맞물려 있다. 정치가 교육을 압도하지 않도록 제도를 설계해야 하며, 학교가 진정한 학습공동체로 거듭날 수 있도록 지원하는 방식으로 교육청과 교육자치를 재편해야 한다.

---

65 예를 들면, 서울시청의 도시기반시설본부, 미래한강본부 등과 같은 조직이다. 시·도청의 조직으로 '학교교육본부'를 두는 방식이다.

66 교육자치제와 교육감 제도에 대해서는 필자가 2025년 하반기에 출간할 예정인 (가칭) 『지방교육자치 NO, 자치교육 YES』를 꼭 읽어보길 바란다.

제도를 바꾼다고 교육이 곧바로 바뀌지는 않지만, 제도를 바꾸지 않고 교육을 바꾸는 일은 더 어렵다. 교육자치는 지방분권의 상징이 아니라, 지역 주민의 복리를 높이고, 국민의 학습권을 실질적으로 보장하기 위한 행정의 장이어야 한다. 정의롭고 지속 가능한 교육체제를 위한 교육자치의 재설계를 시작해야 한다.

보론 5.
경찰위원회를 참고로 한 지방교육행정시스템 개편 방안

 현행 교육감 직선제를 골자로 하는 지방교육자치 시스템은 교육의 자주성, 전문성, 정치적 중립성이라는 헌법적 가치 실현을 명분으로 도입되었으나, 실제로는 '교육고권(敎育高權)'이라는 비판을 받을 만큼 일반 지방행정으로부터 고립되어 비효율성과 지역 주민 복리와의 괴리를 낳고 있다. 이러한 문제점들을 해결하고, 교육의 본질적 가치를 보장하면서도 지방자치의 참된 의미인 '지역구민의 복리'에 이바지하는 새로운 지방교육행정시스템 구축이 절실하다. 이를 위해 '지방경찰위원회'와 같은 합의제 행정기관 모델을 참고하여, 교육의 특수성을 살리면서도 일반행정과의 통합적 시너지를 창출할 방안을 모색하고자 한다.

왜 새로운 지방교육행정시스템이 필요한가?

새로운 지방교육행정시스템의 구축은 다음의 조화로운 균형을 통해 현행 시스템의 한계를 극복하고 교육의 질을 제고하기 위함이다.

① **교육과 교육행정의 특수성 고려:** 교육은 미래 세대의 가치관 형성과 인재 양성에 결정적인 영향을 미치는 공공영역으로서, 그 내용과 과정에서 고도의 전문성, 정치적 중립성, 자주성이 요구된다. 새로운 시스템은 이러한 교육 본연의 특수성을 행정적으로 보장하는 동시에, 교육행정이 정치적 논리에 휘둘리지 않도록 견제할 수 있어야 한다.

② **학교의 자율성 중시:** 교육자치의 궁극적 목적은 학교 현장의 교육력을 극대화하는 데 있다. 현행 교육감 직선제가 때로는 획일적인 교육정책으로 학교의 자율성을 제약하는 역설을 낳는 만큼, 새로운 시스템은 학교와 교원에게 실질적인 자율성을 부여하고, 교육행정은 이를 지원하는 역할에 집중하도록 재편되어야 한다.

③ **교육고권으로 인한 비효율성 해소:** 현재 교육청이 일반 지방자치단체와 별도의 조직으로 운영되면서 발생하는 중복 투자, 예산 낭비, 서비스 단절 등 엄청난 행정적 비효율성(어린이집-유치원, 청소년수련원-학생수련원 등)을 해소하고, 지역 자원을 통합적으로 활용하여 주민 복리를 극대화해야 한다.

④ **지방자치의 본질인 '주민 복리' 실현:** 헌법이 규정한 지방자

치의 핵심은 '지역 주민의 복리 증진'에 있다. 지방교육자치는 교육의 특수성을 넘어, 교육이 지역발전과 주민들의 삶의 질 향상에 어떻게 이바지할 것인가라는 큰 그림 속에서 설계되어야 한다. 헌법 제31조는 교육의 특수성을 보조적으로 지지하는 역할을 할 뿐, 지방교육자치의 독자적이고 독립적인 근거가 될 수 없다는 비판적 인식이 바탕이 되어야 한다.

⑤ **해외 사례에 대한 오독(誤讀) 극복:** 우리나라처럼 광범위한 권한을 가진 지방교육자치를 일반행정과 분리하고 직선제를 통해 교육감을 선출하는 나라는 찾아보기 어렵다. 해외 사례를 현행 제도의 옹호 논리로 사용하는 것은 적절치 않으며, 한국에 맞는 독자적인 대안 모색이 필요하다.

▎경찰위원회의 구성과 운영 시스템 및 시사점

'지방경찰위원회'는 경찰의 정치적 중립성 및 민주적 통제를 확보하기 위해 도입된 합의제 행정기관으로서, 새로운 지방교육행정 시스템 구축에 중요한 시사점을 제공한다.

1) 경찰위원회의 특징

- **합의제 행정기관:** 단일 기관장이 아닌 다수 위원의 합의를 통해 의사를 결정하여 특정 개인이나 정파의 독단적인 결정을

방지한다.
- **구성의 다양성 및 전문성:** 위원들은 법조인, 경찰, 대학 교수 등에서 시·도지사의 지명, 교육감 추천, 시·도의회 추천 등을 거쳐 시·도지사가 임명한다.
- **정치적 독립성 확보:** 경찰청 내부 인사가 위원회 위원으로 참여하지 못하도록 하는 등, 경찰 조직 내부의 영향력뿐 아니라 일반 정치권의 직접적인 개입을 차단하려는 제도적 노력이 돋보인다.
- **지방자치단체 산하 운영:** 시·도지사 소속으로 운영되면서도, 경찰 행정의 전문성과 독립성을 위해 자율적인 의사결정 권한을 가진다. 이는 일반 지방행정과의 유기적 연계를 가능하게 하면서도 행정의 특수성을 보장하는 모델이다.

2) 지방교육행정에 대한 시사점

- **교육고권 타파 및 일반행정과의 통합 가능성:** 교육행정을 지자체 산하로 통합시키되, 교육의 특수성을 반영한 '합의제 교육위원회'를 설치하여 교육의 전문적 자율성을 보장하는 방안을 모색할 수 있다. 이는 교육을 고립된 섬이 아닌, 지역사회 종합 서비스의 하나로 편입시키는 출발점이 된다.
- **교육의 정치적 중립성 확보:** 교육감 직선제가 특정 이념의 대결장으로 변질되는 현상을 방지하기 위해, 선거를 통해 선출되는 단일 교육감 대신 다양한 배경을 가진 전문가와 시민 대

표로 구성된 합의제 교육위원회가 교육정책의 큰 방향을 결정하도록 할 수 있다. 이는 교육정책이 단기적인 정치적 유불리가 아닌, 장기적인 교육적 가치에 기반하여 수립되도록 유도한다.
- **정책 결정의 신중성:** 합의제 기관의 특성상 정책 결정 속도가 느릴 수 있지만, 교육정책은 그 파급력이 크므로 신중한 검토와 다양한 이해관계자의 의견 수렴이 필수적이다. 이는 교육정책의 안정성과 수용성을 높이는 장점이 될 수 있다.
- **주민 복리 중심의 행정 실현:** 교육행정을 일반행정관서에 통합함으로써, 유사하거나 중복되는 기능의 시설 및 사업(어린이집-유치원 등)을 통합 운영하여 예산 효율성을 높이고, 주민들이 한 곳에서 다양한 서비스를 이용할 수 있도록 편의성을 증대할 수 있다.「학교복합시설 설치 및 운영·관리에 관한 법률」의 취지처럼, 학교시설이 학생뿐 아니라 지역 주민의 복리 증진에도 이바지하도록 적극적으로 활용될 수 있는 기반을 마련한다.

▎새로운 지방교육행정시스템 구축 방안

경찰위원회 모델을 참고하되, 교육의 특수성을 고려하여 다음과 같은 새로운 지방교육행정시스템 구축 방안을 제시한다. 세부 방안은 사회적 합의가 요구된다.

1) 지방행정과 교육행정과의 관계: 통합과 전문성의 공존

- **지방자치단체 산하 조직으로 전환:** 현재와 같은 독립적인 광역 교육청 조직을 폐지하고, 이를 해당 광역 지방자치단체 산하의 '교육청' 형태로 전환한다. 교육행정을 일반 지방행정의 부분으로 통합, 행정의 비효율성을 해소한다.

- **교육위원회 설치:** 시·도지사 소속으로 '교육위원회'를 설치하여 교육정책의 심의·의결을 담당한다. 위원회는 교육의 전문성과 정치적 중립성을 담보하기 위해 교육 관련 전문가(교육학자, 교원 대표, 교육 공무원 등), 법조인, 시민사회 대표, 학부모 대표 등 다양한 분야의 인사로 구성하며, 특정 정당의 추천이나 지지 없이 중립적인 인사가 위촉되도록 한다. 시·도지사에겐 위원회의 의결이 적정하지 아니하다고 판단할 때는 재의를 요구할 권한이 주어진다.[67]

- **예산 및 감사 통합:** 교육 예산은 일반 지방자치단체의 예산과 통합하여 편성하고, 지방의회의 심의를 받도록 한다. 감사 또

---

[67] 경찰법 제25조(시·도자치경찰위원회의 심의·의결사항 등) ① 시·도자치경찰위원회는 제24조의 사무에 대하여 심의·의결한다.
② 시·도자치경찰위원회의 회의는 재적위원 과반수의 출석과 출석위원 과반수의 찬성으로 의결한다.
③ 시·도지사는 제1항에 관한 시·도자치경찰위원회의 의결이 적정하지 아니하다고 판단할 때에는 재의를 요구할 수 있다.
④ (생략)
⑤ 시·도자치경찰위원회의 위원장은 재의요구를 받은 날부터 7일 이내에 회의를 소집하여 재의결하여야 한다. 이 경우 재적위원 과반수의 출석과 출석위원 3분의 2 이상의 찬성으로 전과 같은 의결을 하면 그 의결사항은 확정된다.

한 통합된 지방자치단체의 감사 시스템을 통해 이루어져 예산의 효율성과 투명성을 높인다.

2) 지방과 중앙정부 행정의 관계: 명확한 역할 분담과 협력

- **교육부의 역할:** 국가 전체 교육의 큰 방향 설정, 국가교육과정 개발 및 고시, 교원 양성 및 임용의 기본 원칙 수립, 교육 연구 및 평가 등 국가적 차원의 교육 본질적 기능에 집중한다. 교육부는 지방교육행정의 자율성을 존중하되, 국가교육의 질적 수준을 유지하기 위한 최소한의 기준과 가이드라인을 제시하는 역할을 한다.
- **지방교육행정의 역할:** 국가교육과정의 지역화, 지역 특수성을 반영한 교육 프로그램 개발 및 운영, 학교 운영 지원 및 감독, 교원 배치 및 관리 등 지역 단위 교육의 실질적인 집행에 집중한다. 이는 주민 복리에 직접적으로 이바지하는 교육 서비스 제공의 효율성을 높인다.
- **협력 채널 구축:** 교육부와 교육위원회, 교육청 간의 정기적인 협의체를 구성하여 국가교육정책의 지방 적용 방안을 논의하고, 지방교육 현장의 요구를 중앙 정책에 반영할 수 있는 소통 채널을 상시 운영한다.

3) 지방교육행정과 학교와의 관계: 지원 중심의 행정 및 학교 자율성 극대화

- **교육행정의 지원 역할 강화:** 교육위원회와 교육청은 학교를 '관리·감독'하는 기관이 아닌, '지원·조력'하는 기관으로 역할을 재정립한다. 학교의 교육과정 운영, 교사 인사, 재정 운영 등에 대한 간섭을 최소화하고, 학교가 교육 본연의 역할에 집중할 수 있도록 행정적, 재정적, 인적 지원을 강화한다. 지금처럼 재정지원사업을 통해 학교를 행정기관처럼 만들어서는 안 된다.

- **학교 운영의 자율성 및 책임성 강화:** 단위 학교에 교육과정 편성 및 운영, 교원 인사(일부 권한), 예산 집행에 대한 실질적인 자율권을 부여한다. 학교는 자율성에 대한 책임으로 교육 성과를 지역사회에 공개하고, 학부모 및 지역 주민의 참여를 통해 평가 및 개선 시스템을 운영하도록 한다.

- **주민 참여 기반의 학교 운영위원회 활성화:** 학교 운영위원회의 역할을 강화하여 지역 주민, 학부모, 교원이 학교 운영 및 교육활동에 참여하고 의사결정에 영향력을 행사할 수 있도록 한다. 이는 '주민자치' 정신이 구현되는 통로가 된다. 이 운영위원회에 학교경찰, 행정복지센터 관계자, 기초지자체 직원 등의 출석·발언도 인정되어야 한다.

▎ 정리하면

　지방경찰위원회 모델을 참고한 지방교육행정은 교육의 자주성, 전문성, 정치적 중립성이라는 헌법적 가치를 훼손하지 않은 채, 지방자치의 본질인 '지역 주민 복리 증진'에 이바지할 수 있는 대안이 된다. 교육감 직선제는 정치적 타협의 산물이었음을 인정하고, 주민과 학생의 삶에 이바지하는 교육행정을 만들어 가야 한다.

국가교육위원회 설립:
시대적 사명? 잘못된 시작?

– 교육과정 기능을 중심으로 본 구조적 재검토

　교육정책은 정권의 교체와 함께 흔들려 왔다. 정권이 바뀔 때마다 대학입시제도가 바뀌고, 교육과정이 변경되며, 정책 우선순위가 변하는 현실은 수십 년간 반복되어 온 한국 교육의 고질적 병폐였다. 이러한 상황에서 정치적 독립성과 정책의 지속 가능성을 보장하기 위한 대안이 국가교육위원회이다. 국가교육위는 대통령 소속 위원회로서, 국가교육발전계획 수립, 교육과정 기준 고시, 주요 교육정책에 대한 사회적 의견 수렴 및 조정 기능을 담당하도록 법제화되었다.

　국가교육위의 출범은 교육정책의 일관성과 비(非)정치성을 추구하고자 하는 시대적 요청에 일정 부분 부응하는 시도였다. 특히 정권 주도의 단기 정책 사이클로 인한 불연속성 문제를 극복하고자, 교육정책의 큰 틀을 장기적으로 설계하고 조정할 수 있는 독립 기구가 필요하다는 문제의식은 타당했다. 실제로 국가교육위는 다양한 분야의 위원을 포괄하고, 국민참여위원회와 전문위원회를 통해 정책 숙의(熟議) 구조를 갖추고자 하였다.

그러나 이러한 제도적 취지와 달리, 국가교육위는 설계 단계부터 구조적 한계를 내포하고 있었다. 특히 교육정책의 핵심인 국가교육과정의 기준 설정과 고시 기능을 국가교육위에 부여한 것 자체가 정책적 타당성과 법적 정합성 모두에서 근본적인 문제를 일으킨다. 교육과정은 단순한 계획이 아니라 학교 현장에서 실제로 운영되고, 평가되며, 교원 양성과 교재 개발까지 연결되는 일련의 체계이다. 따라서 교육과정의 설계는 정책과 행정, 교육학적 전문성, 사회적 합의가 정교하게 맞물려야 하며, 무엇보다도 일관된 책임체계 속에서 운영되어야 한다.

그런데 국가교육위는 중앙행정기관도 아니고, 독립된 사법적 성격을 지닌 기구도 아니다. 합의제 위원회로서 다양한 사회적 대표가 참여하되, 행정적 집행수단이나 실질적 재정권, 조직운영권을 갖고 있지 않다. 그럼에도 교육과정을 법적 기준으로 확정하는 권한을 갖는 것은 헌법적 체계와 행정법 이론 모두에서 논란이 될 수 있다. 고시는 원래 행정기관이 법령의 위임을 받아 제정하는 법규명령이거나 행정규칙이다. 따라서 대통령 소속 위원회인(중앙행정기관이 아닌) 국가교육위가 고시를 통해 국민의 권리·의무에 영향을 미치는 행위를 하는 것은, 입법형식의 정합성과 행정권 분리 원칙을 훼손할 여지가 있다.

더욱이 교육과정은 단순히 고시로 결정될 수 있는 문서가 아니다. 실제 학교 현장에서 적용되기 위해서는 교원 양성기관의 교육과정, 교과서 개발, 연수체계, 평가 기준 등과 통합적으로 연계되어야 하며, 이는 실질적으로 교육부와 시도교육청이 수행해 온 영역이다. 국가교육위가 교육과정 기준을 고시한다고 하더라도, 그 이행과 적용은 전혀 다른 기구에 의존해야 하므로, 개발과 실행의 분리로 인한 행정적 단절과 책임 회피가 발생할 가능성이 크다.

한편, 국가교육위의 조직 구성도 구조적으로 불균형적이다. 초·중등교육에 비해 고등교육, 평생교육, 성인학습 분야의 대표성과 관심은 현저히 낮다. 이는 생애주기 전체를 아우르는 교육정책이 필요하다는 세계적 흐름과는 어긋나는 것이며, 유아부터 성인까지 포괄하는 교육과정 논의가 초중등 중심으로 왜곡되는 결과를 초래한다. 특히 평생학습사회를 지향해야 하는 시점에서, 국가교육위의 인적 구성과 의제 설정은 아직 과거의 패러다임에 머물러 있다는 인상을 준다.

나아가 정책 거버넌스 측면에서도 국가교육위는 혼란을 초래하고 있다. 현재 초·중등교육은 국가교육위, 교육부, 시도교육청이라는 3개의 권력 주체가 병렬적으로 존재하는 구조를 형성하고 있다. 국가교육위는 정책의 큰 틀을 설계하는 머리 역할을 자임하지만, 실질적 집행수단은 교육부가 대부분 갖고 있고, 지역에서는 시도교육청이 실질적 교육행정 주체로 기능한다. 이처럼 기능이 중첩되고, 책임이 분산되는 구조는 정책의 효과성은 물론이고, 교육 현장의 신뢰를 얻기도 쉽지 않다.

　교육과정과 같은 교육의 핵심 규범은 이러한 혼란 속에 방치될 수 없다. 교육과정은 사실상 국민의 삶을 조직하는 사회 규범이며, 따라서 공공성과 중립성, 전문성과 민주성이 모두 확보되어야 한다. 국가교육위처럼 한시적 정치적 타협으로 구성된 기구에 이를 맡기는 것은 구조적으로나 법적으로나 지속 가능한 방식이 아니다. 국가교육위가 진정으로 필요한 역할은 교육과정의 고시가 아니라, 오히려 사회적 갈등 사안의 조정과 협의이다. 교원정책, 입시제도, 돌봄과 같은 민감한 교육 의제에서, 그리고 여러 부처가 함께 관련되는 복합 문제(Wicked Problem)에 대해서 의견을 수렴하고 절충안을 마련하며 해결책을 제시하는 조정 기구로 기능하는 것이 더 타당하다. 그리고 이러한 역할을 바탕으로 10개년 국가교육발전계획을 수립하는 것이 필요하다. 물론 '매 10년'이 올바른지는 의

문이다. 의견 수렴·조정[68] 결과 반영 및 환경 변화에 따라 그리고 사회적 요구가 있을 때는 그 이전이라도 발전계획을 수립할 필요도 인정되어야 한다.

그렇다면 교육과정은 어디에서 다루어야 하는가? 지금까지의 논의와 문제의식은 하나의 방향을 가리킨다. 교육과정의 연구와 기준 설정, 사회적 합의와 고시 기능까지 아우를 수 있는 별도의 합의제 공공기관, 즉 새로운 형태의 교육과정 기준 제정 기구가 필요해진다. 이는 지금의 한국교육과정평가원을 전환하여 구성할 수 있다. 한국교육과정평가원은 그동안 교육과정과 평가에 대한 전문성을 축적해 온 기관이지만, 정부출연연구기관이라는 법적 성격 때문에 실제 정책을 '결정'하는 기능은 수행할 수 없었다. 하지만 이를 공법인(또는 사단법인) 형태의 합의제 기구로 전환한다면, 교육과

---

[68] 필자가 볼 때 국가교육위에서 가장 중요한 기능이다. 국가교육위의 조정 결과를 각 부처와 지자체는 수용해야 한다. 이는 엄청난 권한이다. 그런데 지금까지는 안타깝게도 관심이 없었다.
「국가교육위원회법」 제13조(교육정책에 대한 국민의견 수렴·조정 등)
① 위원회는 다음 각 호의 어느 하나에 해당하는 경우 해당 교육정책에 대하여 국민의견을 수렴·조정할 수 있다. (다음 각 호 생략)
② 위원회는 (중간 생략) 국민의견 수렴·조정절차의 진행여부를 심의·의결하고, 그 결과를 요청기관 등에 통보하여야 한다.
③ 위원회는 제1항 및 제2항에 따라 국민의견을 수렴·조정한 때에는 그 처리결과를 요청기관 및 관계기관 등에 통보하여야 한다.
④ 제3항에 따라 처리결과를 통보받은 관계 중앙행정기관의 장 및 지방자치단체의 장 등 관계기관의 장은 해당 교육정책에 대한 위원회의 심의·의결 결과를 특별한 사정이 없는 한 따라야 하며, 심의·의결 결과대로 조치하기가 곤란하다고 판단되는 특별한 사정이 있는 경우에는 위원회에 재심의를 요청할 수 있다. 이 경우 재심의 요청 절차 및 처리 기간 등에 필요한 사항은 대통령령으로 정한다.
⑤ ~ ⑥ (생략)

정의 연구와 기준 설정, 공표 기능까지 포괄적으로 수행할 수 있는 구조로 변화할 수 있다.

호주의 퀸즐랜드주가 운영하는 QCAA(Queensland Curriculum and Assessment Authority)는 그러한 전환의 모델을 제공한다. QCAA는 법률에 따라 설립된 공공기관[69]으로, 교육과정과 학업성취 기준을 설정하며, 학교는 이를 의무적으로 따라야 한다. 의사결정은 교육부와 시민사회, 학교 현장, 산업계가 함께 참여하는 이사회에서 이루어지고, 행정 집행은 CEO가 담당하는 구조다. 이는 정치적 독립성과 사회적 신뢰를 모두 확보할 수 있는 제도적 틀로 평가받고 있다.

이러한 모델을 참고하여, 한국교육과정평가원도 단순한 연구기관에서 벗어나, 공공성과 합의성을 갖춘 교육과정 기준 기구로 전환되어야 한다. 고시라는 법형식을 고수할 필요는 없다. 대신 '국가교육과정 기준'이라는 이름으로 제정하고, 이를 「초·중등교육법」 및 「유아교육법」 등에서 명시적으로 연동함으로써, 고시의 법적 구속력을 대체할 수 있다. '형식은 기준, 실질은 규범'인 체계를 법률로 뒷받침하면 되는 것이다.

국가교육위는 이제 교육과정이라는 무거운 책임을 내려놓고, 교육 갈등 조정과 정책 방향 제시라는 본연의 역할로 돌아가야 한다.

---

69 이러한 조직을 영어로는 Statutory Authority라고 한다.

그리고 교육과정은 독립된 합의제 기준 기구에 맡겨야 한다. 교육은 국가의 미래를 설계하는 일이며, 교육과정은 그 설계의 청사진이다. 따라서 그 결정 방식과 조직 구조는 정밀하고, 신중하며, 책임 있는 방식으로 바뀌어야 한다.

보론 6.
한국교육과정평가원의 재구조화

한국의 교육과정은 국가가 설정하는 가장 핵심적인 공교육 기준이자, 학교 현장에서 교육활동의 뼈대를 구성하는 법적·교육적 틀이다. 지금까지 교육과정은 교육부에 의해 '고시'라는 형식으로 제정됐고, 학교는 그 기준에 따라 교육과정을 편성하고 운영해야 하는 의무를 부과받아 왔다. 하지만 이러한 제도는 그 법형식의 불완전성, 정치적 영향력의 개입 가능성, 그리고 구조적 정합성의 측면에서 여러 문제를 내포하고 있다.

우선, '고시'라는 법형식 자체에 내재한 모순을 살펴볼 필요가 있다. 고시는 행정기관이 법령의 위임을 받아 일반적·추상적 규범을 정하는 방식이지만, 교육과정은 단순한 내부 행정지침을 넘어 국민의 권리와 의무에 실질적인 영향을 미치는 법규적 성격을 갖는다. 특히 「초·중등교육법」이나 「유아교육법」 등에서 "고시된 교육과정에 따라 학교 교육과정을 구성해야 한다"라고 명시되어 있는 이상, 교육과정 고시는 사실상 준입법적 효력을 발휘하게 된다. 그런데 현재 교육과정의 고시 권한은 행정부 소속도 아닌 합의제 기구인 국가교육위에 부여되어 있어, 입법 형식론 및 헌법적 정합성 측면에서 부적절할 수 있다.

게다가 교육과정은 그 자체가 단순히 '개발'에 머무르지 않고, 실제 '적용'과 '평가', '교원 연수', '교육과정 운영' 전반과 밀접히 연결되어 있기 때문에, 연구와 결정이 단절된 구조에서는 일관성과 실효성이 담보되기 어렵다. 지금처럼 교육과정은 국가교육위가 고시하고, 연구는 한국교육과정평가원이 수행하며, 집행은 교육부와 시도교육청이 분담하는 다중 구조는 기능의 혼선을 낳고, 그 책임 소재도 불분명하다. 이는 교육의 자주성과 정치적 중립성을 보장하기는커녕, 오히려 행정 체계 내부에서 발생하는 역기능적 거버넌스 충돌을 유발할 수 있다.

이에 따라 한국교육과정평가원을 기존의 '정부출연연구기관'이라는 한계적 틀에서 벗어나, 공적 기준을 설정하고 합의적으로 결정할 수 있는 독립 합의제 기구로 전환하는 것이다. 이 기구는 단순한 연구기관이 아니라, 법률에 따라 설립되는 비영리 사단법인(또는 공법인)으로 만들고, 이 기관에서 국가교육과정의 기준을 설정하고 공표할 수 있는 권한을 가질 수 있어야 한다. 교육과정의 개발과 결정이 한 조직 내에서 일관되게 이루어지고, 그 기준이 학교 현장에 실질적 구속력을 가지려면, 반드시 새로운 법적 성격과 조직 형태가 요구된다.

이러한 조직 설계에 참고할 수 있는 모델로는 호주 퀸즐랜드주의 QCAA(Queensland Curriculum and Assessment Authority)가 있다. 교육부는 이사회에 참가하지만, 결정권을 가지지 않으며, 정책 방향에만 일정 정도 관여할 수 있다. QCAA의 핵심은 이사회 중심의 합의제 구조에 있다. 이사회는 정부, 학교, 교원, 학부모, 산업계, 대학 등 다양한 주체가 참여하는 구조로, 정치권으로부터 독립되어 있으면서도 사회적 대표성과 전문성을 동시에 담보한다. 상근 대표(Managing Director)는 정책 집행과 조직 운영을 전담하며, 이사회에서 결정된 정책을 충실히 실행하는 책임자다. 이처럼 결정권과 집행권의 분리를 통해 공공성과 책임성을 동시에 추구하고 있다.

이 모델을 우리 맥락에 맞게 번안하면, 한국교육과정평가원은 다음과 같이 개편되어야 한다. 「교육과정 및 평가 기준에 관한 법률」(가칭)을 제정하여, 한국교육과정평가원을 법인으로 전환하고, 합의제 의사결정기구(예: 국가교육과정위원회)를 두되, 다양한 교육 주체의 참여를 보장해야 한다. 이사회 또는 위원회는 고시 권한은 갖지 않더라도, '국가교육과정 기준'이라는 명칭으로 정당한 공적 기준을 제정하고, 이 기준은 「초·중등교육법」 및 「유아교육법」에서 명시적으로 연동함으로써 구속력을 확보해야 한다. 즉, '고시'라는 형식은 폐지하되, 그 내용은 법률로 보완함으로써 법적 안정성을 확보하는 방식이다.

예를 들어, 「초·중등교육법」에 "학교의 장은 국가교육과정 기준에 따라 학교 교육과정을 편성·운영하여야 한다"라고 명시하고, 이 기준이 한국교육과정평가원에서 제정된다고 연결하면 된다. 사립학교의 경우, 일정한 자율성과 설립 이념을 고려하여 예외 조항을 둘 수 있으며, 예외 인정 절차는 교육부 또는 평가원과의 협의를 거쳐 가능하게 하면 된다. 이렇게 하면 자율성과 공공성의 균형도 확보할 수 있다.

이러한 구조는 조직 차원에서도 정부출연연구기관의 틀을 넘어서는 것이어야 한다. 이사회는 비상근 의장(Chairperson)을 중심으로 운영되며, 교육부, 시도교육청, 교원단체, 학부모, 대학, 산업계 등 다양한 대표가 참여하는 합의제 기구가 되어야 한다. 반면, 기관장은 CEO 또는 원장의 형태로 상근하면서, 이사회의 결정을 충실히 실행하는 실무 책임자로 기능하면 된다. 결정권이 이사회에 집중되고, 기준의 위상에 명확한 법적 기반이 있다는 점에서 정부출연연구기관과는 근본적인 차이를 갖는다. 이처럼 합의제로 운영할 경우, 교육과정의 정치적 속성이 상당 부분 완화될 것이며, 어쩌면 이것이 진짜 국가교육위를 만들려고 했던 이유일 수도 있다.

결론적으로, 한국교육과정평가원을 교육과정과 평가를 종합적으로 설계하고 조정하는 합의제 기준기관으로 전환해야 한다. 이 기구는 교육의 공공성과 사회적 책임을 강화하면서도, 정치권으로부터 독립된 안정적 운영구조를 가져야 한다. 물론 규모는 훨씬 커져야 한다. 특히 평가 조직이 몇 배 커져야 하고, 통계 전문가도 대폭 증원해야 한다. 그리고 우리나라의 모든 교육학 관련 학교와 수평적 협력을 맺고 작업을 해야 한다.

국가교육발전계획:
비전 없는 로드맵?,
구체적 실천 전략?

국가교육위원회는 우리나라 교육정책의 중장기 방향을 수립하고 조정하기 위한 새로운 거버넌스 기구로 출범하였다. 과거 교육정책이 정권 변화에 따라 단절적으로 추진되었던 문제를 극복하고, 교육정책의 일관성과 지속 가능성을 확보하겠다는 기대 속에서 등장한 위원회였다. 법에 따라 10년 단위의 국가교육발전계획을 수립하여 이를 통해 교육정책의 안정성과 방향성을 확보하려는 시도가 바로 그것이다. 그러나 지금까지 드러난 발전계획 시안은 이러한 기대를 충족시키기에는 한참 부족하다는 평가가 교육계 안팎에서 제기되고 있다.[70]

---

70 포털에 '국가교육발전계획'을 검색하면 백가쟁명식 논의를 확인할 수 있다. 대부분은 비판적이다.

필자가 볼 때 가장 뚜렷한 문제는 미래에 대한 비전의 부재이다. 중장기 발전계획이란 단순히 현재의 문제를 정리하고 나열하는 작업이 아니다. 그것은 향후 10년 후 우리가 도달하고자 하는 교육의 미래상, 즉 사회가 공유할 수 있는 교육의 비전과 철학을 명확히 설정하는 데서 출발해야 한다. 이러한 비전은 단순한 추상적 언명이 아니라 사회적 합의이자 새로운 교육 계약으로서 작동해야 하며, 이 비전이 발전계획의 전제가 되어야 한다.

그간 일부 언론 보도에 따르면, 국가교육위원회의 발전계획 시안은 여러 차례 지연되고 있으며, 그 이유 중 하나는 정치적 고려와 갈등 회피적 태도 때문이라고 한다. 각 이해관계자의 입장을 조정하는 데 시간이 소요되고, 갈등적 사안은 가능한 한 축소하거나 모호하게 다루려는 관성이 작동하고 있다는 것이다. 그러나 발전계획이 '모두가 반대하지 않을 정도로만 안전한 언어로 구성된 문서'라면, 그것은 계획이라고 말하긴 어렵다.

이 같은 한계는 한국 교육개혁의 역사적 흐름과 비교해 보면 더욱 두드러진다. 예컨대 1995년 김영삼 정부 시절 발표된 「5·31 교육개혁방안」은 "열린 교육사회, 평생학습사회"를 분명한 비전으로 제시했다. 이는 단지 교육개혁을 넘어 신한국 건설을 위한 국가적 과제로 설정되었으며, 교육의 제도·운영·문화 전반에 대한 일대 혁신을 동반했다. 교육개혁을 통해 사회 전체의 체질을 바꾸겠다는 의지와 철학이 담겨 있었다.

김영삼 정부 시절 발표되었던 「5·31 교육개혁 방안」은 적어도 다음 3가지 측면에서 당시 교육 사회에 큰 반향을 일으켰다. 첫째, 전면적 구조개혁을 목표로 하여 제도 개편의 방향을 분명히 제시하였다. 둘째, 당시의 교육 문제 진단과 교육개혁의 논리를 구체적으로 연결하면서 개혁의 당위성을 설득하였다. 셋째, 교육개혁위원회의 주도 아래 대통령의 강력한 의지를 반영한 정치적 추진력이 있었다. 그에 비해 현재 국가교육위원회의 공청회에서 발표된 발전계획 아이디어는 제도적 개혁보다는 현상 유지, 절충과 유보, 교육적 철학보다는 논란 최소화에 무게를 두고 있는 것으로 보인다.

그렇다면 국가교육위원회가 준비 중인 이번 발전계획은 과연 무엇을 지향하고 있는가? 열거된 과제 목록은 있지만[71], 그 과제들이 향하는 종착점은 모호하다. 방향 없는 계획은 곧 전략 없는 행정으로 귀결된다. 비전 설정은 상향식(Bottom-up) 접근과 하향식(Top-down) 접근이 병행되어야 한다. 위로부터는 미래 사회 변화에 대응할 국가 수준의 철학과 목표가 제시되어야 하고, 아래로부터는 국민과 교육 현장의 필요와 경험이 반영되어야 한다. 발전계획은 상향적 참여와 하향적 조정이 합쳐진 숙의형 구조를 기반으로 해야 한다.

---

71 현재 대외적으로 확인된 발전계획(안)은 국가교육위원회가 출범 2주년 기념 대토론회(2024. 09. 25.)에서 한국교육개발원의 국가교육발전 연구센터장이 발표한 '중장기 국가교육발전계획 주요 방향(안)'이다. 이때 발표된 내용으로는 5대 범주, 12+1이 주요 방향이었다. 물론 그 이후에 많은 변화가 있을 것으로 추정되나, 확정된 시안 발표가 연기되었기에 구체적으로 확인하기는 어렵다.

발전계획은 법령상 10년 계획으로 되어 있는 만큼, 그 시계에 걸맞은 To-be 중심의 미래 모델 설계, 그에 기반한 역산적 실행 전략, 그리고 책임과 자원의 재배분 설계가 삼위일체로 연결되어야 한다. 지금처럼 1~3년 단기과제를 모아 10년짜리로 분장하는 방식은 계획이 아니라 포장일 뿐이다. 단기·중기·장기의 계층화 구조와 국가교육위의 정책 조정 기능이 드러나는 시스템 구상이 결합하여야 한다.

따라서 가장 먼저 해야 할 일은 우리가 원하는 미래의 교육 공동체의 모습을 그리는 것이다. 그리고 그 미래상과 현재 사이의 틈새를 정량·정성으로 분석하는 Gap Analysis가 필요하다. 그 차이를 좁혀가기 위한 전략 체계와 정책 과제를 설계해야 비로소 그것이 '계획'이라 부를 수 있다. 그러나 현 발표안은 이러한 분석적 접근이 미흡한 채 과제 나열에 머물러 있다. To-be가 아니라 As-is를 바탕으로 하고 있어 보인다. 제대로 된 발전계획을 수립하기 위해서는,

① 국민의 교육에 대한 요구와 기대에 대한 분석이 선행되어야 한다. 공교육의 회복, 입시경쟁 완화, 지역교육 불균형 해소 등은 국민 여론에서 반복적으로 지적되는 사항이다.
② 해외 교육정책 동향에 대한 분석과 비교가 필요하다. OECD, UNESCO, EU 국가들은 이미 생애학습체제, 디지털 전환, 교육복지 강화 등을 강조한다.
③ 기존 교육개혁안에 대한 비판적 평가가 전제되어야 한다. 5·31 교육개혁은 제도 혁신을 이루었지만, 경쟁체제 도입과

교육의 상품화라는 부정적 측면도 동시에 남겼다. 이러한 반성과 평가 없이는 미래 교육을 설계할 수 없다.
④ 미래 전망과 사회 변화에 대한 예측적 분석이 바탕이 되어야 한다. 기후 위기, 인구구조 변화, AI 기술의 확산은 교육체제 전반을 바꿔야 할 충분한 이유이다.

그러나 현재의 계획 수립 과정은 여전히 전문가 중심, 중앙정부 중심에 머물러 있으며, 시민적 합의와 공론화 과정은 제한적이다. '교육은 모두의 문제'라는 인식 아래, 학부모·학생·교사·시민사회가 참여하는 구조가 보장되어야 한다. 이는 단지 형식적인 공청회 개최로는 충족되지 않는다. 계획의 철학과 방향에 관한 토론과 합의가 선행되지 않으면, 발전계획은 그저 어느 부처의 실행계획 정도에 그치고 만다. 필자가 이번 발전계획에서 반드시 고려되어야 할 사항으로 몇 가지를 제시한다.

① **우리는 교육시스템을 평생학습체제로 전환해야 한다.** 학령기 중심의 First Phase of Learning을 넘어서, 노동시장과 병행하는 Second Phase, 퇴직 이후의 Third Phase로 이어지는 생애 전 주기의 학습 구조를 제도화해야 한다. 이는 단순한 기능훈련이 아니라 학습권 보장과 학습복지 사회로의 전환을 의미한다. 발전계획은 이러한 새로운 체계 구상의 출발점이어야 하며, 이를 위해서는 직업교육, 고등교육, 평생교육을 아우르는 통합적 접근이 필요하다. 직업능력 개발을 관장하는 고용

노동부, 노인교육을 총괄하는 보건복지부의 정책도 통합적으로 고려해야 한다.

② **발전계획은 단순한 부처 간 과제 조율이 아니라, 복합 과제(Complex Problem)에 대한 통합적 접근 방식을 포함해야 한다.** 교육은 주거, 노동, 복지, 문화 등과 깊이 연계되어 있으며, 그 자체가 사회정책의 핵심이다. 따라서 발전계획은 교육부의 영역을 넘어 다부처 협업, 지방정부와의 연계, 사회 각계의 참여를 구조화하는 방식으로 설계되어야 한다. 이처럼 복합성과 다중 행위자 간의 조정이라는 특성을 간과하고는 교육의 미래를 설계할 수 없다. 정리하면, 교육정책과 사회정책의 연계·통합적 관점이 요구된다.

③ **발전계획은 사실상 법적 강제력을 지닌 문서이지만, 그 실효성은 사회적 수용성과 시민적 공감대에 달려 있다.** 계획 수립 과정 자체가 민주적이고 투명하게 운영되어야 하며, 도출된 계획은 국가의 지시문서가 아니라 공적 약속(Public Commitment)으로 기능해야 한다. 현재의 계획 시안은 이 점에서도 부족하다. 시민이 참여하여 수립하고 그것을 사회가 함께 이행해 가는 구조를 만드는 것이 더 중요하다.

정리하자면, 국가교육발전계획은 사회적 비전 선언이자 전략적 개입의 청사진이어야 한다. 계획의 기본 철학과 방법론을 전면 재점검해야 한다. 이것이 국가교육위가 존재해야 할 진정한 이유이며, 교육개혁의 실질적 출발점이다.

EPILOGUE

"더 이상 대증요법은 안 된다, 근본 개혁이 요구된다"

대한민국 교육은 오랫동안 드러나는 증상에만 반응해 왔다. 돌봄이 부족하다는 지적엔 '늘봄학교'가, 교권이 약하다는 비판엔 지도권 강화가, 사교육이 팽창한다는 통계엔 과세와 단속이, 대학이 위기라는 경고엔 재정지원으로 대응했다. 그러나 그 모든 정책은 근본에 이르지 못한 채, 증상 완화에 머물렀다.

이 책이 말하고자 한 바는 단 하나이다.
"이제 더 이상 대증요법은 통하지 않는다"

정책이란 고통을 완화하는 기술이 아니라, 고통의 구조를 바꾸는 기획이어야 한다. 교육정책이란 학습자의 삶을 재설계하는 사회적 약속이어야 한다. 우리는 지금, 교육의 방향 자체를 다시 물어야 할 시점에 와 있다. 누구를 위한 교육인가, 무엇을 위한 배움인가.

『대중요법으로 망가지는 대한민국 교육』이라는 제목은 비판으로 시작하지만, 부제인 "근본 개혁으로 다시 살아나는 대한민국 교육"은 치유와 회복의 가능성을 담고 있다. 이 책은 무너진 교육의 구조를 고발하는 데서 멈추지 않고, 학습자의 권리와 존엄을 중심에 둔 새로운 체계를 제안하고자 했다.

학습권과 학습복지라는 말은 단지 교과서나 학교만을 위한 용어가 아니다. 그것은 인간이 자기 삶의 주체가 되기 위한 사회적 조건이며, 시민이 교육정책의 수혜자가 아니라 기획자가 되어야 하는 이유이기도 하다. 그것이 교육 정의(Education Justice)이며, 민주주의의 완성이다.

이제 우리는 더 이상 '임시방편'에 안주해서는 안 된다. 단기 처방으로 '정책 효과'를 뽑아내는 시대는 끝나야 한다. 교육은 사람을 위한 것이며, 사람은 정책보다 깊고, 오래되고, 넓은 존재다. 힘들더라도 본질에 다가서고, 개혁의 아픔을 이겨내야 한다.

『당신은 어떤 사회에서 살고 싶으십니까』에서 시작된 질문은 이 책을 거쳐, 다음 시리즈로 계속 이어질 것이다. 성인교육, 직업교육, 노인교육에 이르기까지, 평생학습사회는 이제 이념이 아니라 생존의 조건이다. 우리는 생애 전체에 걸쳐 배울 수 있어야 하며, 그 권리는 누구에게도 빼앗겨선 안 된다.

대한민국 교육, 이제는 근본부터 다시 시작해야 한다. 진짜 개혁은 증상을 덮는 처방이 아니라, 증상을 만들어 낸 구조를 바꾸는 데서 출발한다. 그리고 그 구조 개편은 정부의 칼끝이 아니라, 우리 모두의 질문과 연대에서부터 시작되어야 한다.
　우리는 지금 묻고 토론해야 한다.

'교육자치'는 단지 지방선거를 의미하는가, 아니면 학습자의 삶과 지역공동체의 요구를 스스로 결정할 수 있는 권한의 회복인가?

'공교육을 살린다'라는 말은 단지 국·영·수 성적을 끌어올리는 일인가, 아니면 누구도 배제되지 않고 모두가 존엄하게 배우는 조건을 회복하는 일인가?

이러한 질문은 단지 이상적인 선언이 아니라, 교육정책이 다시 살아나기 위해 반드시 거쳐야 할 공론화의 주제들이다. 그리고 이것이 바로 국가교육위원회가 애초에 존재 이유로 삼았던 교육 거버넌스의 핵심이었고, 그 논의의 축적된 결과가 바로 국가교육발전계획이라는 이름으로 제도화되어야 할 '시민 주도 교육정책'의 모습일 것이다.

진정한 개혁은 행정절차의 조정이나 용어의 변경이 아니라, 교육의 본질에 관한 질문을 회복하고, 그 질문을 사회 전체가 함께 나누는 데서 시작된다. 학습자는 교실의 객체가 아니라, 사회 변화의 주체이며, 정책의 기획자이다. 우리가 다시 교육을 시작해야 한다면, 그것은 제도보다 사람을 먼저 보고, 정책보다 질문을 먼저 던지는 일에서부터다. 그리고 차근차근 얽힌 실타래를 풀어나가야 할 것이다.

**대증요법으로
망가지는
대한민국
교육**

초판 1쇄 발행 2025. 8. 6.

지은이 김환식
펴낸이 김병호
펴낸곳 주식회사 바른북스

편집진행 김재영
디자인 최다빈

등록 2019년 4월 3일 제2019-000040호
주소 서울시 성동구 연무장5길 9-16, 301호 (성수동2가, 블루스톤타워)
대표전화 070-7857-9719 | **경영지원** 02-3409-9719 | **팩스** 070-7610-9820

•바른북스는 여러분의 다양한 아이디어와 원고 투고를 설레는 마음으로 기다리고 있습니다.

이메일 barunbooks21@naver.com | **원고투고** barunbooks21@naver.com
홈페이지 www.barunbooks.com | **공식 블로그** blog.naver.com/barunbooks7
공식 포스트 post.naver.com/barunbooks7 | **페이스북** facebook.com/barunbooks7

ⓒ 김환식, 2025
ISBN 979-11-7263-512-1 93300

•파본이나 잘못된 책은 구입하신 곳에서 교환해드립니다.
•이 책은 저작권법에 따라 보호를 받는 저작물이므로 무단전재 및 복제를 금지하며,
이 책 내용의 전부 및 일부를 이용하려면 반드시 저작권자와 도서출판 바른북스의 서면동의를 받아야 합니다.